KiWi
1589

Das Buch

Seit Michael Mittermeier denken kann, ist er Anfänger, daheim und unterwegs. Der erste Schultag, das erste Mal, der erste Urlaub als Paar – alles ging gleich ohne Probe los. Klar, dass da nicht alles geklappt hat – aber ohne Scheitern gäbe es weniger zu lachen! In diesem Buch erzählt Michael Mittermeier die lustigsten Geschichten aus seinem Leben als Entdecker. Seine Reisen als Comedian und als Tourist führen ihn von Bayern in die Welt. Er verliebt sich in Österreich, entdeckt das Geheimnis der Schweiz, erlebt ein Wunder in Manhattan, flüchtet vor Amerikanern und Nashörnern in Südafrika, lässt sich in England verspotten und blickt dem Weißen Hai ins Auge. Der innere Komiker ist dabei ständig wach und findet fremde Bräuche und vertrauten Unsinn.

Lustig und liebevoll, warmherzig und menschlich – der Global Bayer Mittermeier nimmt uns mit auf die Reise und steckt uns an mit seiner Lust auf Neues.

Der Autor

Michael Mittermeier, geboren 1966, hat mit seinen Soloprogrammen »Zapped«, »Back to Life«, »Paranoid«, »Safari«, »Achtung Baby!«, »Blackout« und »Wild« Millionen Zuschauer in Deutschland, Österreich und der Schweiz begeistert. Seit vielen Jahren spielt er seine englischsprachigen Programme erfolgreich in Großbritannien, Südafrika, Kanada, Amerika, Russland und vielen anderen Ländern. Für seine Auftritte wurde er mit unzähligen Preisen ausgezeichnet, sechsmal erhielt er allein den Deutschen Comedypreis. Sein letztes Buch »Achtung Baby!« (KiWi 1227) stand monatelang auf Platz eins der SPIEGEL-Bestsellerliste.

MICHAEL MITTERMEIER

DIE WELT
FÜR ANFÄNGER

Kiepenheuer & Witsch

Verlag Kiepenheuer & Witsch, FSC® N001512

1. Auflage 2018

© 2016, 2018 Verlag Kiepenheuer & Witsch, Köln
Alle Rechte vorbehalten. Kein Teil des Werkes darf
in irgendeiner Form (durch Fotografie, Mikrofilm
oder ein anderes Verfahren) ohne schriftliche
Genehmigung des Verlages reproduziert oder unter
Verwendung elektronischer Systeme verarbeitet,
vervielfältigt oder verbreitet werden.
Umschlaggestaltung www.mediapool.de
Umschlagmotiv © Olaf Heine
Gesetzt aus der FF More Pro von Lukasz Dziedzic
Satz Buch-Werkstatt GmbH, Bad Aibling
Druck und Bindung CPI books GmbH, Leck
ISBN 978-3-462-05163-6

INHALT

9	Prolog
19	Der Palmesel und das Glitzerhendl
25	Old Shatterhand in der Schule
34	Der Anfang vom Ende vom Nikolaus
42	Glaube, Hiebe, Hoffnung
53	Das erste Mal?
61	Apokalypse in Tunesien
73	Bayrischer Panflötenblues
90	Die Tour des Ochsen
110	Österreichischer Schmähtest
126	Biene Maja auf der Reeperbahn
143	Das Geheimnis der Schweiz
159	Einsatz in Manhattan
178	Abenteuer in der neuen Welt
178	*Mütterversammlung in der Weihnachtsmetzgerei*
185	*Begegnungen der anderen Art*
190	*Die Pyramiden von New York*
198	*Gute Bullen, böse Bullen*
201	*Kämpfer des Worts*
204	Der große Traum
204	*Das Rauschen davor*
212	*Immigration Fight Club*
218	*Premierenfieber*
228	*Comedy-Battle im Big Apple*
234	*¡Hola, muchachos!*
246	Die Safari des Todes
263	Auf der Suche nach dem Weißen Hai
286	Gesellenprüfung am Kap der Guten Hoffnung
304	Epilog
306	Dank
308	Anhang

Für Lilly und Gudrun

PROLOG

Ich fang gleich an ...

... ich muss nur noch mal kurz ...

... so, jetzt hab ich's aber gleich ...

… tut mir leid für die kurze Verzögerung, aber wenn ich ein Buch über Anfänge schreibe, sollte das auch meine Lebenswirklichkeit widerspiegeln. Und wenn ich hier pünktlich auf der ersten Seite beginne, würde das meinen Ruf als notorischer Zuspätkommer zerstören. Niemand würde dem vorliegenden Werk Glauben schenken. Ich muss zugeben, ich habe noch nie irgendetwas pünktlich angefangen. Das ist anscheinend in meinem System nicht vorgesehen. Es ist ein Wunder, dass dieses Buch fertig geworden ist, so lange wie ich das Schreiben hinausgeschoben habe. Ich bin selbst ein bisschen überrascht. Aber wer fängt denn heute noch pünktlich an? Es gibt zwar das alte Sprichwort: »Pünktlichkeit ist die Höflichkeit der Könige«, aber das ist »Bullshit Royal«! Wenn ich König wäre, würde ich auf Pünktlichkeit einen feuchten und trockenen Kehricht geben, ich würde nur noch anfangen, wann ich will. Wer könnte mir denn was? Wer würde mich denn ausschimpfen wollen für meine zeitlichen Unpässlichkeiten?

»Oh, der Herr Staatssekretär meint, *wir* seien etwas überfällig? Danke, dass er sich freiwillig gemeldet hat, die neuen Stretching-Geräte im Verlies zu testen.«

Das Zitat stammt übrigens von Ludwig XVIII., französischer König ab 1814. Ein französischer König, der gern pünktlich kommt? Das wäre wie ein unbestechlicher römischer Kaiser. Wahrscheinlich saß Ludwig gerade auf seiner XVIII. Mätresse, als er diese Weisheit von sich gab, und die Hoflügenpresse hat einen staatsmännischen Ausspruch daraus gemacht. Ein schöner königlicher Satz in diesem Zusammenhang: »Wer nicht kommt zur rechten Zeit, der muss die nehmen, die übrig bleibt.« Ich jedenfalls mache bei diesem Pünktlichkeitsmist nicht mit. Und wer von Euch Lesern noch nie zu spät gekommen ist, der werfe jetzt das erste Wort, den ersten Stein, oder was auch immer Ihr wollt. Da ich ja nur als analoges Print-

Hologramm vor Euch liege, ist es mir ziemlich egal, was oder wohin ihr was auch immer werft.

Übrigens, auf der nächsten Seite geht's dann aber so was von los. Und wer mir zu diesem frühen Zeitpunkt schon nicht mehr vertraut und das Buch jetzt schon wegwerfen will, dem danke ich zumindest für den Kauf! Aber ich sage auch: Wer jetzt schon aufgibt, ist selbst schuld, denn wenn ich mal anfange, dann lohnt es sich aber so was von ...

Entschuldigung, aber bevor ich endgültig anfange, noch eins vorweg: Wir alle sind Anfänger auf dieser Welt. Keiner von uns kommt vorbereitet an. Niemand wird vorher gebrieft, was hier abläuft, wie man sich am besten verhält und auf welche Weise man am effektivsten Schwierigkeiten vermeidet. Keiner von uns darf sich vor seiner Geburt im Worldsurvivalshop mit dem Notwendigsten eindecken, um sein Weltendasein etwas besser zu meistern.

Selbst all die Wiedergeborenen fangen immer wieder von vorn an. Aber vorher wird ihnen anscheinend wie beim Film »Men in Black« mit einem Blitz-Dings das Gedächtnis gelöscht. Die Wiedergeborenen waren zwar schon mal da, haben die ein oder andere Lebenserfahrung gesammelt, aber müssen sich wieder ganz neu ums Karma kümmern. Da habe ich es als Katholik schon besser, egal welchen Mist ich auf Erden baue, solange ich noch kurz vorm Abnippeln zum Beichten gehe, komme ich in den Himmel. Als Wiedergeborener wäre ich sauer auf meinen Gott, der mich in ein Dauerschleifen-Loser-Monopoly schickt: »Gehe ins Leben, begib dich direkt dorthin, gehe nicht über vorheriges Los, ziehe nicht nützliche Informationen ein.« Selbst wenn man im alten Leben Besitzer der Schlossallee war: Im neuen ist die weg! Und es kann sein, dass man als Regenwurm oder als Büchereibuchrückenaufkleberdraufkleber wiederkommt. Da hat's jeder Wiederkäuer besser als ein Wiedergeborener.

Und es tut mir leid, es zu schreiben zu müssen, aber auch Gott war ein Anfänger. Die Welt war ja, wenn man dem Glauben Glauben schenken möchte, die erste, die Er je gemacht hat. Schon die Umstände wirken für einen Außenstehenden amateurhaft. Das fängt mit dem Tempo an, mit dem Er da rangegangen ist: Sieben Tage und fertig! Wow! Sieben Tage! Da habe ich bei einem Hausbau normalerweise noch nicht mal das erste

Angebot der Tiefbaufirma erhalten, von der Genehmigung des Bauamts ganz zu schweigen! Gott muss glücklich gewesen sein, dass Er seinen Bauerschaffungsantrag in keinem Gemeinderat einreichen und mit keinem Baureferenten über Sattel- oder Flachdach, Fenstergröße, Abstand zum Nachbargrundstück und andere für die Menschheit überlebenswichtige Grundregeln diskutieren musste. Warum Er uns ein paar Millionen Jahre später all dies als Bürde auferlegt hat, kann ich mir nur mit Seinem Humor erklären.

Grundsätzlich sage ich: Sieben Tage, mein lieber Gott – Respekt! Eine Woche ist sehr ambitioniert. Eigentlich ein typischer Anfängerfehler: zu hastig, zu wenig Zeit eingerechnet für Details, da ist Schludern programmiert. Und dann Sein Tiefbau-Grundhilfsmittel, der Urknall – da kann man nicht von einer kontrollierten Sprengung sprechen. Gegen so einen Urknall ist eine Atombombe eine halbe Reihe Schweizerkracher. Liebe Schweizer, es tut mir leid, aber kleine Miniböller nennt man bei uns in Deutschland Schweizerkracher. Zum Gender-Ausgleich nennt man diese in der Schweiz Frauenfurz oder Lady Crackers. An dieser Stelle sei noch allen Atheisten, theologischen Grundskeptikern und Physikanbetern, die nicht an Gott oder seine Konkurrenten mit ihren etwaigen Schöpfungsgeschichten glauben, sondern nur an die reine Urknalltheorie, gesagt: Für den weiteren Leseverlauf hier im Buch ist die Glaubensausrichtung irrelevant, denn die Erde ist da, und wir müssen damit leben. Aber als kleiner kritischer Grübler frage ich: Wenn kein Gott am Urknall beteiligt gewesen ist: Wer hat den Schweizer-Urknaller angezündet??? Gotcha!

Aber auch bei Gott gibt es Probleme mit der Logik. In der Genesis – nicht die Band, sondern das erste Buch Mose – steht: »Im Anfang schuf Gott Himmel und Erde.«

Das ist ja schon mal einiges. Eigentlich eine komplette

Grundausstattung. Dann begann die nächste Stufe: »Und die Erde war wüst und öde, und Finsternis lag auf der Urflut ... Da sprach Gott: Es werde Licht! Und es wurde Licht.«

Das heißt, Er hat die Erde erschaffen, und dann erst das Licht angemacht! Das hätte auch anders ausgehen können. Schon mal im Dunklen einen Kuchen gebacken? Oder je im Dunklen versucht zu töpfern? Wenn die Hände sagen: »Ich spüre, was für eine tolle kunstvolle Vase das wird«, sagen die Augen, sobald das Licht eingeschaltet ist, etwas anderes, dann ist sehr viel Fantasie gefragt. Aber egal wie verformt oder hässlich dieses Gebilde ist, als Muttertagsgeschenk ist es perfekt. Als Kind muss man nur sagen: »Mama, das habe ich für dich gemacht.« Von Tag zwei bis Tag sechs schuf Gott das gesamte Zubehör, Wolken, Land, Wasser, Büsche, Bäume, Blumen, Gräser – Gott sei Dank gab es vorher das Wasser zum Gießen! Ein sehr durchdachter Schachzug – Sonne, Mond, Sterne, Tiere und Menschen. Und am siebten Tag ruhte Gott. Verdient, würde ich sagen, aber dann waren es ja insgesamt nur sechs Tage Arbeit. Einen Tag vor Abgabetermin fertig – kein Student oder Autor der Welt hat diesen Satz je gesagt (auch ich nicht). So, dann war die Welt erschaffen und Gott ruhte. Übrigens steht in der Bibel nirgends, dass Er je wieder an die Arbeit gegangen ist. Gesehen hat ihn jedenfalls niemand mehr. Alte Handwerkerkrankheit.

Warum hat Gott nur eine Welt erschaffen? Eine Welt ist ja eigentlich gar nichts. Wenn man etwas gemacht hat, was einem gefällt, macht man doch weiter. Kann natürlich auch sein, dass Grandmaster G dachte: »Bitte nicht noch eine.« Ich als Gott hätte viele Welten erschaffen. Warum? Hier würde ein Satz passen von Mario Adorf als großer Unterweltpate im Film »Der Schattenmann«: »Weißt du, warum sich ein Rüde die Eier leckt? Weil er's kann!« Und im Himmel kann es ja auch langweilig werden. Alles ist dauernd heilig und gut und frohlockend! Oder sind wir Menschen nur Figuren in einem überdimensionalen göttlichen Fantasy-Computer-Spiel? »World of Worldcraft«? Zu abwegig? Ich tue manchmal Dinge, bei denen ich mich später frage: Woher kam diese Schnapsidee? Ich komme mir dann vor wie fremdgesteuert. Habe ich das wirklich aus eigenen Antrieb gemacht – oder saß da jemand an der Konsole?

»Die Welt für Anfänger« mag suggerieren, ich als der Autor wäre ein Profi, der sich super auskennt, ein World-Checker, der erklärt, was man alles besser machen kann, um nicht als Rookie durch diese Welt zu stolpern. Nein! Null! Dies ist keine Anleitung zum Thema »Wie geht eigentlich Welt?«. Ich schildere nur meine Erfahrungen als Anfänger. Wer sich dieses Buch – eines Komikers! – aus falscher Erwartungshaltung gekauft hat, ist entweder ...

a) leichtgläubig (was ja per se nichts Schlimmes ist, aber als geistiger Ministrant durch diese Welt zu gehen, ist kein Zuckerschlecken),

b) ziemlich verzweifelt,

c) ein Humorhasser, der voller Schadenfreude lesen möchte, wie der Komiker an der Welt verzweifelt,

d) ein bisschen verpeilt, weil er dachte, dies sei die Biografie des unehelichen Sohnes einer berühmten Skifahrerin.

Wenn dieses Buch eine Gebrauchsanleitung für die Welt *wäre*, dann würde der ganze Text hier sowieso nur auf Holländisch oder Japanisch stehen, wie es das Gesetz aller Gebrauchsanweisungen verlangt, vor allen Dingen von Videorecordern (für die Jüngeren: das sind Bewegtbildmaschinen-Artefakte aus dem alten Ägypten).

Als Mensch, Komiker und Bayer habe ich in den vergangenen Jahrzehnten viel erlebt, und ich habe meine Reaktionen oft selbsttherapeutisch in Comedy-Nummern verarbeitet.

Eines habe ich gelernt: Es gibt kein perfektes Alles-inklusive-Verhaltensmuster im Leben. Ich versuche immer, offen und unvoreingenommen die schönen, schlimmen, lustigen, schrägen, unerhörten, wahnsinnigen, zärtlichen oder harten Momente auf mich wirken zu lassen. Man fängt immer wieder neu an, das hört nie auf. Und wenn man denkt, man hat in diesem Leben alles gesehen, läuft im Fernsehen »Die Wanderhure«.

Dies hier sind meine Geschichten vom Anfangen, vom Scheitern, vom Meistern – vom Leben. Ich habe sie nur aus einem Grund aufgeschrieben: damit man darüber lachen kann.

Viel Spaß!

PS: Können wir jetzt endlich anfangen?

DER PALMESEL
UND DAS GLITZERHENDL

Ich bin Komiker. Ich glaube, ich war es immer schon. Das ist mein Anfang: Ich wurde geboren am 3. April 1966 in einer oberbayrischen Kleinstadt namens Dorfen. Als Großstadtkind und Weltbürger. Um genau zu sein: Ich bin nicht mal in Dorfen geboren, sondern im Kinderkrankenhaus in Armstorf. Ich weiß, das klingt komisch, geboren zwischen Arm- und Dorf, aber ich war schon reich bei meiner Geburt, denn ich bin ein Palmesel – ich wurde an einem Palmsonntag geboren. Palmsonntag wird der Tag genannt, an dem Jesus in Jerusalem triumphal eingeritten ist. Die Menschen feierten ihn als Erlöser und streuten als Zeichen des Sieges Palmzweige vor ihm auf den Weg. Nach dem Motto: Scheiß auf die Römer, unser wahrer König ist ein Typ in Jutekleidung mit Hipsterbart und langen Haaren, der auf einem Esel in die Stadt reitet. In Western keine gute Voraussetzung für den einsamen Helden, so ganz ohne Pferd. Und es gab ja auch kein echtes Happy End. Aber heute noch feiern die Christen und ich in der Woche vor Ostern den Palmsonntag als Erinnerung daran. Mir wurde von früh an gesagt, es sei was ganz Besonderes, am Palmsonntag geboren zu sein. Wenn am Geburtstag die Verwandtschaft da war, alte Tanten, Omas und Cousinen, hat meine Mutter das immer stolz erzählt. Sofort gerieten alle in Verzückung, wie bei einer Marienerscheinung, und riefen mir freudig zu: »Mei, du bist ja ein Palmesel!«

Schon als Kind habe ich mich gefragt, warum ich ein Palmesel sein sollte. Saß beim Einzug in Jerusalem nicht einer *auf* dem Esel, der etwas höher in der Rangordnung war, der Donkey King? Es wäre doch logischer gewesen, wenn alle entzückt ausgerufen hätten: »Mei, du bist ja ein Palmjesus!« Man hätte mich ja nicht anbeten müssen. Alte Tanten waren sowieso im Anspucken besser. Aber wenn ich ehrlich bin, es hätte schon was gehabt, wenn mir jedes Jahr Volksscharen ein besonderes Geburtstagsständchen gemacht hätten.

»Hosanna dem Sohn Davids! Gesegnet, der da kommt im Namen des Herrn! Hosanna in der Höhe!« (Matthäus 21,9)

Wer auch immer diese Hosanna war, sie war offenbar leicht zum Höhepunkt zu bringen.

Aber eine solche Glorifizierung gab es bei mir nicht. Und es kommt noch schlimmer. Inzwischen nennt man im Volksmund den in der Familie einen »Palmesel«, der am Palmsonntag als Letzter aufsteht. Noch mal danke. Aber ich bin als solcher geboren, ich musste mich nicht zum Palmesel hochschlafen, Bitch!

In meiner Kindheit wollte niemand auf die Palmesel-Besetzungscouch, denn damals nannte man in Bayern auch Menschen Palmesel, die sich komisch benahmen. Bei mir hat es immer schon gepasst, denn ich benehme mich auch komisch, meist auf Bühnen vor vielen Leuten. War das bei mir schon ein Zeichen, dass ich später mal als Erlöser in Sachen schlechter Stimmung tätig sein würde?

Und dann gab es in Bayern auch noch den Brauch, dass man am Palmsonntag mit neuen Kleidern in die Kirche kommen musste, und wer das nicht tat, dem wurde mit Kreide ein Esel auf den Rücken gemalt, als Zeichen des Ausgestoßenseins. Was auf mich passt, weil ich mich schon als Kind oft »anders« fühlte. Nicht als etwas Besonderes, sondern eher: »Ich weiß nicht so genau, ob ich hier ganz reinpasse«. Und in Bayern heißt es, »wenn's nicht passt, dann bist du selbst schuld«. Ich war wie ein Vogel, der fliegen wollte, aber weder wusste, dass er Flügel besaß, noch was fliegen eigentlich war.

Die Zeichen des Tages meiner Geburt passen gut zu diesem Weltanfänger-Buch. Die Katholiken sagen über meinen Geburtstag: »Der Palmsonntag trägt den Anfang und das Ende in sich.« Jesus ahnte schon, dass es für ihn nur ein königlicher Kurzurlaub werden würde. Ein Messias-Quickie. Der Anfang und das Ende sind zwei Pole, die sich gegenseitig bedingen. Oder wie es ein chinesisches Sprichwort besagt: »Anfang und Ende reichen einander die Hände.« Klar, wie zwei Boxer, die sich beim Wiegen kurz vor dem Kampf die Hände schütteln müssen, aber schon den K. o. des Gegners im Kopf haben. Bis dahin kann es aber dauern, oder wie es der amerikanische Faust-Philosoph Rocky Balboa sagte: »Es ist vorbei, wenn es vorbei ist.«

Ein typischer Widderspruch. Habe ich erwähnt, dass ich Sternzeichen Widder bin? Steht ein Widder eigentlich noch über einem Palmesel? Ich bin und war eine Art Palmwidder: stur und zielstrebig, immer nach vorne robbend. So haben es meine Eltern mir erzählt. Und ich war angeblich schnell als menschlicher Boden-Gecko. Ich selbst erinnere mich nicht daran. Was war eigentlich meine erste Erinnerung? Wie hat das angefangen mit dem eigenen Denken? Plato hat gesagt: »Denken ist das Gespräch der Seele mit sich selbst.« Danke, Herr Grieche, wenn aber die Babyseele noch nicht weiß, wes Geistes Kind sie ist, und das Selbst sich selbst noch nicht kennt, ist das Denken als dialogische Struktur schwer zu beschreiben. Wie ein einarmiges Kind auf Serotonin, das in einem leeren Sandkasten versucht, eine Sandburg zu bauen, ohne Eimerchen und Schäufelchen.

René Descartes hat gesagt: »Ich denke, also bin ich.« War ich denn nichts, als ich noch nicht gedacht habe? Was war mein erster bewusster Gedanke auf dieser Welt? Ich bin ehrlich: Ich habe keinen blassen Schimmer. Meine Synapsen-Recherche hat leider keinen Treffer ergeben. Natürlich gibt es Erinnerungsfetzen und Bilder, aber einen allerersten Moment zu benennen – unmöglich. Meine Eltern waren da, immer schon, das war gesetzt. Ich weiß jedoch nicht, ob ich das Bewusstsein hatte, dass sie meine Erzeuger waren. Sie waren jedenfalls die, die ich am häufigsten gesehen habe.

Meinen älteren Bruder als Mitbewohner musste ich schnell akzeptieren. Als Zweitgeborener hat man da ja kein Mitspracherecht. Aber da ich ja noch nicht sprechen konnte, war's nicht so schlimm. Eigentlich war als Baby alles ganz okay, ich fühlte mich geliebt und sicher. Auch Freude und Lachen gehören zu meinen ersten Wahrnehmungen in dieser Welt. Aber das erst mal ohne konkrete Anlässe. Meine Mutter hat mir erzählt, dass ich immer lächelnd gluckste, wenn mein Vater das Licht Dutzende Male aus- und eingeschaltet hat. Als Baby freut man sich ja über jeden Scheiß. Da kann einen schon eine bunte Rassel ins Glücksnirvana schießen. Witze, über die man lachte, brauchten keine Pointe und konnten auch ganz ohne zusammenhängende Worte und Satzbau auskommen. Eines der Klassiker: »Ja, du, dutzi, dutzi, mei, dutzi, dutzi.« Ich gebe es offen zu, ich fand das sehr lustig. Am besten war es, wenn meine Oma ihre dritten Zähne nicht drin hatte. Es ging dann zwar etwas vom Inhalt verloren, aber das Wie war formvollendet.

Ich war ein sehr freudiges und hippeliges Kind. Wenn meine Mutter mich ablegte und sich kurz umdrehte, war ich schon weg. Man nennt das Baby-Beamen. Mein Bruder dagegen war ein Bewegungsablehner. Abgelegt blieb er regungslos liegen, wie ein Findling, und wäre da wohl bis zum Ende der Zeit geblieben, wenn man ihn dort vergessen hätte. Anscheinend war ich immer schon auf der Suche nach Neuem, bin unerschrocken auf Wickeltisch-Klippen zugerobbt, das Cliff-Mann-Baby kurz vorm Absprung in die Tiefe. War es Sorglosigkeit oder gar Lemming-Gefühle? Wann beginnt eigentlich das Bewusstsein für gefährliche Situationen? Ab wann hat man Angst? Richtige Angst, nicht diese undefinierbare Furcht, die man verspürte, wenn einem eine alte Tante an der Wiege zu nahe kam und man ahnte, dass da irgendwas nicht stimmte, weil einem der Duft von Melissengeist, Mottenkugeln und 4711 die Nasenhöhlen ausbrannte. Ich erinnere mich an meinen ersten großen Angstschub im Leben. Als ich drei Jahre alt war, fuhren meine Eltern und mein älterer Bruder für eine Woche in den Urlaub, und ich blieb allein daheim, weil ich mal eine Auszeit brauchte – nein, ich war zu jung für den Trip. Meine Eltern sind mit meinem Bruder ans Schwarze Meer geflogen, und bei der rumänischen Fluglinie waren Kinder unter drei nicht erlaubt. So musste durfte ich mich zu Hause von Oma und Opa verwöhnen lassen. Als meine Eltern zurückkamen, habe ich sofort geweint und geschrien. Und ich wollte mich auch nicht in den Arm nehmen lassen. Weil ich Angst vor ihnen hatte. Ich erkannte sie nicht mehr. Aber nicht weil ich damals schon das Kurzzeitgedächtnis einer Kaulquappe hatte, nein. Ich hatte nur ein kleines Wiedererkennungsproblem. Ende der Sechzigerjahre machte man sich noch keine Gedanken darüber, wie lange man sich in die Sonne legen konnte, ohne dass die Haut Schaden nahm. Sonnencremes mit Lichtschutzfaktor wurden zu dieser Zeit noch als überschätzter Hightech eingestuft. Mehr Menschen glaubten an den Yeti als an das Melanom-Phantom.

Wer in den Urlaub fuhr, wollte bei der Rückkehr als Mr oder Mrs Brown fertige Grillhähnchen hell aussehen lassen – im

Vergleich zum eigenen Teint. Eigentlich hat man sich damals beim Sonnenbaden nur deswegen mit bronzefarbenem Öl eingeschmiert, damit man als Glitzerhendl besser in der Sonne glänzen konnte.

Als meine Eltern nach Hause kamen, sahen ihre Gesichter aus, als ob sie in einem transsilvanischen Solarium Urlaub gemacht hätten und dann auf der Rückfahrt noch einen Bräunungs-Zwischenstopp im Wienerwald-Grill eingelegt hatten. Ich erkannte sie einfach nicht mehr. Zwei fremde Personen griffen nach mir – das waren doch nicht meine Mutter und mein Vater! Das hatte nichts mit Rassismus zu tun, ich war einfach farblich überfordert. Wenn man einen weißen Mercedes zum Winterreifenwechsel in die Werkstatt bringt und einen dunkelbraunen Mazda zurückkriegt, erschrickt man erst mal und hat Diskussionsbedarf. Aber nach ein paar Wochen habe ich dann wieder mit meinen Eltern gesprochen.

OLD SHATTERHAND IN DER SCHULE

Wer erinnert sich nicht gerne an den ersten Schultag? Viele! Und ich bin einer von ihnen. Ich weiß nicht mehr viel über die Schuljahre, aber der erste Tag ist mir im Gedächtnis geblieben. Und der zweite auch: Ich war sehr enttäuscht, weil ich nicht wieder eine große Tüte mit Süßigkeiten bekam, denn ich dachte, das sei der faire Deal, warum ich plötzlich jeden Morgen früher aufstehen musste, um in ein Gebäude zu gehen, das, gerade erst gebaut, den Begriffen Schönheit und Gemütlichkeit einen Dolch aus Beton in den Rücken stieß: »My School is my Siebzigerjahre-Bau-Castle«. Mein anderthalb Jahre älterer Mitbewohner-Bruder hatte sich daran schon gewöhnt – er hatte all das bereits im Jahr zuvor hinter sich gebracht. Was ich von ihm in der Zeit auch zu spüren bekam: »Du Kindergartenbaby! Spiel schön mit deinen Analphabeten-Freunden!«

Mir machte das nichts aus, weil ich gern Analphabet war. Eigentlich wollte ich gar nicht schreiben lernen. Sprechen und malen fand ich ausreichend, um mich umfassend auszudrücken. Ich wollte auch mit knapp sechseinhalb Jahren noch am freien Hippie-Leben im Kindergarten festhalten. Mir reichte die knallharte Wettbewerbssituation beim Schaukeln: Wer kann höher, und vor allem, wer traut sich, vom höchsten Punkt abzuspringen? Schreiben war da keine annähernd ähnlich attraktive Tätigkeit.

Aber der erste Schultag rückte immer näher. Ein Satz schwirrte durch die Luft, den ich noch nicht ganz verstand, aber ich spürte: Er bedeutet nichts Gutes. Und dann wurde er ausgesprochen: Am Tag vor Schulbeginn stellte sich mein Vater feierlich vor mich und sprach das Credo ganzer Generationen: »Morgen beginnt für dich der Ernst des Lebens.« Wie Eltern diesen Satz mit aufmunterndem Lächeln aussprechen können, ist mir ein Rätsel. Das hat was von einem Autoverkäufer, der einem mit einem Lächeln auf den Lippen einen Wagen teuer verkauft, von dem er weiß: Ab morgen wirst du Schwierigkeiten damit haben, bis zum Ende deiner Tage. Aber: Rückgabe gibt es nicht, Kleiner!

Der Ernst des Lebens. Was bedeutete das genau? Ein Onkel von mir hieß Ernst – aber ich glaubte nicht, dass er von nun an mehr Platz in meinem Leben einnehmen würde. Ich wusste, es würde nun irgendwie anders, aber nicht besser werden. Die Kindheit war vorbei. Aber ich hatte mir vorgenommen, mich diesem Ernst zu stellen, auch wenn mir der Kindergarten noch ernst genug war. Jeden Morgen mit einer Horde kleiner Anarchisten – sprich: Kinder – in einem Raum, die sich alle in der ersten Stunde um dasselbe Spielzeug stritten, betreut von hilflosen Geschöpfen aka. Kindergärtnerinnen – männliche Vertreter gab es noch nicht, das war noch nicht die Ära der männlichen Gleichberechtigung. Heute nennt man die Kindergarten-Türsteher BetreuerInnen, was das Ganze doch etwas mehr trifft, schließlich geht es um eine Art betreutes Toben in Freigänger-Anstalten für geistig Jüngere. Und seien wir mal ehrlich: Im Kindergarten laufen inzwischen so viele Arschlochkinder rum, dass man statt Betreuer inzwischen Wärter braucht. Ich erinnere mich noch an ein Kindergartenkind, dessen Spezialität es war, mir die Schaukel gegen den Hinterkopf zu stoßen. Hätte ich das aufschreiben sollen, in einen Umschlag stecken, frankieren und an seine Eltern schicken? So wie das dann wohl Schulkinder machen würden, wofür sollte Schreiben sonst gut sein? Nein, ich, der Analphabet, stand auf süße Rache. Ich wusste, an der Schaukel konnte der schneller ziehen als ich – sagt man dazu statt wie im Western »Revolverheld« dann »Schaukelheld«? –, also musste ich mir etwas anderes einfallen lassen. Eines schönen Schneetages zog ich also unschuldig dreinblickend meinen Schlitten den Hügel hinauf, und kurz bevor der Schaukelschwinger mit vollem Karacho an mir vorüberfuhr, habe ich dann »versehentlich« meinen Schlitten in seine Abfahrbahn reinschlittern lassen. Das hat gewirkt. Böser Sturz. Und man sah ihm die Zeichen des Kampfes im Gesicht an und nicht nur einen Schaukelabdruck am Hinterkopf. Das war einen zweistündigen Anpfiff und eine Woche Hausarrest wert. Ich war eigentlich immer ein friedlicher Mensch, aber schon als Kind wollte ich nicht die Willkür von Stärkeren akzeptieren. Da konnte ich mich nie zurückhalten. Ich war zwar kein großer Kämpfer, aber auch kein Opfer, weil ich immer eigene Mittel hatte, mich zur Wehr zu setzen. Aber wie sollte ich mich jetzt wehren gegen den Ernst des Lebens? Um wenigstens ein Feindbild zu haben, habe ich mir dann den Lebens-Ernst immer in Gestalt des Schaukel-Schubsers vorgestellt. Ich weiß zwar nicht, was aus dem Jungen später geworden ist, aber in einer meiner schönsten Vorstellungen verdingt er sich heute als Schiffschaukelbremser auf kleinen Volksfesten im niederbayrischen Hinterland. Mit Fuchsschwanz an der Jeans. Oder er überfällt Banken mit einem Stück Holz an zwei Seilen. »Hände hoch, oder ich schaukele!« Du wirst, was du bist, Arschlochkind.

Dann war er da, der Ernst – der erste Schultag. Meine Eltern waren aufgeregt, ich auch, aber aus anderen Gründen, glaube ich. Mein Hauptinteresse galt der großen Tüte. So mancher

Kiffer kann sich sicher mit diesem schönen Satz sehr gut identifizieren. Bevor es in die Schule ging, hat mein Vater ein Foto von mir gemacht!!! Wieso die drei Ausrufezeichen? Wer sich das fragt, ist sicher noch sehr jung. Früher ist eben nicht ganz so viel fotografiert worden wie heute. Wer nach 1990 geboren wurde, hat ganze digitale Fotomappen von sich. Aber in meiner Kindheit hatte jedes Foto eine geschichtliche Bedeutung. Fast schon wie eine seltene Höhlenmalerei des ersten Menschen am ersten Schultag. Schon deswegen wusste ich: Jetzt wird's wirklich ernst. Der Fotoapparat wurde wie eine zerbrechliche Rarität aus der Originalverpackung genommen und mit großer Geste wie ein Besteck für Menschenopfer hinaus in den Garten getragen. Ich trottete hinterher wie ein Menschenlamm zur Götter-Foto-Schlachtbank. Die KODAK-Momente Anfang der Siebzigerjahre waren so selten wie Spanferkel auf einer Veganer-Jahrestagung. Meine Kindheitsfotomappe ist sehr übersichtlich: Fotografiert wurde ich einmal zur Taufe, einmal im Kinderwagen, ein Foto zwischen etwa zwei und vier Jahren und dann eben zur Einschulung. Drei der Bilder gibt es noch, das vierte von der Taufe findet leider keiner mehr. Wenn ich heute die vielen Fotos und Filme aus der Zeit des Ersten Weltkriegs sehe, frage ich mich, warum wir so selten abgelichtet wurden. Technisch wäre das doch drin gewesen. Aber: »Wir müssen sparen, weil wir bauen«.

Das Bild von der Einschulung wollte ich verschwinden lassen – aber es ist mir nicht gelungen. Warum? Das Hauptproblem war ein ästhetisches. Zum ersten Schultag wurden Kinder früher noch festlich angezogen. Das Problem daran war: Festlich ist kein Stil. Die Bandbreite war groß, sehr groß. Eine Styling-Party mit open end. Ich trug einen roten Cordsamtanzug. Wobei ich bis heute nicht glaube, dass es echter Samt war – wahrscheinlich ein Samtersatz, typisch Siebziger. Da war nichts drin, was in der Natur gewachsen war. Samt, altertümlich »Sammet«, kommt eigentlich aus dem Griechischen, »hexamitos« heißt »sechsfädig«, und beschreibt ein Gewebe mit einem darüberliegenden eingearbeiteten Fadenflor. Ich jedoch sah aus wie ein Gewebewesen mit einem darüberliegenden eingearbeiteten Trauerflor. Wo war eigentlich »Amnesty International«, als mich meine Mutter für den ersten Schultag angezogen hat? In die Erklärung der Kinderrechte sollten dringend auch ästhetische Aspekte mit aufgenommen werden. Es gibt viele Arten der optischen Folter. Käme es zu einer Anklage in Den Haag, würde mein Vater sicher das zur Verteidigung sagen, was er schon früher immer zu mir gesagt hat: »Bub, da wächst du schon noch rein!« Das war der Standardsatz für Zweitgeborene bei der Übergabe von Klamotten älterer Geschwister. Der Satz galt allerdings auch, wenn man mal was Neues bekommen hat, denn Eltern aus der Nachkriegsgeneration haben alles ein bis zwei Größen zu groß gekauft – damit es länger hält. Aber man wächst nie rein in einen roten Cordsamtanzug. Höchstens wenn man wie Johnny zum Depp wird und ihn in »Piraten der Karibik« als Alternativ-Outfit anzieht. Perfide war auch, dass Eltern diesen kleidungsgebundenen Zweckoptimismussatz fröhlich von sich gaben, ohne auch nur den kleinsten Anschein eines schlechten Gewissens. Mein Vater grinste mich an: »Du siehst gut aus, und jetzt lächele mal für das Foto!«

Was ich auch tat, aber wahrscheinlich aus Verwirrung und Überforderung. Und aus denselben Gründen fragen wir Männer, wenn wir erwachsen sind, unsere Freundinnen oder Ehefrauen, kurz bevor wir ausgehen: »Schatz, kann ich das anziehen?« Wir wissen es wirklich nicht! Woher auch?

Um meine Eltern etwas in Schutz zu nehmen, muss ich erwähnen, dass wir Jungs am ersten Schultag alle ähnlich übel aussahen. Sammelklagen von Minderjährigen beim Internationalen Kleidergerichtshof waren damals leider noch nicht üblich.

Ich lasse jetzt eine Zeile frei, damit sich jeder an seine eigene Einschulung erinnern kann.

Ein roter Cordsamtanzug ist schwer zu toppen, oder? Das Bild von mir ist hinten im Buchumschlag als hidden pic abgedruckt – als Zeichen der Solidarität mit allen Kindern dieser Welt, die von ihren Eltern zu besonderen Anlässen besonders schrecklich angezogen werden. Wie soll man dem Ernst des Lebens locker begegnen, wenn man sich unwohl fühlt? Aber dieses optische Verdun war nicht mein schlimmster Verlust in der großen Schlacht des ersten Schultages. Es sollte für mich emotional noch viel dicker kommen.

Die Lehrerin hatte sich wohl vorher noch mit dem Ernst des Lebens darüber unterhalten, wie sie uns schnellstens miteinander bekannt machen könnte. Als eine ihrer ersten Amtshandlungen stellte sie die Frage: »Na, was wollt ihr denn mal werden, wenn ihr groß seid? Jeder darf das jetzt erzählen, bitte der Reihe nach.«

Die Frage überforderte mich. Ich geriet ins Schwitzen. Es war allerdings auch nicht möglich, in diesem Albtraum aus roter Polyester-Plastik-Samt-Verpackung nicht zu schwitzen. Man hätte darin Mumien konservieren können, ohne dazu Klopapierrollen zu verwenden – ich war damals davon überzeugt, dass Mumien in vierlagiges Klopapier gewickelt waren.

Vor Kurzem war ich auf dem 50. Geburtstag eines Freundes, der unter dem Motto feierte: »Was wolltest du als Kind werden, wenn du mal groß bist?« Ich ging als ich – beziehungsweise als nichts. Als ich all die Ärzte, Stewardessen, Grafen, Piloten und sogar Paul Breitner herumlaufen sah, kamen Bilder des ersten Schultags hoch. Ich hatte damals schon ein großes Problem mit dieser Frage, denn ich wollte eigentlich nichts werden, weil ich schon alles war. Ich konnte Winnetou sein, Old Shatterhand, Joe Cartwright oder Lassies Herrchen Timmy, wann immer ich wollte. Mit dem Zaubersatz »Ich bin jetzt Winnetou und du Sam Hawkens, und wir treffen uns in der Todesschlucht, um gegen den bösen Santer zu kämpfen« konnte ich mich mit meinem besten Freund in Figuren und Welten versetzen, in denen wir dann Stunden und Tage lebten. So etwas Profanes wie Berufe, mit denen man Geld verdienen wollte, gab es nicht in unserer Wunschwelt. Ich konnte als Roter Korsar Schätze heben und als Tarzan brauchte ich kein Geld. Als ich an der Reihe war, sagte ich: »Ich will nichts werden.«

»Geh, Schmarrn, jeder will doch was werden.«

»Ich nicht.«

»Das kann doch gar nicht sein. Du hast doch sicher Wünsche.«

»Ich wünsche mir aber nicht, was zu werden, weil ich nicht nur einer sein will.«

»Du musst jetzt was werden, so geht das nicht.«

So musste ich mir gezwungenermaßen aus meinem Kosmos einen bestimmten Menschen aussuchen und sagte ruhig: »Old Shatterhand.«

Sie lachte. Alle lachten. Innerlich starb ich: In dem Alter spürt man Pathos noch richtig. Ich hasste es, wenn jemand versuchte, in meine Welt einzudringen, und es war noch schrecklicher, wenn jemand über meine Traumwelt lachte. Mein Unrechtsbewusstsein war alarmiert, ich fand, dass Old Shatterhand mehr war als ein blöder Lokomotivführer oder Feuerwehrautofahrer. Aber es wurde ein sogenannter richtiger Beruf gefordert. Meine nächste Antwort half mir leider auch nicht weiter, denn das Einzige, was mir einfiel, war: »Krankenschwester.«

Noch mehr Lachen. Die Lehrerin gab auf. Ich weiß, der Beruf der Krankenschwester war in den Siebzigerjahren unter Jungs nicht so weit verbreitet, heute findet man welche auf jeder guten Fetischparty. Mit der Antwort hatte ich keine Gender-Diskussion führen wollen, für mich waren Krankenschwestern einfach etwas ganz Tolles. Im Alter von vier Jahren war ich schwer an Hirnhautentzündung in Kombination mit Mumps erkrankt. Ich erinnere mich noch an die Panik meines Vaters, der mich damals vom Hausarzt direkt ins Kinderkrankenhaus fuhr. Dort wurde ich sofort in Quarantäne gesteckt und durfte keinen Kontakt haben, zu niemandem. Ich sehe das Bild noch vor mir, meine Eltern und mein Bruder, wie sie vor dem Krankenhaus im Garten vor meinem Fenster standen und mir zeigten, dass sie für mich da waren. In dieser Zeit waren die Krankenschwestern auf der Station meine einzigen Ansprechpartner. Die Unterhaltungen bei der Ärztevisite waren für mich nicht sehr ergiebig. Das war in den Siebzigern nicht anders als heute. Die weiße Meute kam herein, fragte, wie es »uns« heute so gehe. Ich hatte keine Ahnung, wie es ihnen ging, aber antwortete »okay, keine Ahnung, besser«, um ein bisschen Konversation zu betreiben. Aber darauf sagte niemand was, die Herren haben sich ganz wichtig mit sich selbst unterhalten, streng auf ihre Klemmblätter geguckt und dann – wusch – sah ich nur noch eine Staubwolke. Wenn es mir schlecht ging oder wenn ich was brauchte, war immer eine der Krankenschwestern für mich da. Auch wenn ich nur jemandem zum Reden oder Ausheulen brauchte. Das Schwesternmantra beruhigte mich immer: »Du wirst sehen, alles wird gut!«

Das Schlimmste während meines Quarantäne-Aufenthaltes war ein Stich. Ich spüre heute noch die Spritze der Rückenmarkspunktion. Das war das Schmerzhafteste, was ich je erlebt habe. Ich glaube, dass diese Erfahrung dazu geführt hat, dass ich später kein allzu wehleidiges Bürschchen wurde. Als ich wieder gesund war und nach einer Ewigkeit aus dem Krankenhaus entlassen wurde, hatte sich das Bild der guten Krankenschwester in meinen Kopf und in mein Herz eingebrannt. Deshalb war dieser Beruf der tollste, den ich kannte. Deshalb war »Krankenschwester« auch keine dumme Antwort. Klar, ein sechsjähriger Junge, der seine zwei Favoriten-Berufe mit Old Shatterhand und Krankenschwester angab, war »anders«. Ich hätte wohl nur noch »YMCA« singen müssen, dann hätte die Schulleitung einen katholischen Priester samt Exorzisten zu uns nach Hause geschickt.

Als kleiner Bub am ersten Schultag der Lächerlichkeit preisgegeben zu werden, fühlte sich furchtbar an. Aber vielleicht habe ich dank der Erste-Klasse-Lehrerin – empathisch war sie natürlich mehr Economy bei einer usbekischen Billig-Airline – früh verstanden, dass ich nie wieder in meinem Leben ausgelacht werden wollte. Nicht als Entscheidung, Komiker zu werden, und dann den Spieß umzudrehen, ich wollte einfach nie wieder so blöd vor anderen dastehen. So habe ich einfach vieles, was mir wichtig war, nicht nach außen gekehrt, damit ich mich nicht dafür rechtfertigen musste.

Der erste Schultag endete dann wie viele andere, die darauf folgten, aber diesem ominösen Ernst bin ich nie begegnet.

Doch blieb für einige Jahre noch eine rote Cord-Rechnung offen, und Rache ist samtig.

DER ANFANG
VOM ENDE
VOM NIKOLAUS

Lernen fiel mir von Anfang an leicht, und ich entdeckte, dass Lesen für mich als kleinen Fantasten ein großer Zugewinn wurde. In Bücher konnte ich eintauchen und tagelang verschwinden. Ab und an tauchte ich wieder auf, um nicht zu verhungern. »Fünf Freunde« und Spukgeschichten waren meine Favoriten. »Die Drei ???« mochte ich auch, obwohl ich immer fand, dass Justus Jonas ein kleines, besserwisserisches Arschlochkind war. Der feine Herr Erste Detektiv, immer Mister Oberschlau. Auch wenn er effektiv war, seine Methoden mochte ich manchmal einfach nicht. Wie beim FBI.

Am ersten Schultag hatten meine Eltern mir mitgeteilt, dass ich dort dreizehn Jahre hingehen sollte. Das Gymnasium war gesetzt, der Bub sollte es ja mal besser haben. Das war ewig! Deshalb ging ich davon aus, dass es nicht auffallen würde, wenn ich einen Tag fernbleiben würde. Ich war noch in der ersten Klasse, aber ich fand einfach, es stünde mir zu, mal einen Tag zu schwänzen. Da ich denselben Schulweg wie mein größerer Bruder hatte, durfte ich ganz stolz mit ihm jeden Morgen zur Schule gehen. Das ist der Vorteil bayrischer Landidylle. Was sollte uns schon passieren, außer von einem Kuhmilchtransporter des hiesigen Amokbauern überfahren zu werden? Oder vom muhenden Lebewesen auf die Hörner genommen zu werden? Sehr selten wurden Schulkinder von Wolpertingern gerissen. Man nannte das dann Folklore-Schwund.

Für meinen Bruder war es uncool, mich im Schlepptau zu haben – ich war anderthalb Jahre jünger! So musste ich auf seine An- bzw. Abweisung hin allein gehen, durfte aber meinen Eltern nichts davon sagen, sonst hätte er Charles Darwin in die Praxis umgesetzt. Aber mir machte das nichts aus, so konnte ich mich auf meinem morgendlichen Schulmarsch träumerisch als Lederstrumpf durch die Sümpfe schlagen oder als Vorletzter Mohikaner heldenhaft durchs Dickicht kämpfen. Wir bayrischen Landkinder waren hart wie Stierhörner und zäh wie Euter. Spiel einem bayrischen Erstklässler den Di-Caprio-Film »The Revenant« vor, dann wird der nur ruhig sagen: »Oh, eine Doku über meinen letzten Freitag kurz vor Weihnachten«.

Bis zwanzig Kilometer Schulweg gab's damals nur Fahrrad fahren oder zu Fuß gehen. Heutzutage ist das ganz anders. Es lauern ganz andere zivilisatorische Gefahren auf die Kleinen. Früher war die Wahrscheinlichkeit sehr gering, Müttern mit SUV vor die Stoßstange zu laufen. Ich kannte damals sowieso niemanden, der von seiner Mutter in die Schule gefahren wurde. Das ist heute ganz anders, wo viele Kinder, die mehr als 500 Meter von der Schule weg wohnen, ihre eigene blutsverwandte Chauffeuse haben. Und noch was war anders Anfang der Siebziger. Damals fuhr man weiße VW Käfer, rote Ford Escorts oder gelbe Opel Kadetts. Heute sind Schulen, vor denen keine Mama im Geländewagen steht, so selten wie Nagelstudios ohne Vietnamesen. Die Mutter von heute fährt serienmäßig Hausfrauenpanzer (**S**hoot **U**tility **V**ehicle). Ich verstehe das. Beim Rangieren auf einem Supermarktplatz kann es schon mal unübersichtlich werden. Der Auto-Tanker tuckert im Rückwärtsgang so lange nach hinten, bis – BUMP – die Mama am Lenker erschrickt: »War da was?«

»Ich glaube nicht.«

BUMP!

»Hat jemand eigentlich die Oma gesehen?«

BUMP!

Beim Disco-Eislaufen Mitte der Siebziger war das Lied »Lady Bump« von Penny McLean mein großer Favorit. Ich hatte sogar die Single! Neben »Ma Baker« von Boney M. die coolste Kufen-Hymne. Wieder mal war ein Lied seiner Zeit weit voraus: »Lady Bump« als Name aller Mütter mit Offroader. Mir ist der Begriff »Offroader« nie ganz klar geworden. Das heißt doch »off the road« – soll das etwa ein Hinweis sein? Das hieße ja dann: Liebe Mamas, bleibt von den Straßen weg! Schon Xavier Naidoo, der Kfz-Stellvertreter Gottes auf Erden, sang »Es sind seine Straßen, von jeher« – von »ihren« Straßen war nicht die Rede. Ich möchte nicht frauenfeindlich rüberkommen, aber ich bin in der oberbayrischen Provinz aufgewachsen und nicht im Alice-im-Schwarzer-Wunderland. Sexismus-Diskussionen waren bei uns seltener als Marienerscheinungen. Frauenfeindlichkeit bedeutete, seiner Ehefrau einen Billigherd zu kaufen, statt auf den Bauknecht zu hören, weil nur der wusste, was sich Frauen insgeheim wünschten. »Herdprämie« hieß damals, der Papa kriegt es mal gut besorgt, wenn er vorher einen guten E-Herd besorgt. Das nannte man Vorspiel. Die Frauenbewegung war noch nicht zu uns vorgedrungen, und es hätte sicherlich einigen Erklärungsbedarf gegeben. Ich erinnere mich zum Beispiel daran, dass am Fußballplatz bei Sonntagsspielen der hiesigen Dorfbundesliga ein Schild hing, auf dem die Eintrittspreise standen, gerecht gestaffelt:

»Männer vier Mark; Frauen und Behinderte zwei Mark; Kinder frei.«

Aber zurück zu meinem Schulschwänz-Abenteuer. Ich kleiner Erstklässler hatte einen Plan. Einen perfekten Plan. Ich würde einen Tag lang nicht in die Schule gehen, und damit es niemand bemerkte, würde ich mich einfach verstecken. Genial. So wie Zuschauer, die zu spät in die Vorstellung kommen, vor der Bühne entlanggehen und sich dabei bücken und denken: »So sieht mich keiner, solange ich gebückt gehe, bin ich der unsichtbare Pumuckl.«

Ich versteckte mich unauffindbar im – nein, niemals würde ich mein Versteck preisgeben. Jedenfalls hat mich dort niemand entdeckt. Ich habe abgewartet, bis die Schule aus war, und bin dann ganz normal nach Hause gegangen und habe so getan, als ob nichts wäre. Und es hat tatsächlich niemand bemerkt! Meine Eltern sagten nichts, und die Lehrerin am nächsten Tag auch nicht. Ich hatte sie anscheinend alle getäuscht, ich war der Houdini des Schule-Schwänzens. Der Sherlock Holmes der Täuschung. Für mich war die ganze Aktion nur ein einmaliger Ausflug ins Reich des spurlosen Verschwindens, das restliche Schuljahr war ich körperlich anwesend. Aber Professor Moriarty hatte seine Finger in einem gar teuflischen Plan, der mir eine Lehre erteilen sollte.

Etwa zwei Monate später, am sechsten Dezember, kam der Nikolaus zu uns nach Hause. Ich glaubte noch an ihn. Damals hat man nicht viel hinterfragt, und der Nikolaus war eine heilige Macht und nicht wie heutzutage ein in Coca-Cola-Farben gekleideter Obdachlosen-Lookalike, ein weißbärtiger Pazifisten-Taliban, der nur noch als willenlose Geschenkausteilmaschine fungiert, egal ob Kinder brav waren oder nicht. Für uns Kinder war der Nikolaus eine Respektsperson, mit Gewaltenteilung, denn er kam in den Siebzigern nicht allein, sondern in Gesellschaft von Knecht Ruprecht. Und *der* Typ war gefährlich – auch wenn man nicht an ihn glaubte. Schwarz gekleidet und verrußt, eine Kette in der Linken und einen Sack für die kleinen Kinder in der Rechten. Er sah aus wie ein militanter Berg-Grufti. Knecht Ruprecht, auf Bayrisch Krampus. Nikolaus und Krampus arbeiteten noch mit klassischer Verhörtechnik, Good Cop, Bad Cop. Genehmigt von ganz oben. Der Nikolaus begann gutmütig: »Ho, ho, hoo, mein kleines Kind. Du warst nicht brav, aber die Strafe kann vermieden werden, wenn du jetzt auspackst. Ich schlage dir einen Deal vor, du sagst mir, was du weißt, und wenn du bereust, bekommst du ein Skateboard.« Der Krampus blutgrätschte dazwischen: »Aber wenn du lügst, gibt's statt Skateboarding nur Waterboarding.«

So stand damals der echte Nikolaus bei uns im Wohnzimmer und las aus seinem großen goldenen Buch vor, was mein Bruder und ich das Jahr über verbrochen hatten. Ich war entspannt, bis er plötzlich ernst wurde und den Zeigefinger hob: »Der kleine Michael hat etwas angestellt, was sehr schlimm ist. Er ist einen ganzen Tag lang nicht in der Schule gewesen und hat geschwänzt. Das tun aber keine braven Kinder!«

Ich erstarrte. Woher wusste der das? Verdammt, er war echt! Ich war erschüttert, dass mein Geheimnis herauskam. Im Nachhinein empfinde ich großen Respekt: Wie geduldig muss mein Vater zwei Monate lang gewartet haben, um diesen Moment zu erleben. Der Krampus rasselte mit seiner Kette und öffnete den Sack. »Ich glaube, dafür muss ich den kleinen Michael mitnehmen.«

Bist du deppert, hatte ich Angst. Der Schreck ließ mich innerlich dem Schwänzen für alle Zeiten abschwören, ich würde nun bis ans Ende meiner Tage in die Schule gehen, wenn der Herr Nikolaus es wünschen würde. Ich war kurz vor einem Trauma kosmischen Ausmaßes. Aber gleichzeitig nahm noch ein ganz anderes Drama seinen Lauf. Ich entschuldigte mich bei meinen Eltern und untertänigst beim Nikolaus, dass ich so was nie wieder tun würde. Und ich hatte noch ein selbst geschriebenes Weihnachtsgedicht vorbereitet, das ich auswendig vortrug, um die Wogen zu glätten:

Fröhlich grunzt der Ochs
Kind liegt in der Box
Ochs trampelt sacht
Box zusammenkracht

Ich holte gerade Luft, um die nächsten drei Verse zu deklamieren, da schrie mein Bruder plötzlich:»Waaa, das ist ja gar nicht der Nikolaus! Das ist ja die Frau Braun!«

Er fing an zu lachen und rief hänselnd:»Die Frau Braun, die Frau Braun!«

Meine Eltern haben alles versucht, aber sie konnten das Lachen nicht unterdrücken. Selbst der Nikolaus hustete in seinen Bart, und der Gothic-Krampus kicherte schrill. Ich stand da, guckte alle an und war verwirrt – eine Minute vorher hatte ich noch aufgrund meines schlechten Gewissens mein ewiges Nikolausgelöbnis geschworen. Wenn ich in dem Moment nicht der Depp gewesen wäre, würde ich sagen: Was für eine wunderbare filmreife Szene. Aber dann sah auch ich, dass der Nikolaus nicht echt sein konnte. Denn die Bischofsmütze und der Bart hatten sich zu lösen begonnen, es war wirklich Frau Braun, die da im heiligen Nikolausgewand stand. Sie war eine Bekannte meiner Eltern. Meine Eltern hatten keinen Mann mehr gekriegt für den Nikolausjob, deshalb hatte sie das übernehmen müssen. Ich war fix und fertig.

Ein weiblicher Nikolaus. Seitdem habe ich ein Trauma. Da war ich ganz altmodisch. Ich konnte auch anfangs nicht damit umgehen, dass wir in Deutschland plötzlich eine Bundeskanzlerin hatten. Es war schräg für mich. Wenn ich Angela Merkel in ihrer ersten Amtszeit sah, dachte ich manchmal, sie versteckt bloß ihren Bart und holt gleich den Sack raus: »Ho, ho, hoo!«

So habe ich an einem einzigen Tag gelernt, ewig an den Nikolaus zu glauben, und gleichzeitig sein Ende gesehen.

Nachtrag
Weihnachten, Sternzeit 24. 12. 1971

Schon vor meinem Nikolaustrauma litt ich an einer Weihnachts-PTBS, einer Art heiligabendlich-posttraumatischen Belastungsstörung. Der Auslöser war grausam. Grundsätzlich möchte ich mich nicht beschweren über die Geschenke meiner Kindheit, und ich bin auch heute noch ein großer Weihnachtsfan und werde im Advent rührselig und nostalgisch.

Aber eine Erfahrung musste ich als Kind an Weihnachten machen, die wirklich hart war. Ich hatte als Fünfjähriger eine Schildkröte namens Captain Ahab. Sie war mein erstes Haustier, und ich habe sie geliebt. Im ersten Oktober unserer gemeinsamen Zeit ist Captain Ahab unter die Heizung gekrabbelt und hat sich da zum Schlafen hingelegt. Er schlief sehr tief und sehr lange und bewegte sich gar nicht mehr. Ich dachte, er hält Winterschlaf, und habe ihn dort in Ruhe gelassen. Aber irgendwann haben wir dann doch mal nachgesehen, was Captain Ahab unter der Heizung machte – es roch auch schon einige Zeit etwas komisch in meinem Kinderzimmer, muss ich zugeben. Als ich ihn zu mir zog, stellte ich fest, dass er mausetot war. Im Panzer war nichts mehr drin, alles war eingetrocknet. Ich war wahnsinnig traurig und habe mir zu Weihnachten eine neue Schildkröte gewünscht. Ganz oben auf dem Brief ans Christkind stand: »Bitte, ich will eine Schildkröte!« (geschrieben von meiner Mutter, diktiert von mir; eine Information für den aufmerksamen Leser).

An Heiligabend hab ich dann bei der Bescherung tatsächlich eine neue Schildkröte bekommen, Captain Ahab II. Ich habe mich sofort in sie verliebt und mit ihr gespielt – wir waren ein Herz und eine Seele. Erst nach einiger Zeit wurde ich skeptisch. Diese Schildkröte wollte nichts fressen, und den Kopf habe ich auch nie zu sehen bekommen. Ich hob sie vorsichtig an und stellte fest, dass sie nur ein als Schildkröte bemalter Stein war. Dieses Mal hatten mir meine Eltern eine Schildkrötenattrappe geschenkt. Ich war sauer und rief: »Mama, ich möchte eine echte haben!« Mein Vater antwortete entspannt: »Ja, dann pass erst mal auf den Stein auf, und wenn der überlebt, dann kriegst du auch vielleicht irgendwann wieder eine Schildkröte!«

Ich habe nie wieder ein Haustier bekommen.

GLAUBE,
HIEBE,
HOFFNUNG

Der Glaube an den Nikolaus wurde mir viel zu früh genommen, aber Gott sei Dank hatte ich als katholisch erzogener Grünschnabel genug, woran ich sonst noch glauben konnte. Unsere gesammelten männlichen heiligen Autoritätspersonen neben dem Nikolaus waren Gott, sein Sohn Jesus und natürlich der Heilige Geist, die Dreifaltigkeits-Gang – beim Italiener wär's eine Art Pasta Tris di Santi. Der Heilige Geist war bei uns am präsentesten. Wann immer etwas Schlimmes im Ort passierte und ich nachfragte: »Wer hat denn das getan?«, antworteten meine Eltern oder Großeltern: »Der Heilige Geist war's!«

Für mich war er ein notorischer Wiederholungstäter. Er hatte anscheinend alles verbrochen, was für unsere Kinderohren nicht geeignet war. Wenn zum Beispiel jemand ein uneheliches Kind erwartete und die Vaterfrage heikel war, hörte ich von meinen Eltern: »Der Heilige Geist war's!« Dass der in diesen Angelegenheiten sehr aktiv war, wusste ich schon aus dem Religionsunterricht. Frauen mussten mit ihm nur im selben Raum sein und wurden schwanger. Der Magic Family Man. Ich glaubte irgendwann, der Heilige Geist wäre der Meisterstecher im ganzen Landkreis, der musste rumpoppen, bis die Lichter ausgehen. Kurzzeitig dachte ich, »Heiliger Geist« wäre gar kein so schlechter Beruf. Da konnte man alles anstellen, was man wollte, und niemand belangte einen dafür. Ich hörte jedenfalls nicht, dass sie ihn mal erwischt hätten. Der Typ war wie ein heiliger Pumuckl, für uns alle unsichtbar, aber er war an allem schuld. Der Kobold Gottes, des Großen Meisters Eder. Das konnte schon hinkommen, denn Jesus war schließlich auch Sohn eines Tischlers. Da ich ein sehr wissbegieriges Kind war, das sich mit einfachen Erklärungen nicht zufriedengab, habe ich den Religionslehrer in der vierten Klasse gefragt, wie der Heilige Geist das mit dem Jesuskind und der Jungfrau Maria praktisch gemacht hätte. Im Gottesdienst sagte der Pfarrer immer »empfangen durch den Heiligen Geist«, und das klang nach Eilsendung per Einschreiben – »Wenn der Postmann zweimal klingelt«. Ich fand den Hinweis auf »Göttliche Fügung« als Antwort nicht ausreichend und gab dem Lehrer ein »ungenügend«, bevor ich ihm meinen eigenen Wissenstand mitteilte, nach dem Kinder nur von Verheirateten gezeugt würden, die auch noch ineinander verliebt sein müssten. So hatte mir das meine Mutter erklärt. Ich bin mir nicht sicher, ob sein Ausruf »Jessas, Maria und Josef, ein kleiner ungläubiger Klugscheißer« den Segen des Heiligen Vaters gehabt hätte. Da ich nicht wusste, was »zeugen« genau bedeutete, konnte ich argumentativ nicht groß gegenhalten. Ich war auch verwirrt, denn ein Zeuge – so kannte ich das, wenn man beim Fußballspielen aus Versehen einen Ball durch ein Fenster schoss – war eigentlich ein an der Tat nicht Beteiligter. Vom Fußball kannte ich auch noch Zeugwart, der immer für die richtige Ausrüstung am Spieltag verantwortlich war. Vielleicht sorgte er auch für Kondome, das wäre dann das Zeugenschutzprogramm. »Zeugen« kann auch doppeldeutig sein. Wenn etwa in unserem Fall jemand die Heilige Jungfrau Maria und den Heiligen Geist gefragt hätte: »Hallo, ihr beiden, was macht ihr gerade dahinten in der Kammer?« »Wir Zeugen Jehovas.«

All das hat mich in meinen Fragen zu Maria und dem Heiligen Geist nicht weitergebracht. Mein Religionslehrer, ein katholischer Kaplan, mochte mich sowieso nicht besonders gut leiden. Ich war ihm zu aufmüpfig, weil ich oft nachgefragt und manchmal ohne zu überlegen kleine Witze gemacht habe. Humor und Religion passten offenbar nicht zusammen. Aber das war nicht immer so. Vom 14. bis ins 19. Jahrhundert gab es einen christlichen Brauch, das »Osterlachen« (*lateinisch: risus paschalis*), der fester Bestandteil der Osterpredigten war. Mit ihm hielt das Lachen Einzug in die christliche Liturgie. In offiziellen kirchlichen Verlautbarungen wurde dieser Brauch nie erwähnt, aber es war in diesen Zeiten üblich, dass Pfarrer am Ostergottesdienst die Gläubigen zum Lachen brachten. Die Menschen sollten sich dadurch von der Angst vor dem Teufel befreien, sie sollten lachen über den von Jesus besiegten Tod und die Lächerlichkeit der Hölle. Fuck Death – Hell Yeah! Osterfreude de luxe! Aber wie das Wesen von Humor so ist, hat sich das Osterlachen im Laufe der Zeit verselbstständigt. Die Pfarrer hielten sich schnell nicht mehr nur an österliche Humorgrenzen, sie bauten in ihre Geschichten auch alltägliche Zoten und subversive Erzählungen ein, welche die Gottesdienstteilnehmer erfreuten. Es wurde zu einer sehr frühen Form des Kabaretts. Kanzel-Kabarett wäre ein schöner Begriff dafür. In lustige Form verpackt wurde Kritik an der weltlichen oder kirchlichen Macht geübt. Dekadente Bischöfe waren ein leichtes Ziel für Spott. Deshalb schafften die Kirchenoberen den Brauch des Osterlachens wieder ab; »Fabeln, gereimte Dichtungen und Obskures« wurden wieder aus den Predigten verbannt. Lachen ist eben inkorrekt und anarchisch, es ist ein Zeichen des Zweifelns an Allmacht und geistiger Versklavung. Bis heute fürchtet die katholische Kirche das Lachen wie der Teufel das Weihwasser. Als dieses Bild mal von meinem Religionslehrer in anderem Zusammenhang verwendet wurde, fragte ich, ob der Teufel nicht das Weihwasser in einem Topf zum Kochen bringen konnte, weil auf diese Weise alle Keime oder Weih-Bakterien abgetötet worden wären. So hatte ich das in Physik gelernt. Und dann müsste er sich nicht mehr fürchten, selbst wenn wir ihn direkt aus dem Weihwasserbecken mit einem Schlauch der Freiwilligen Feuerwehr bespritzen würden. Ich bin heute noch überrascht, welch wundersame Wege sich in meinen kindlichen Gehirnwindungen auftaten. Dieses Szenario kam nicht gut an bei meinem Lehrer. »Du frecher, vorlauter Bub!« Der konnte mit mir einfach nicht und ich mit ihm mehrfach nicht. Heute weiß ich, er fürchtete die unverblümte Anarchie meiner ersten zarten Humoransätze wie der Beelzebub die Freihimmlische Teufelswehr. Religion in Bayern war zu der Zeit kein Unterricht, wie man ihn heute kennt, sondern Indoktrination mittels Gehirnwäsche auf 60 Grad ohne Weichspüler.

In der dritten Klasse bekamen wir die Aufgabe, Menschen im Fegefeuer zu zeichnen. Allein schon für diese Idee müsste der Katholikenschinder heute noch im selben brennen. Ich war neun Jahre alt und hatte noch nichts Schreckliches gesehen, was ich malerisch hätte verarbeiten können. Und Zombiefilme gab's noch nicht. Ich habe meinen Banknachbarn gefragt, wie so was aussieht, weil ich wusste, dass bei ihm zu Hause der Kuhstall abgebrannt war. Er erzählte, dass die Kühe dabei geschmolzen seien. Ich erinnerte mich, dass wir im Sommer Fackeln gebastelt hatten, indem wir Planen an Äste gewickelt und dann angezündet hatten. Sie hatten fabelhaft gebrannt, aber als ich meine freudig schwang, war ein heißgeschmolzenes Stück Plastik auf meinen Handrücken getropft. Das hatte unfassbare Schmerzen zur Folge, und es hat noch eine Woche lang geeitert. Das wollte ich mir nicht mit ganzen Menschen vorstellen, und fragte deshalb, ob ich auch »Kühe im Fegefeuer« zeichnen dürfte.

»Da gibt es keine Kühe.«

»Warum?«

»Weil … halt weil!« (eins der beliebtesten erwachsenen Argumente)

»Gibt es keine bösen Kühe?«

»Doch … nein, aber das ist nicht der entscheidende Punkt.«

»Dann würde ich bitte lieber Menschen im Paradies zeichnen, oder gibt es dort Kühe?«

»Was fällt dir ein?«

»Beim Paradies mehr als beim Fegefeuer.«

»Du wirst da sicher drin brennen, wenn du so weitermachst!«

Das hat mich sehr erschreckt. Ich habe dann ängstlich einen geschmolzenen Menschen oder das, was von ihm übrig geblieben war, gemalt und darüber einen Himmel voller Kühe. Das war meine kindliche Logik, ich habe das nicht mit hinterlistiger Absicht getan – aber mit dem Religionslehrer befand ich mich nun im ewigen »Fehdefeuer«.

In nunmehr 30 Jahren Tour als Kabarettist und Comedian war die meistgestellte Frage von Journalisten: »Herr Mittermeier, waren Sie eigentlich in der Schule schon der Klassenclown?«

Diese Anekdoten wirken vielleicht so, aber ich war nie der Klassenclown, und wollte es auch gar nicht sein. Ich war nur ein Freigeist, ein Schräg-Denker, der seinen Mund nicht halten konnte. Wenn zum Beispiel ein Lehrer etwas gesagt hat, und mir ist irgendetwas Gescheites oder Blödes drauf eingefallen, dann – poff – kam das aus meinem Mund raus ohne Filter. Ich nannte das später verbale Inkontinenz. Aber die Kommentare hatten nie das primäre Ziel, die Klasse zu unterhalten, sondern entstanden einfach aus meinen Gedanken, sie waren eigentlich nur für mich bestimmt. Hier hätte das Wort Alleinunterhalter gepasst, aber eben in der Bedeutung, dass ich nur mich allein unterhalten wollte. Ich selbst konnte daran nichts Schlimmes finden, aber viele Lehrer waren anderer Meinung. Und es gab noch etwas anderes, was mein Leben als Schüler erschwerte: Ich hatte einen extremen Gerechtigkeitssinn. Wenn ich etwas als ungerecht empfand, konnte ich mich nicht zurückhalten. Ich konnte auch nicht mit Autorität umgehen, die sich nur auf Hierarchie aufbaute, das war für mich die oberste Stufe der Ungerechtigkeit – keine ideale Voraussetzung für einen Schüler in den Siebzigerjahren.

In der dritten und vierten Klasse hatte ich einen Konflikt mit unserem damaligen Klassenlehrer, der Jungs benachteiligte. Mädchen, die im Unterricht schwätzten, wurden von ihm gebeten, das zu unterlassen. Bei uns Jungs reagierte er anders. Da ich nicht der Ruhigste in der Klasse war, packte er mich des Öfteren seitlich an den Koteletten-Haaransätzen, und dann zog er mich nach oben. Bei Kurzhaarfrisuren mussten auch mal die Ohren als Haltegriffe fungieren. Das tat beides sauweh, aber da half kein Jammern. Und wir hatten alle den Eindruck, dass Jungs für die gleichen Leistungen schlechtere Noten bekamen als Mädchen. Das folgende Szenario ist leider nicht meiner Fantasie entsprungen: Jeden Morgen hatte ein Mädchen eine ganze Schulwoche lang das »Privileg«, wie er es nannte, ihm seine Hausschuhe aus dem Nebenraum zu holen und sie ihm vor dem Unterricht anzuziehen. Vorher musste es noch die Bänder seiner Straßenschuhe aufmachen und ihm diese ausziehen. Dasselbe Schuhwechsler-Mädchen »durfte« ihm morgens eine Woche lang auch seinen Joghurt mit kleingeschnittenem Knoblauch zubereiten. Dafür gab's Belobigungen und bessere Noten. Beim Eislaufunterricht, den er nachmittags zusätzlich anbot, zeigte er auch nur den Mädchen, mit welcher Haltung man die diversen Figurenpositionen hinkriegte. Uns

47

Burschen ließ er im Kreis fahren. Das tun wir Männer zwar gerne, aber ich fand das immer komisch. All das hatte sich damals in mir wie in einem Dampfkochtopf aufgestaut. Im Unterricht konnte ich wenig dagegen tun, sonst gab's wieder die Haar- bzw. Ohren-Hängeschaukel. Ich habe mich oft bei meinen Eltern über diesen Lehrer beschwert. Meine Mutter erzählte mir später, dass ich getobt hatte. Aber zu der Zeit war man noch sehr obrigkeitshörig, Erziehungsmethoden wurden nicht hinterfragt, und Klagen wie meine verhallten im Märchen-Nirvana. »Das bildest du dir nur ein! So schlimm wird's schon nicht sein! Das ist einer der angesehensten Lehrer der Stadt!« Ich kann mich noch an dieses Gefühl der Ohnmacht erinnern, dass ich einfach nicht durchdrang mit meiner Wut. Ich stand frustriert da wie das schwarze Fernsehküken Calimero am Schluss jeder Folge: »Was für eine himmelschreiende Ungerechtigkeit!«

Außerdem war ich ein Schüler, der trotz guter Noten in jedem Zeugnis Bemerkungen stehen hatte wie: »Michael ist sehr lebhaft; stört gern mal den Unterricht«. Das trug vor meinem Elterngericht nicht zu meiner Glaubwürdigkeit in solchen Anklagen bei. Es wäre etwas einfach zu sagen, »Lehrer und Geistliche formten diesen Comedian«, aber sie haben sicher zu einem Grundgefühl beigetragen, das mich bis heute nie verlassen hat. Meine oberste Maxime auf der Bühne ist: »Tritt nach oben, nicht nach unten«. Als Schulkind fühlte ich mich oft wehrlos, ich konnte nur mit meinen Kommentaren meine Seele erleichtern und fühlte mich trotz Strafen als moralischer Sieger, auch und immer wieder im Religionsunterricht.

Als wir ein weiteres Mal die Diskussion um den Heiligen Geist führten, wiederholte ich, was ich von meiner Mutter wusste: dass Kinder aus Liebe gezeugt würden. Ich fragte, ob denn der Heilige Geist Maria geliebt hätte. Mein Religionslehrer wurde wütend und rief, dass Gottes Liebe der Ursprung allen Lebens sei. Das reichte mir nicht.

»Aber wenn Gott der offizielle Vater von Jesus ist, warum war dann der Heilige Geist auch dran beteiligt? Und Maria war ja mit beiden nicht verheiratet, sondern nur mit Joseph.«

»Zweifel nicht den göttlichen Glauben an, sonst bist du der Sünde!«

Dann geriet die Situation leider außer Kontrolle. Mein Bruder, der zwei Klassen weiter war, in jeglicher Hinsicht, hatte mir gerade einige verwirrende, aber interessante sexuelle Begriffe beigebracht. Ich ahnte, dass solche Worte etwas Verbotenes hatten, verstand aber nicht, was und warum. In der Woche vorher hatte ich erfahren, dass Zeugen dasselbe sein sollte wie Bumsen oder Nageln. Schon allein das Aussprechen dieser Wörter rief unter uns Burschen Lachstürme hervor. Bumsen – ha, ha, ha, ha, ha ... Nageln – ha, ha, ha, ha, ha ...

Meine Nachfragen zu der Dreiecksbeziehung zwischen Heiligem Geist, Gott und Joseph brachte meine Mitschüler zum Schmunzeln, aber meinen Lehrer zum Rasen. »Du dummes Kind willst die Göttlichkeit anzweifeln. Jesus Christus ist geboren worden, um für uns alle am Kreuz zu sterben.« Ohne dass ich nachgedacht hätte, kam aus meinem Mund: »Aber nur, weil sie vorher genagelt haben.« Er schlug mir mit der flachen Hand ins Gesicht. Patsch! Ich hatte die Ungnade der frühen Geburt. Obwohl in Deutschland bereits die Prügelstrafe in Schulen verboten war, wurde in Bayern das Verbot der körperlichen Züchtigung von Schülern erst 1983 gesetzlich verankert. Meine Watsche war quasi von Gott und vom bayrischen Gesetz sanktioniert. Das war mir natürlich egal, ich war gedemütigt und stinksauer. Der Lehrer bekreuzigte sich und setzte noch einen drauf. »Das tut mir mehr weh als dir, mein Sohn!«

Ich hielt mir die Backe. »Das glaube ich nicht!«

Anscheinend war der Herr Kaplan ein großer Anhänger der Lehre, dass man die zweite Wange auch hinhalten sollte. Das tat ich nicht, aber er schlug sie trotzdem. Heute würde ich ihm wohl meine linke und rechte Arschbacke zeigen. Die Schlagfertigkeit in ihrer physischen Form war zwar auf seiner Seite, aber in der verbalen Variante ließ ich sie mir nicht nehmen. Ich malte mit einem Filzer rote Male in die Mitte meiner Handflächen, sie sahen aus wie die von Christus am Tag nach seiner Wiederauferstehung, und sagte: »Jesus sieht alles! Er hat sein Blut für uns vergossen.« Da war die Hölle los. Den Rest der Stunde musste ich vor die Tür, und ich bekam einen Verweis. Ich konnte meinen Eltern noch so wütend vorheulen, dass ich geschlagen worden war. Es hieß nur: »Du wirst es schon verdient haben. Der hatte sicher seine Gründe.«

Ich hätte gern gehabt, dass meine Eltern in dem Fall für mich einfach eingestanden und die Watschen-Züchtigung verurteilt hätten, aber ich blieb allein in dieser Angelegenheit. Das tat mehr weh als die Ohrfeigen. Für mich hatte die Institution Kirche von da an viel von ihrer Glaubwürdigkeit verloren. Das war keine besonders gute Voraussetzung, als ich das Jahr darauf auf ein Klostergymnasium gehen musste.

Aber ich habe dem katholischen Religionsunterricht auch etwas zu verdanken. Einige Jahre hatte ich warten müssen, bis ich für die Erste-Klasse-Styling-Schmach Rache nehmen konnte. Der rote Cordsamtanzug hatte sich an einer meiner Synapsen angedockt und blieb nicht ungesühnt. Kinder sind wie Elefanten, sie vergessen nichts, und wenn sie mal anfangen zu trampeln, sind sie schwer zu stoppen. Als ich in der fünften Klasse war, wurden wir alle auf die Firmung vorbereitet. Alle. Wir hatten keine anderen Konfessionen in der Klasse. Eine bayrische Kleinstadt im Jahr 1977, was sollte es da anderes geben?

»Firmare« bedeutet »bestärken«. Mit diesem Sakrament soll »Ja« gesagt werden zum Glauben, zur katholischen Kirche und zu Gott. Wir Kinder wurden dazu nicht befragt. Bei der Frage, ob Gott uns nun noch fester in seine Gemeinschaft und die der Gläubigen aufnehmen solle, hatten wir keine Möglichkeit, Nein anzukreuzen. Trotz all meiner schlechten Erfahrungen wäre ich aber auch schön blöd gewesen, mit Nein zu stimmen, da es zur Firmung eine Uhr als Geschenk gab. Das wusste ich schon von meinem Bruder. Also lieber pünktlich gläubig als uhrlos Atheist. Der Tag meiner Firmung kam, und ich war festlich, aber doch wie ein Menschenkind aus der Zivilisation gekleidet. Meine Mutter sollte meine Firmpatin sein. Niemand hatte sich an diesem schönen Tag etwas Schlimmes gedacht. Als wir Richtung Kirche losgehen wollten, sah ich, wie sich meine Mutter für den Anlass fein gemacht hatte. Sie trug gern extravagante Kleidung, und ich stand modisch überfordert da und fand völlig unpassend, was sie trug. »*Das* willst du anziehen?«

Wenn ich ehrlich bin, ich weiß nicht mal mehr, was genau sie anhatte, es war rot und Blumen waren zu sehen. Der rote Cordflash hatte mich erfasst, und ich weigerte mich, so mit meiner Mutter zur Firmung zu gehen. Als sie sagte, sie habe dieses Kleid extra für den Anlass gekauft, flippte ich aus: »Ich schäme mich aber, wenn du das anhast, ich schäme mich dann, ich mache da nicht mit, so gehe ich nicht zur Firmung.«

Alles Zureden half nichts, ich war keiner Logik mehr zugänglich. Meine Mutter war enttäuscht, und mein Vater versuchte zu schlichten, aber ich weigerte mich weiterhin beharrlich, mit meiner Mutter an der Hand gefirmt zu werden. Sie entschied – die Klügere gibt nach –, dass ihr Ehemann diese Aufgabe übernehmen sollte. So wurde mein Vater mein Firmpate. Die Uhr habe ich trotzdem von beiden gekriegt. Warum ich damals zwar das Kleid meiner Mutter beanstandet habe, aber dann den Bischof in der Kirche als Stellvertreter Gottes akzeptierte, der mir in seiner tuntig-bunt-goldenen Robe den Segen gab, weiß ich nicht mehr. Rache ist süß, heißt es immer, aber im Nachhinein kann ich das für meinen Roten-Samtcord-Firm-Moment nicht behaupten.

Dieser Tag muss für meine Mutter ziemlich hart gewesen sein.

Es tut mir leid, Mama, ich tu's nie wieder.

DAS ERSTE MAL?

Gleich mal vorab: Ich möchte hier nicht detailliert über mein erstes Mal im Bett schreiben. Punkt. Das braucht niemand. Wer begibt sich schon freiwillig in Trauer und Dunkelheit? Es gibt darüber nichts Heroisches zu berichten. Ob es schön war, weiß ich nicht mehr, ich war zwar dabei, aber ich war zu konzentriert, alles irgendwie hinzukriegen, als dass ich mir auch noch hätte merken können, wie es war. Der alte Affe Multitasking. Ich kann nicht mal eine genaue Altersangabe meines ersten Mals machen, weil ich nicht hundertprozentig sagen kann, ob ich wirklich drin gewesen bin. Reibung erzeugt Wärme, und so weiter und so fort. Klassische Physik. Ich habe die beteiligte Dame auch nicht danach gefragt. Dafür erinnere ich mich an Boris Beckers verblüfften Blick in der Internet-Besenkammer. »Bin ich schon drin?« Sein Werbespot hatte wenigstens ein Happy End: Er hat's geschafft. Mein zweites Mal möchte ich auch gern überspringen, da ich nicht beschwören könnte, dass es bei der erneuten Versuchsanordnung perfekt geklappt hat. Und das, obgleich es mit anderer weiblicher Beteiligung stattfand. Beim dritten Mal kann ich aber definitiv bestätigen, dass alles gestimmt hat. Von nun an konnte man mich offiziell authentifizierten Höhlenforscher nennen. Immerhin.

Das Theater, das alle ums erste Mal machten, war mir sowieso zu viel. Die Burschen haben den coolen Stecher gegeben, und die Mädels hatten die Macht, über Leben und Nahtod von uns Jungs zu entscheiden, wenn sie von unseren Anstrengungen berichteten. Ich bedanke mich hiermit ausdrücklich bei den beiden Damen – my First Ladies –, dass sie die Ereignisse des Abends für sich behalten haben. Wären sie als Nachricht bei uns im Ort rumgegangen, hätte ich mich von der weiblichen Welt verabschieden können. Was den Spott angeht, wären die Jungs wahrscheinlich noch schlimmer gewesen. Bei uns zählte damals nur der erfolgte Vollzug, etwaige Vorspiele oder erotische Spielereien hatten keinen Erzählwert. Schon sprachlich unterschieden wir uns da von den Mädchen. Unsere Gespräche hatten etwas rein Zielorientiertes, etwas Lakonisch-Existenzialistisches. Da wurde nicht lange auf Godot gewartet. »Und, abgeschleppt?«

»Ja!«

»Gepoppt?«

»Ja!«

»Drin?«

»Ja!«

»Gut!«

Mädchen schwelgten dagegen in blumigen Beschreibungen, die sie in ihren Poesiealben verewigen konnten. Folgende Formulierung habe ich beim illegalen Durchlesen eines papierenen Poesie-Netzwerks gefunden – eine frühe Form von Poetry Leaks: »Gestern war es endlich so weit. Es war so schön, als wir uns dann nackt gegenseitig gestreichelt haben, und sein Penis ähnelte einem Baum mit einem Äpfelchen in Eichelform. Seine Hoden waren wie zwei reife Früchte an den Ästen des mächtigen Stammes der Lust, und dann hatte der noch so eine leichte süße Krümmung ...«

Never ever habe ich einen Kumpel gehört, der bei unseren Gesprächen eine Vagina beschrieben hätte. Gut, ist auch nicht so ganz einfach; da wäre es leichter, ein Fegefeuer zu zeichnen. Wir jungen Männer hielten uns nicht mit schmückenden Details auf. Shakespeare in Love: Drinsein oder Nichtdrinsein, das war hier die Frage.

Ein Bursche aus meiner Klasse hatte ein paar Wochen zuvor angekündigt: »Heute Nacht wird es definitiv passieren, ich werde sie aufmachen.« Tut mir leid, aber so wurde damals unter uns Jungs über das Entjungfern gesprochen – wer's poetischer will, der muss auf die englische Version gehen: »To pop somebody's cherry«.

Klar waren wir alle am nächsten Morgen gespannt, wie es im Kirschgarten der Nachbarin gewesen war. Er konnte aber nur verkünden, dass es doch nicht dazu gekommen sei, weil sie sich nicht bereit gefühlt habe. Wochenlang musste er sich von uns anhören, dass er ein Minigolfer sei, der nicht einlochen könne. Was hätte ich mir wohl anhören müssen? Aus so einer Situation kann man sich auch nicht rausreden. Dass Comedians schon als Jugendliche in der realen Welt besonders schlagfertig und witzig sind, ist ein Mythos. Beim Ansprechen von Frauen war ich genauso unoriginell wie alle anderen. Ich war kein stotternder Mönch, aber auch kein geschmeidig plaudernder Casanova. Irgendwas dazwischen. Beim Fußball wäre es Defensives Mittelfeld. Kein Zehner als Spielgestalter, der leichtfüßig die »tödlichen« Pässe in die Schnittstelle der weiblichen Abwehr spielen kann. Ich hatte zwar eine gute Wahrnehmung für die Laufwege der begehrten Mitspielerinnen, aber eben nicht das technische Vermögen, diese präzise anzuspielen. Wie gern hätte ich immer den richtigen Anmachspruch auf den Lippen gehabt! Ich war eher der Typ, der in der Disco zwei Stunden um ein tolles Mädchen rumgeschlichen ist, alle Ansprechvarianten mehrmals durchdacht hat – und dann kam am Ende doch nur so etwas raus wie: »Und? Du auch hier?«

»Ja.«

Damit war alles gesagt, und ich konnte wieder von dannen ziehen.

Es war damals eine schöne Zeit, als wir als pubertierende Dilettanten die Sexualität entdeckten. Als ich das erste Mal unters T-Shirt eines Mädchens durfte, war das für mich essenzieller als meine beiden ersten Male. Leider muss ich zugeben, dass es kein romantischer Moment war, den beide gleichermaßen herbeigesehnt und in heimlicher Stille genossen hätten. Es war auf Klassenfahrt. Und zwar im Bus. Ich hatte diese »Aktion« in der Nacht zuvor gemeinsam mit einem Mädchen beim Flaschendrehen gewonnen. Es war eine Art freie Auswahl mit Einschränkung. Ich weiß auch nicht mehr, ob es nur für mich ein Gewinn war, und für sie nur der Trostpreis. »Fünf Minuten unters T-Shirt mit begleitendem Zungenkuss im Bus« – keine Ahnung, warum der Buszusatz bei diesem Hauptgewinn mit dabei war. Wir beide saßen auf der Rückfahrt in der letzten Sitzreihe – zwei Reihen wurden als provisorische Romantikbarriere frei gehalten. Die fünf Minuten wurden strikt kontrolliert. Da alle Jungs Uhren mit Stoppfunktion hatten, konnten sie das Ganze in Zehntelsekunden messen. Für mich war es trotzdem wunderbar. Das Ergebnis war wichtig, nicht wie bei Mathe die Herleitung. Meine erste richtige Brustberührung. Und ganz speziell diese Brüste waren sehr begehrt, alle Jungs, die ich kannte, hätten sie gern angefasst. Sie waren perfekt. Auch wenn ich damals noch keine direkten Vergleichsmöglichkeiten hatte.

Das oberste Ziel war aber Sex. Der Weg dahin war ein schwieriger Hindernislauf im Mädchenwald. Meine erste richtige Freundin teilte beispielsweise eine Leidenschaft mit

99,99827 Prozent aller Mädchen auf diesem Planeten: Duft-kerzen. In den Achtzigern der Hit. Die olfaktorische Geißel der männlichen Menschheit. Deshalb hatte ich dafür gesorgt, dass das erste Rendezvous in meinem Zimmer stattfand. Hier würde ich sicher sein vor dem Kerzennebel des Grauens. Den Geruch gegrillter Gummibärchen braucht niemand. Aber nach den ersten Zungenküssen kam wie aus heiterem Himmel die Frage:»Magst du Duftkerzen?«

Ich wusste, jetzt muss ich schlau sein, und antwortete ent-spannt und doch interessiert:»Eja!«

»Super, ich habe nämlich welche dabei!«

Shit! Wie ein Wachsdealer zog sie mehrere Kerzen aus ihrer Handtasche, stellte sie auf, und bevor ich auch nur den gerings-ten Widerstand leisten konnte – flamm, flamm, flamm –, stan-den sie brennend im Kreis um das Bett. Mein Zimmer sah aus wie das Shaolin-Kloster bei»Kung Fu«, bei dem wir uns immer gefragt haben, wer wohl die Hunderte Kerzen vorher anzün-den musste. Meine Freundin war entzückt:»Riecht das nicht aromatisch romantisch?« Ich war kurz vor einem allergischen Asthmaanfall, aber dachte: Michl, sag jetzt nichts Falsches – so etwas wie»Nein, aromantisch!«. Ich wollte ja noch was von ihr, da musste ich lügen:»Schnief, hm, des riecht aber lecker mjam, mjam, mjam ...«

Und bei dem Gestank musste ich noch einen hochkriegen, und das war gar nicht so einfach. Luft anhalten ging ja nicht, denn sonst würde der Emergency-Modus im Körper die Blut- und Sauerstoffzufuhr von unten nach oben zum Gehirn ver-lagern und seinen Kumpel unten einfach hängen lassen. So machten wir zarte Liebe im Vanille-Lavendel-Flieder-Odeur ei-nes pseudoorientalischen Patschuli-Puffs. Wenigstens wusste ich mittlerweile, wo ich reinmusste.

Es gab nur einen Satz, mit dem sich Mädchen von der Duftkerzenfrage ablenken ließen.«»Du Schatz, ich glaube, ich habe hinten auf der Schulter einen Pickel.« Er wirkte zuverlässig, hatte allerdings die Nebenwirkung, dass er die aufkommende Romantik brutal zerstörte. Das musste man sorgfältig abwägen.

Ein Pickel auf Männerrücken für eine Frau, das ist wie Vollmond für einen Werwolf. Verwandlung. Was vorher war, zählt nicht mehr, ist verschwunden, vergessen.

Meine Freundin widmete sich sofort ihrer neuen Aufgabe. »Wo? Zeig mal!« Mit Zeigen war es nicht getan. Es wurde gedrückt, was die Haut hielt. Gib einer Frau den kleinen Mitesser, und sie nimmt gleich die ganze Kraterlandschaft. Pickelausdrücken ist ein Anzeichen des Übergangs vom Buben zum jungen Mann. Vorher darf nur die Mama ran. Bei allen. Selbst Ödipus ließ sich von seiner Mutter Pickel ausdrücken – er hat es dann halt ein wenig übertrieben. Vielleicht gab es aber auch keine bessere Drückerin im ganzen Land, und so ist er ihr später auch erotisch verfallen. Oft habe ich mich gefragt, warum Frauen so leidenschaftlich gern Pickel ausdrücken. Sobald man länger als eine Woche mit einem Mädchen zusammen war, begann diese niedliche Form der Folter. 50 Shades of Pimple. Mit der Auskunft meiner Freundin konnte ich nicht so viel anfangen: »Wir drücken nur bei Jungs, die wir lieben!«

»Wow, dann möchte ich nicht euer Feind sein!«

Nach spätestens zwei Wochen Beziehung fielen alle Schambarrieren, und es konnte immer und überall geschehen. Es war ja für uns Jungs schon uncool, wenn man mit der Freundin im Freibad auf einem großen Handtuch abseits lag, und nicht bei der Clique. Aber dann auch noch vor allen anderen als Druckobjekt der Begierde herhalten zu müssen, das ging nicht. Aber plötzlich spürte ich ihre spitzen Finger, die sich zu einer tödlichen Kneifzange formten.

»Spinnst du! Nicht hier! Alle können hersehen.«

Sie sprach das Mantra der Unterdrückerinnen: »Der muss raus!«

»Ich will das nicht hier, wenn alle dabei zuschauen!«

»Der muss raus!«

»Das hat doch noch bis später Zeit.«

»Der muss raus!«

»Warum muss der jetzt raus, zerreißt es mich sonst?«

»Der muss raus!«

Keine Chance. Das heilige kosmetische Ritual begann. Mit Genuss und der Akribie einer Vogelspinne, die ihren Ehegatten auf die nahende Zukunft vorbereitet, ging sie ans Werk. Pffitt!

Der erlösende kleine Spritzplopp markierte leider nicht das Ende, erst kam noch das Klagen.

»Iiih, ist das eklig!«

»Warum drückst du dann, wenn du es so eklig findest?«

»Der musste raus!«

Und wenn man dachte, es wäre vorbei … »Ui, da ist ja noch was drin. Der kommt von ganz tief.«

»Aarghh!«

Friedrich Nietzsche sagte einmal: »Es bestimmt beinahe die Rangordnung, wie tief Menschen leiden können.« Er steht in seinem Buch »Jenseits von Gut und Böse«, das den Übergang bildete von seiner eher dichterisch-positiv geprägten Schaffensperiode zu seinem von negativ-philosophischem Denken dominierten Werk. Klarer Fall: zu viel gedrückt worden. Das Ausdrücken von Pickeln hatte aber noch eine andere Bedeutung. Die Mädels damals erkannten an der Anzahl der Pickel und Mitesser im Gesicht und auf dem Rücken eines Burschen, wie lange der schon solo war. Böses Pickelface – ganz klar Single.

Ist das Pickelausdrücken vielleicht ein wichtiger evolutionärer Bestandteil unseres menschlichen Zusammenlebens? Weibchen markieren so ihre Männchen. Ganz bewusst setzen sie im Freibad das Brandzeichen auf die männliche Haut, als wollten sie voller Stolz ausrufen: »Hey, Frauen, schaut alle her, der hier – pfiitt –, das ist meiner!«

APOKALYPSE IN TUNESIEN

Ab wann ist man ein echtes Paar? Nach dem ersten Mal Sex? Nein. Ein echtes Paar ist man nach dem ersten gemeinsamen Urlaub. Danach weiß man, ob die Beziehung eine Zukunft hat oder ob man wieder als einsamer Cowboy in den Sonnenuntergang reiten muss. Eine gemeinsame Reise ist der ultimative Test.

Vorentscheidungen können jedoch auch auf anderer Faktenbasis getroffen werden. Mir hat es oft schon gereicht, den Platten- oder CD-Schrank einer potenziellen Partnerin durchzugucken. Wenn eine Chris-de-Burgh-CD darin war, war mir klar, dass nichts groß zu holen war – okay für eine Nacht, aber dann war ich weg. Wenn eine Pur-CD darin stand, wusste ich: Sofort raus! Einmal bin ich bei einem Mädchen gewesen, das zwei Platten von Modern Talking und Nicky neben der Styx-Single »Mr. Roboto« stehen hatte. Ich habe mich ruhig angezogen und beiläufig gesagt: »Ich muss schnell noch mal runter Zigaretten holen.«

»Du rauchst doch gar nicht.«

»Doch. Das ist ein guter Tag, um damit anzufangen.«

Das war fies, aber ich hätte es einfach mit meinem musikalischen Gewissen nicht vereinbaren können, dazubleiben.

Ich war sicher nicht das, was man optimal beziehungsfähig nennt. Meine Witze haben auch nicht immer weitergeholfen. Ein Beispiel aus dem Jahr 1983: Ich hatte ein Techtelmechtel mit einem hübschen Mädchen, das sich unbedingt mit mir »Love Story« ansehen wollte. Im Kino liefen am Wochenende manchmal ältere Filme als Retrospektive – oder weil sie nichts Neueres bekommen hatten. Die Woche zuvor hatte ich dort noch zusammen mit meinen Kumpels »Dirty Harry kommt zurück« geguckt. »Love Story« hatte ich schon mal im Fernsehen gesehen, und auch wenn man es nicht glaubt, es war nicht einer meiner absoluten Lieblingsfilme. Als sich Oliver alias Ryan O'Neal und Jenny alias Ali Macgraw in der College-Bibliothek kennenlernten, rief ich, ohne die Information intellektuell oder moralisch abzuwägen: »Nimm die nicht, die hat Krebs!« Mein Gspusi war entsetzt, und auch alle anderen Frauen im Kino schauten mich voller Hass an. Die Jungs dagegen versuchten sich kichernd zusammenzureißen – wie in der Szene von »Das Leben des Brian«: »Chmeißt den pösen Purchen auf den Poden.« Sie durften meinen Kommentar vor ihren Freundinnen nicht lustig finden. Danach habe ich mich auch ziemlich lange im Zaum gehalten, aber als Jenny im Film etwa achtzig Minuten später stirbt, musste es raus: »Ich hab's ja gleich gesagt!«

So schaffte ich es nicht, eine Beziehung bis zu einem gemeinsamen Urlaub aufrechtzuerhalten. Mit einer Ausnahme. Mit 18 bin ich mit einem zwei Jahre älteren Mädchen zum Gardasee gefahren, um dort einen Romantikurlaub zu verbringen. Mit meinem ersten Auto, einem alten Golf Diesel, den mein Opa meinem Bruder und mir zur brüderlichen Teilung geschenkt hatte, fuhren wir fröhlich los. In der zweiten Nacht wollten wir miteinander schlafen. Ich wollte mich wirklich auf sie einlassen und merkte, dass sie nicht den gleichen Genuss dabei verspürte wie ich. So begann ich, sie zusätzlich mit meiner Hand zu stimulieren. Aber sie hatte wohl schon früh das Vertrauen in die handwerklichen Fähigkeiten von uns Burschen verloren: »Lass das, ich mach das schon!«

Ich nahm's erst mit Humor und erwiderte: »Aber ein blinder Maulwurf findet auch mal das Huhn. Zeig mir doch, wie du es magst, ich lasse mich gern von dir anlernen.«

»Nö, das passt schon. Bis ich dich ausgebildet habe, habe ich schon Enkel!«

Ich hatte nicht das Gefühl, dass sie das lustig meinte. Unsere Humorvorstellungen lagen anscheinend etwas auseinander. Als sie mich später mit den Händen stimulieren wollte, nahm ich diese beiseite, wie bei einem Kind, das eine wertvolle zerbrechliche Vase nicht anfassen darf. Sie stutzte: »Soll ich's dir nicht mit der Hand machen?« Das war der Zeitpunkt für meine Retourkutsche: »Das hättest du wohl gern. Du sprichst mit einem Mann, wir sind die Meister der Hände. Wenn wir eines können, dann das! Ich trainiere doch nicht jahrelang, damit ich es mir von einem Azubi machen lasse.«

Wir kamen nicht mehr zusammen.

Ich hatte einen Fehler gemacht. Erkenntnis: Fahr nie mit einer Frau in den Urlaub, wenn du noch nicht weißt, ob es sexuell passt. Gefummel ist keine Grundlage. Daraus lässt sich noch keine Paar-Perspektive lesen.

Meinen ersten richtigen Paarurlaub erlebte ich 1991. Ich weiß, das ist spät, aber wo nichts war, war nichts. Dafür bin ich mit der Frau, die mich 1991 begleitet hat, immer noch zusammen und mittlerweile verheiratet.

Gudrun habe ich schon 1990 kennengelernt, und bis 1991 hatten wir Zeit, einander genauer unter die Lupe zu nehmen. Bei mir war's Liebe auf den ersten Blick, bei ihr nicht, wie sie mir später erzählte. Zu unserem ersten Rendezvous kam ich zu spät. Wie viel zu spät, da sind wir uns bis heute nicht ganz einig. Gudrun meint, es waren sechs Stunden. Ich meine, wir hatten für den Tag keine genaue Uhrzeit ausgemacht, sondern nur, dass ich am Nachmittag mal vorbeikomme. So klingelte ich an der Tür ihrer WG, die sich in einem 50-Seelen-Ort in der Nähe befand. Eine WG in einem kleinen bayrischen Dorf, das war so ungewöhnlich wie ein RAF-Kindernachmittag beim Deutschen Bauernverband e. V. Da ich spät dran war, hatte Gudrun nach einiger Wartezeit – sie meint drei Stunden, ich meine: keine – einen guten Freund angerufen und sich mit ihm fürs Kino verabredet. Ich durfte dann zwar mit, aber so hatte ich mir unser erstes Date nicht vorgestellt. Übrigens guckten wir den Livekonzertfilm der Talking Heads, »Stop Making Sense«, romantisch war auch das nicht. Aber Annäherungsversuche im Kino waren sowieso nicht möglich, da zwischen uns ihr Kumpel saß. Er war übrigens auch in sie verschossen, wusste aber, dass ich ihr eigentliches Date war. Wäre eine gute Filmszene: Hugh Grant kann im Kino nur über Rhys Ifans' Sitzleiche die Schultern von Julia Roberts erreichen. Julia alias Gudrun hat mich für mein unwesentliches Zuspätkommen noch bis spätabends zappeln lassen. Ich erinnere mich noch daran, dass ich plötzlich Bauchweh bekam. Das glaubt mir jetzt niemand, aber so war es wirklich. Da brach Gudruns gutes Herz sofort durch: »Komm mit zu mir, dann mache ich dir einen Tee. Das wird dir sicher guttun.«

»Das glaube ich auch.«

Rhys Ifans war auf der Strecke geblieben.

Als Gudrun unten in der Küche den Tee zubereitete, habe ich ihren Plattenschrank durchgestöbert. Der Security Check war mehr als positiv: Sinead O'Connor, »The Lion and the Cobra«; The Who, »Live at Leeds«; U2, »The Joshua Tree«; Marius Müller Westernhagen, »Mit Pfefferminz bin ich dein Prinz« – yes!!! Da konnte nichts mehr schiefgehen, und über den Rest hülle ich den Mantel des Gentlemans ... Nur so viel sei gesagt: Der Tee hat meinem Bauch sehr gutgetan und bewirkte eine Schnellheilung.

Beide hatten wir viel zu tun, ich war auf Kabaretttour, und Gudrun war Sängerin einer Band und spielte in der Rockoper »Jesus Christ Superstar« monatelang die Maria Magdalena. Deshalb war es schwierig, Urlaub lang im Voraus zu buchen. Wir gingen aber davon aus, dass wir kurzfristig noch etwas Schönes finden würden. Damals fing ging es gerade mit »Last Minute« an – ein anderer Begriff für »ein paar Minuten vor Abflug kriegst du nur noch das Allerletzte«. Uns blieb eine Woche im August, in der wir beide Zeit hatten. Ein paar Tage vorher gingen wir in ein Reisebüro. Wir wollten gern nach Griechenland, ich liebte Gyros und wollte gern sehen, wo die Typen herkamen, die damals die Trojaner mit der Hilfe von Brad Pitt so toll hinters Licht geführt hatten. Stichwort Trojanischer Krieg. Ich war kein Weltreisender damals und hatte noch nicht viel gesehen. Mit den Kumpels hatte ich Urlaub in Jesolo und Rimini gemacht, und der war immer gleich abgelaufen. Strand, Lambrusco, Mädchen. Zuletzt war ich im Jahr zuvor mit einem guten Freund nach Italien gefahren, in seinem uralten Mercedes Diesel mit kaputter Motorkühlung. Wir mussten die Heizung auf der höchsten Stufe laufen lassen, damit der Wagen nicht zu heiß wurde und stehen blieb. Im August in Italien. Wenn ich heute in eine Sauna gehe, fühle ich mich wie in einem alten Benz.

Aus unserem Griechenlandurlaub wurde nichts, alles ausgebucht. Es gab aber noch ein paar Restplätze für Tunesien. Reiseziel Monastir, ohne genaue Hotelangabe. Es hieß bei der Buchung, man würde vor Ort auf die umliegenden Hotels verteilt – natürlich alles Top-Hotels. Im Ein- bis Viersternebereich, wie uns vor Ort mitgeteilt wurde. Wow, waren wir naiv. Ich war mehr Globetrottel als Global Bayer. Aber irgendwo muss man ja anfangen. Der Reisebüro-Pinocchio schwärmte in höchsten Tönen von Tunesien als »Orient für Einsteiger«. Ich war begeistert. Sonne, Strand und Wüstensand, ein Märchen aus Tausend-undeiner Nacht, und es hat Zoom gemacht. Gebucht.

Auf unserem ersten gemeinsamen Urlaub nach einem Jahr Beziehung lag ein gewisser Druck. Ein paar Tage vor dem Abflug verletzte sich Gudrun noch, als sie hinter der Bühne auf einen zerbrochenen Bierkrug trat. Sie hatte ein tiefes Loch in der Fußsohle, das genäht werden musste, und konnte sich nur auf Krücken fortbewegen. Natürlich hatten wir keine Reiserücktrittsversicherung abgeschlossen. So was macht man beim ersten Paarurlaub nicht. »Komm, lass uns trotzdem fahren, ich werde mich um dich kümmern«, hörte ich mich sagen. Da funktioniert der Beschützerinstinkt im Mann. Am Flughafen wurde Gudrun mit Rollstuhl bis in den Flieger gefahren. Ich spürte die mitleidigen Blicke der Mitreisenden: »So hübsch und schon im Rollstuhl.« Ich habe dann mit einer Mischung aus Trauer, Hoffnung, und Helfersyndrom zurückgeschaut. Ein bisschen Melodramatik muss schon sein. Ich war so lange der Held, bis Gudrun aufstand und mit Krücken zum Sitz lief. Die bösen Blicke der anderen Fluggäste lagen auf mir, und ich rief aus: »Ein Wunder, sie kann wieder gehen!« Aber so bekamen wir einen super Sitzplatz und waren die Ersten im Flugzeug. Das war der letzte schöne Moment unseres Urlaubs.

In Monastir wurden wir in Gruppen auf Busse verteilt und haben dann Tunesisch Roulette gespielt. Der Unterschied zu Russisch Roulette ist, dass in jeder Kammer der Trommel eine Unterkunft ist, und egal bei welcher man ankommt, man würde sich am liebsten sofort in den Kopf schießen. Wir wurden an einem weißen Riesenbunker rausgelassen, der architektonisch nur in weit entfernten Zügen seine orientalische Zugehörigkeit zeigte. Eigentlich wiesen lediglich die Palmen im Garten darauf hin. Das »Sun Beach – Delphin Habib Hotel« hatte zwei Sterne über dem Eingang. Tatsächlich war der dritte wohl irgendwann mal runtergefallen, man sah noch die Umrisse, und ein ehrlicher Hotelangestellter hatte ihn wohl entsorgt. Gudrun humpelte über den schiefen, mit asymmetrischen Steinen gepflasterten Weg Richtung Eingang; man sah, hier kommen normalerweise keine körperlich Behinderten her, und wenn, dann nur zum Sterben. Ich zog unsere Reisetaschen hinter uns her, selbst dem Hotel-Portier war es anscheinend zu heiß in der Sonne, oder er existierte erst gar nicht. Ich habe ihn jedenfalls nie gesehen.

Wir befanden uns im Niemandsland, irgendwo am Meer, links nichts, rechts nichts, nur das riesige Hauptgebäude, bei dem die Architekten der DDR feuchte Augen gekriegt hätten. Monastir war fünfzehn Kilometer entfernt, wie wir später erfuhren. Ich schaute Gudrun an und sagte:»Die Zimmer sind sicher ganz schön«, so wie Eltern, die ihre Kinder anlügen, um gute Stimmung zu verbreiten. Die Einrichtung des Zimmers erinnerte an ein Krankenhaus aus den Siebzigerjahren. Der Blick aufs Meer war toll, aber die Sonne strahlte mit voller Wucht durch die Fenster. Keine Klimaanlage! Gegen die gelblichen Vorhänge wäre Pergamentpapier als blickdicht durchgegangen. Soll ich noch mal erwähnen, dass es August war? Es waren 43 Grad im Schatten.

Abkühlung! In einem Zweisternehotel musste es einen Pool geben. Der vor unserer Herberge hatte die letzte Gesundheitsbehördeninspektion vermutlich viele Jahre zuvor gesehen. Aber es war Wasser drin. Wenn man Glück hatte, erwischte man mittags noch einen schönen weißen Plastikliegestuhl. Als wir dachten, dass es nicht mehr schlimmer kommen konnte, ertönte laute Animationsmusik: Wasser-Aerobic und Poolspiele wurden über blecherne Lautsprecher angekündigt. Wenn es etwas gibt, was ich hasse, dann Animationsprogramm und Mitmachzwang zur Fröhlichkeit. Der schwäbische Animateur, Typ gelernter Metzgereifachverkäufer, wollte Gudrun und mich partout dazu animieren mitzumachen: »Kommt rüber, das wird superlustig.«

»Nein, danke. Wir wollen gern unsere Ruhe haben und hier liegen bleiben.«

»Kommt, alle anderen machen auch mit.«

»Meine Freundin ist verletzt.«

»Dann kannst du ja mitmachen, und sie guckt dabei zu.«

Gudruns Blick hätte schwäbische Kakerlaken töten können. Ich wimmelte ihn ab, Schädlingsbekämpfung war mein Job. Der Animator verabschiedete sich mit »Bis morgen dann!«. Billig-Techno untermalte die Pool-Spiele, und wenn man kurz davor ist, einen Zwangsstimmungsmacher zu töten, will man auch nicht gut gelaunten Touristen beim Hüpfen und Schreien zusehen. Wir konnten dem Grauen nicht entkommen, denn Gudrun konnte sich kaum fortbewegen. Also kein Sandstrand, am Pool bleiben. Am nächsten Tag das gleiche Spiel. Und täglich grüßt der Animateur. Selbst Bill Murray hätte dieses Murmeltier erschlagen. Johnny, wie er sich nannte, kam wieder, um uns zu überreden, bei den Ballermann-Spielen mitzuwirken. Als er sich auch von unserem zweimaligen Nein nicht abweisen ließ, sagte ich dem Typen leise, aber eindringlich ins Ohr: »Wenn du mich oder meine Freundin noch einmal ansprichst, schwimmt hier morgen früh im Pool eine Wasserleiche. Und zwar deine!«

Ab da hatten wir unsere Ruhe. Auch vor den anderen Gästen. Wahrscheinlich hat er alle von dem bayrischen Aggro-Paar gewarnt. Nicht alle teilen denselben Humor. Trotzdem oder vielleicht auch aus Verzweiflung besuchten wir am zweiten Abend die »Big Oriental Entertainment Show« in der hoteleigenen Disko. Ich komme vom bayrischen Land, und ich habe schon in Dörfern, wo sich Fuchs und Hase gute Nacht sagen und dann neben dem Hund begraben werden, stylischere Clubräume und aufwendigere Lichtinstallationen gesehen. Die Show war wie erwartet hochkarätig: Die arabische Band bestand aus einem Bontempi-Orgler, der dazu auch noch sang, einem orientalischen Flötenspieler und einem Bongotrommler. Der Bontempi-Orgler und der Flötist hatten sich wohl vorher auf zwei Lichtjahre voneinander entfernte Tonarten geeinigt. Eine Bauchtänzerin erschien auf der Tanzfläche und ließ den Zwölfton-Sound für ein paar Momente vergessen. Ich erkannte sie, es war eine der dicken Köchinnen. Sie schwankte beim Tanzen so extrem, dass ich Angst bekam, weil mir durch den Kopf schoss, was ich in Physik über Zieh- und Fliehkräfte gelernt hatte. Die Zentrifugal-Köchin tanzte sich in Ekstase, vielleicht weil sie sich am Abend mal richtig ausschütteln musste, um das schlechte Essen zu vergessen, was sie tagsüber für uns zubereitet hatte.

Die große tunesische Bauern-Disco-Las-Vegas-Show ging weiter. Der taube Flötenspieler führte noch sein weltberühmtes Kunststück mit einer Ägyptischen Kobra vor. Ich hatte gelesen, dass die manchmal so genannte Uräusschlange schnell ist und sich wie eine Kobra aufstellen kann. Aber in diesem Fall war das entweder eine Schlange, die schon beim Pyramidenbau persönlich zugegen gewesen war, oder sie stand an dem Abend unter Elefanten-Beruhigungsmitteln – jedenfalls war sie zahnlos und torkelte sehr unrhythmisch zu den arhythmischen Klängen der arabischen Zauberflöte. Als dann von Johnny Animato und ausgewählten Gästen zusammen mit der erstklassigen Showband Musical-Hits dargeboten wurden, mussten wir gehen. Es gibt akustische Grenzen. In dem Fall wäre ich für Schießbefehl im Grenzbereich gewesen. Zu den Katzenklängen von »Memories« entstiegen wir der bunten Disco-Gruft. Der Animateur groovte uns noch ein »Party

Pooper!« übers Mikrofon hinterher, als wir in die Sauna gingen, in der unsere Betten standen.

Mir war nicht gut. Nicht nur wegen der Show – ich hatte eine Eins-a-Lebensmittelvergiftung! Es wurde eine sehr sportliche Nacht mit Dutzenden Sprints vom Bett ins Badezimmer, oder besser: in die Nasszelle mit Körperentleerungsbereich. Am nächsten Morgen mussten wir den Arzt holen. Lebensmittelvergiftung wollte er zwar nicht diagnostizieren, er war ja auch der Hotelarzt, gab mir aber alle Mittel dagegen. Ich hatte über 40 Grad Fieber. Immerhin lag das noch drei Grad unter Raumtemperatur. So konnte Gudrun mich als Kühlung benutzen. Himmel, ging's mir schlecht! Toller erster Urlaub, gut gemacht, Michl! Gudrun musste am nächsten Tag allein an den Pool. Aber was soll einer hübschen Frau auf Krücken, die sich am Pool räkelt, schon passieren? Sie bekam eine heftige Sonnenallergie, obwohl sie eingecremt im Schatten lag. Der Arzt kam wieder. »Hallo, wie geht's uns so?« So waren wir dann beide auf Antibiotika und genossen liegend den Meerblick. Wir konnten uns nur noch mit Galgenhumor bei Laune halten.

Die nächste Nacht erlebte ich wie einen Film. Gudrun schlief tief und fest, während ich weiter Sprints in Richtung Bad unternahm. Ich saß auf dem Magen-Thron, fix und fertig, und konnte kaum mehr aufstehen, da hörte ich vom Nachbarzimmer her laute Sexgeräusche. Es klang so klar und deutlich, als ob wir nur durch einen Vorhang voneinander getrennt wären. Sie stöhnte in epischen Ausmaßen und er gab anscheinend sein Bestes. Für einen kurzen Moment hat es mich leicht angetörnt. Für einen sehr, sehr, sehr kurzen Moment. Dann fiel mir wieder ein, warum ich hier saß. Eigentlich waren Gudrun und ich mit demselben Ziel wie unsere Zimmernachbarn in den Urlaub gefahren, uns in Tausendundeiner Nacht zu lieben und zwischen Pool und Bett zu pendeln. Leider hat es bei mir nur für eine Pendlerpauschale bis zum Bad gereicht. Die beiden nebenan hatten sensationellen Sex. Sehr lange, das kann ich sagen, weil ich die ganze Nacht wach war.

Ansonsten ist nicht mehr viel Erwähnenswertes passiert. Wir versuchten gesund zu werden, und ich musste mir nachts ohne Kopfhörer erotische Hörspiele anhören. Wir beide litten, ich meiner männlichen Natur entsprechend ein bisschen mehr. Am vorletzten Tag hauchte ich mit letzter Kraft: »Hoffentlich werde ich den Rückflug überleben.«

»Michl, es geht hier nicht nur um deinen Tod.«

»Doch!«

»Ich bin auch ziemlich krank.«

»Aber bei mir ist es lebensbedrohlich.«

»Du stellst dich an. Kannst du mal ein bisschen weniger stöhnen und röcheln?«

»Das sag mal unserer Nachbarin hier.«

»Was?«

Ich hatte es ihr nicht erzählt, um nicht noch unerfüllbare Wünsche zu wecken. Am letzten Tag konnte ich auch schon wieder ein Stück Toast essen. Als ich am Buffet Hüftsteaks entdeckte, musste ich an die bauchtanzende Köchin denken – nein, raus aus meinem Kopf! Beim Rückflug, den ich dann doch überlebt habe, habe ich mich auf ein kleines eingeschweißtes Vollkornbrot gestürzt und es mit beiden Händen in mich reingestopft. Die anderen Fluggäste guckten mich komisch an, ich aß mit der Contenance eines Zombies, der gerade ein Hirn aus einer Plastikhülle pulte.

Zu Hause war das Wetter schön, wir gingen baden am Baggersee, und nach ein paar Tagen produzierten wir auch wieder eigene Hörspiele. Das war nun unser erster richtiger Paarurlaub. Eigentlich eine schlechte Ausgangsbasis für die Zukunft. Doch wahre Liebe hält allen Widrigkeiten stand. Es war alles so absurd schlecht gewesen, dass es uns zusammengeschweißt hat. Im Nachhinein lachen wir über unseren eigenen Urlaubs-Hollywoodfilm. »Die durch die tunesische Hölle gingen«. Der Mantel der Legende legt sich darüber. Aber vergessen? Nein. Nie. Es war schon klar, dass der nächste Urlaub kein Reinfall mehr werden sollte, sondern etwas ganz Besonderes.

Hatten wir das vor Tunesien nicht auch gesagt?

BAYRISCHER PANFLÖTENBLUES

Meinen allerersten Bühnenauftritt hatte ich im Kindergarten in einem Singspiel. Ich war vier Jahre alt und spielte einen Hund. Wau! Meine Mutter und mein Vater waren überrascht, sie hatten erst ein paar Tage vor der Aufführung von der Kindergärtnerin erfahren, dass ich eine kleine Hauptrolle spielen würde. Ich weiß nicht mehr, warum ich es zu Hause nicht erzählt habe. Meine Mutter sagte später, sie habe sich über meine Schauspieltätigkeit im Kleinemenschenhort gewundert, weil ich niemand war, der sich in den Vordergrund spielte. Ich war kein Witzeerzähler und hasste es, wenn ich bei Familienfesten ein Gedicht aufsagen musste. Mein großer Bruder hat bei solchen Zusammenkünften immer die versauten Strophen von »Die alten Rittersleut'« gesungen. Stimmung! Meine Erinnerung lässt mich im Stich, was mich dazu bewogen hat, die Rolle des Hundes anzunehmen. In dem selbst zusammengebastelten Kostüm sah ich dämlich aus – eine gute Grundlage für Humor –, denn mein Fell war bloß eine viel zu große dunkelbraune Velourslederjacke mit dicken Fransen. Man darf sich fragen, wer diese Jacke im normalen Leben getragen hat. Zu der Person würde der alte bayrische Ausspruch passen: »A Hundling is er scho!« Um meine Verwandlung perfekt zu machen, trug ich eine Filzmütze mit Pelzbesatz, deren kuschlige Seite nach außen gestülpt war und deren Ohrenklappen als Lauscher nach oben stehend angenäht waren. Natürlich sollte ich nicht schwanzlos dastehen als echter Rüde, deshalb wurde am Hosenboden mit Sicherheitsklammern noch ein Hunderuten-Imitat befestigt, und fertig war ein Provinz-Lassie nach erfolgter Schwanzverlängerungs-OP. Aber ich hätte es schlimmer erwischen können. Mein Kindergartenkollege, der eine dicke Kuh spielen musste, trug einen von Müttern zusammengenähten Ganzkörper-Kuh-Jumpsuit, der innen mit Styropor aufgefüllt war. An die Kuhkopfmütze wurden zwei Hörner geklebt und vor dem Gesicht eine lustige Karnevals-Kuhschnauze mit Gummiband gespannt. Da er sich den Text nicht merken konnte, hat er so lange wiedergekäut, bis ihm vorgesagt wurde. Clever. Wir Tiere hatten bei dem kleinen Theaterspiel die Aufgabe, einem Mädchen kluge Tipps zu geben, weil es sich bei seiner Tante nicht für ein Geldgeschenk bedankt hatte. Das sollte wahrscheinlich bedeuten, dass man auf sein inneres Tier hören soll. Ich habe nach dieser sehr intensiven Rolle mit dem Theaterspielen wieder aufgehört. Es hat mir gereicht. Textlernen fand ich furchtbar. Das hat sich auch nie mehr geändert.

Meinen nächsten Auftritt hatte ich erst wieder im Alter von zehn Jahren. Auf Betreiben meiner Eltern hin, die nach meiner oscarreifen Vorstellung – Michl De Niro in »Wie ein wilder Hund« – an meine schauspielerischen Fähigkeiten glaubten, führten mein Bruder und ich auf der Dorfener Maschkeraversammlung, bei der traditionell der Fasching eingeleitet wurde, den Sketch »Das Examen« auf. Ich spielte den textlich nicht gut vorbereiteten Schüler – heute würde man von *method acting* sprechen –, der immer naiv-unschuldig guckte und auf alle Fragen des Professors dumme, subversive Antworten gab. Mein Bruder spielte den strengen Professor, der an mir und meiner Destruktivität verzweifelte. Die Leute fanden das urkomisch mit uns beiden Buben auf der Bühne. Es ist aber nicht der Applaus, an den ich mich am meisten erinnere. Ich spürte ganz tief in mir drin ein ... komisches Gefühl. Wenn ich schräg dreinblickte oder meine Miene zu einer lustigen Grimasse verzog, haben die Zuschauer gelacht. Nur mit meinem Gesicht und einem passenden Text konnte ich also Menschen zum Lachen bringen. Wenn man zehn Jahre alt ist und etwas Schönes erlebt hat, will man das immer und immer wieder tun. So begann die Karriere der »Mittermeier-Buam«. In den nächsten zehn Jahren spielten wir im Fasching und später dann auch auf anderen Veranstaltungen Sketche, die wir uns vom Radio mit einem Kassettengerät aufnahmen. Es gab damals viele großartige lustige Nummern, von Michl Lang, Ludwig Schmid-Wildy, dem Weiß Ferdl und Beppo Brem. Ich wurde ein großer Fan von Karl Valentin, der mit vielen seiner Nummern und Texte seiner Zeit weit voraus war. Einer meiner Lieblingssätze stammt aus seiner Duo-Nummer »Am Heuboden«. Die Magd, mein Bruder im Dirndl, trifft den Knecht, ich in Lederhosen, zu einem Stelldichein auf dem Heuboden, aber es ist stockdunkel und man sieht die Hand vor Augen nicht. (Eigentlich ein seltsamer Sehtest: Wenn man die Hand vor die Augen hält, sieht man das Dunkel dahinter eh nicht.)

Valentin hat in seinem Sketch einen wahrlich philosophischen Satz für die Menschheit geschaffen. Das Heu-Erotik-Duo unterhält sich darüber, dass sie einander leider nicht sehen können, aber daran glauben, dass sie tatsächlich da sind, weil sie sich ja gegenseitig hören können. Hat schon fast etwas Katholisches: Wenn du Gott nicht siehst, dann hör wenigstens auf seine Stimme. Der Knecht, alias ich oder eben Gott, macht dann einen Vorschlag, um den Beweis für beider tatsächlicher Heuboden-Existenz zu finden: »Zensi, halt dir mal die Ohrn zu, dann schau i, ob i di riech!« Dieser Satz fällt mir heute noch oft ein, wenn ich Bundestagsdebatten sehe. Dann spreche ich ihn mir laut vor: »Ohren zuhalten und schauen, ob ich sie riechen kann.«

Die »Mittermeier-Buam«-Ära ging nach etwa zehn Jahren zu Ende. Ich merkte, dass ich auch mal allein auf die Bühne wollte. Meine solistischen Anfänge waren nachgespielte Nummern des Schweizer Komikers Emil, von Fredl Fesl oder auch mal eine Luis-Trenker-Parodie. Aber ich spürte immer stärker, dass ich eigene Nummern schreiben wollte, da musste etwas raus. Schon sehr früh hatte ich regelmäßig Kabarett- und Kleinkunstveranstaltungen besucht. In der hiesigen Kleinkunstbühne Soafa spielte alles, was in der Kabarettszene Rang und Namen hatte, etwa Gerhard Polt, Biermösl Blosn, Dieter Hildebrandt oder Ringsgwandl. Das Wort und die Berufsbezeichnung Comedian gab es damals noch nicht in Deutschland. Humor und Komik waren nicht sehr angesehen, weil man die Begriffe mit den biederen Heile-Welt-Unterhaltungsprogrammen der Fünfziger- und Sechzigerjahren verband. Der deutsche Nachkriegshumor hatte dem Publikum gegenüber einen zu tiefen Diener gemacht. Wo war der Aufbruch?

Otto war in den Siebzigern eine Revolution für mich. Chaos, Anarchie und intelligente Blödelei in moderner Form. Ich habe mich oft gefragt, warum nichts Ähnliches nachkam. Zu großen Otto-Live-Auftritten bin ich geradezu gepilgert. Eine Welt tat sich auf. Das war meine Kunstform – egal ob man es Kabarett, Kleinkunst oder wie auch immer nannte. Allein auf eine Bühne gehen und ausdrücken, was mich bewegt, mich selbst verwirklichen und damit Menschen unterhalten, das war es, was ich machen wollte. Ich begann eigene Lieder und Solotexte zu schreiben.

Ab 1985/86 habe ich regelmäßig in München in der Fußgängerzone gesungen, um Geld zu verdienen. Das war eine wilde, sehr rohe Vorform dessen, was ich später als Bühnenprogramm gemacht habe. Eine schräge Mischung aus Musik und lustigen Sprechtexten. Ich sang eigene Lieder, Beatles-

Songs auf Bayrisch oder auch Lieder meiner Lieblingslieder-macher wie Ludwig Hirsch, Hans Söllner, Konstantin Wecker oder Wolfgang Ambros. An Lagerfeuern hatte ich vor meinen Kumpels schon eigene Lieder getestet, und so traute ich mich in die Fußgängerzone, eine Reise in die geheimnisvollen Sphä-ren der käuflichen Existenz. Sie ist gefährlich, weil dort viele natürliche Feinde des Menschen lauern. Zum Beispiel mili-tante Straßenpantomimen. Ich meine nicht die Sorte, die ewig regungslos dastehen und die man dann nach ein paar Tagen verhungert wegtragen kann. Die waren okay, machten nichts schmutzig und gingen einem mit ihrer Sprachlosigkeit nicht auf die Nerven. Was ich bereits damals nicht abhaben konnte, waren die Pantomimen, die Passanten hinter ihrem Rücken übertrieben nachäfften. Und auch nicht die Leute, die darüber lachten. »Ha, ha, ha, ha, wie doof der geht und wie toll der den nachmacht, ha, ha, ha, ha!«

Einmal sah ich einen Pantomimen, der einen Fußgänger imitierte, der hinkte. Der Passant bemerkte das, drehte sich um und sagte: »Könnten Sie bitte damit aufhören, das ist nicht lustig, ich habe ein steifes Bein.«

Der weiß geschminkte Stummfilmterrorist machte große Augen, mimte eine kullernde Träne und hinkte weiter um ihn herum. Der Mann mit dem steifen Bein war sauer, aber der Pantomime zeigte auf eine imaginäre Glasscheibe zwischen ihnen, um ihn auf Abstand zu halten. Großer Lacher und Ap-plaus beim Gaffer-Publikum. Hat sich nicht jeder schon mal insgeheim gewünscht, einem dieser tragikomischen Pantomi-men mal eine ins Grinse-Schminkgesicht zu verpassen? Ich weiß, Gewalt ist keine Lösung, aber bei Pantomimen … Jeden-falls bin ich dann ein paar Minuten später an dem stummen Imitationsclown vorbeigegangen, mit leicht schlenkerndem Bein. Ich wusste, dass er mir nachlaufen und seine mimischen

Reißzähne in meinen Nacken bohren würde. So kam es auch. Er folgte mir, ich ließ ihn näher herankommen ... noch näher ... und plötzlich drehte ich mich mit großem Schwung um, machte dabei »aus Versehen« eine ausladende Bewegung mit den Ellbogen und BAM – ein astreiner Treffer ins Gesicht. Er ging zu Boden. Ich tat völlig überrascht und untröstlich: »Oh, Entschuldigung!«

Zeit für meine Kür. Genüsslich habe ich ihn im Fallen nachgemacht, in Zeitlupe, es sah aus wie in einem der guten alten Sam-Peckinpah-Western, wenn einer erschossen wurde. Meine Version von »The Wild Bunch – Sie kannten kein Gesetz« mit einem riesigen »Ooooh« in meinem Gesichtsausdruck. Die perfekt gemimte Träne nicht zu vergessen! Er beschimpfte mich lauthals – er konnte doch sprechen –, und ich bin in Todesangst »in den Keller gegangen«. Das war eine meiner besten Street Performances aller Zeiten. Die Zuschauer teilten sich in zwei Lager. Die einen waren entsetzt, die anderen haben mir laut jubelnd applaudiert. Und genau so muss gute Comedy sein: Sie soll nicht jedem gefallen.

Der Applaus ist das Brot des Künstlers, er allein reicht aber nicht zum Überleben. Frisch motiviert ging ich daran, die Passanten mit meinen musikalischen und humoristischen Darbietungen zu unterhalten. Das Singen und Musizieren in Fußgängerzonen bringt nicht viel ein, wenn man nicht gerade Vater von langhaarigen kleinen irischen Hobbitwesen ist, die man als Sängerkolonne in Einkaufszentren schicken kann. Wenn man alte Bilder der Kelly Family sieht, glaubt man doch im Hintergrund den Gefangenenchor aus der Oper »Nabucco« zu hören, oder?

Wie erreicht man das Publikum? Die Aufmerksamkeitsspanne der vorbeihetzenden Menschen zwischen Einkaufen und Streiten ist so klein wie die eines katholischen Bischofs während eines Fernsehbeitrags über Gleichberechtigung der Geschlechter. Ich habe mich dabei ganz okay geschlagen, auch musikalisch, nicht nur mit Pantomimen. Zu dieser Straßenmusiker-Zeit habe ich eine Aversion gegenüber peruanischen Inka-Panflötenquäler-Bands entwickelt. Diese Azteken-Kelly-Familys! Um sie herum gab es oft eine Traube verträumter Mädchen mit Pferdeschwanz, die erfolglos versuchten, bei original peruanischen Welthits wie »El Condor Pasa« und »Wind of Change« rhythmisch im Takt mitzuklatschen: »El Condor Guantanamera Kumbaya my lord el pasa ...« Sie wirkten wie vom Heiligen Geist verzückte Ökochristinnen – da war er wieder, dieser heilige Schlingel. Daraus entstand meine spätere »Kumbaya«-Nummer, und die wiederum war die Basis für die Metal-Crossover-Version mit den Guano Apes.

Solidarität war übrigens nicht die Sache der Panflötenspieler. Um in der Fußgängerzone spielen zu dürfen, musste man eine Genehmigung beim Kreisverwaltungsreferat abholen, das ab acht Uhr morgens geöffnet war. Schon gegen sechs Uhr wartete eine lange Schlange, da die Auftrittsplätze begrenzt waren. Man durfte als Künstler höchstens zweimal die Woche spielen, das war alles streng reglementiert. An jedem Standort waren nur ein bis zwei Stunden erlaubt, damit Abwechslung reinkam. Natürlich gab es bessere Plätze, etwa zwischen Karstadt und McDonald's, und schlechtere, zum Beispiel in den Seitenstraßen der Fußgängerzone, wo nicht viele Leute vorbeikamen, weil es nur Geschäfte für Blinde gab, wie Pimkie. Ein ungeschriebenes Gesetz sagte, dass man sich nicht in Hörweite einer anderen Gruppe begab. Ich bin morgens um 4.30 Uhr aufgestanden, um mit dem Zug nach München zu fahren und eine Genehmigung zu ergattern. Dann habe ich mich kurz vor Ladenöffnung an gute Plätze gestellt und angefangen. Mein ganzer Aufwand war umsonst, wenn plötzlich eine ganze Andenkapelle neben mir auftauchte und mit »El condor pasa« in die Battles ging. Mir war es egal, wie oft der Kondor vorbeiflog, es war nur schwer, mit Akustikgitarre und Stimmbändern dagegen anzukommen. Wenn ich sie darum bat weiterzugehen, kam oft ein entspanntes Schulterzucken. »Qué pasa? No alemán!«, und sie blieben: Si, alleMann! Ich habe versucht, Montezumas Rache zu singen, und schmetterte meinen Ambros-Song »Es lebe der Zentralfriedhof«, aber das half nichts, ich musste mir einen neuen Platz suchen. Menschlich konnte ich die inkatztekischen Kollegen verstehen: Zu Hause in den Anden können sie vermutlich nur auf einer Lama-Alm spielen: Da gibt es kaum Shopper-Publikum. Ein falscher Ton zwischen Hunderten dieser Exkamele, und sie werden ausgespuckt. Was würde eigentlich passieren, wenn wir mal eine bayrische Hardcore-Blaskapelle nach Peru schicken und die dort alles niederblasen? »Patrona Bavariae«, bis dem Lama die Spucke ausgeht! Wer würde das Duell »Schuhplattler gegen Panflöter« wohl gewinnen?

Bis zum Herbst 1986 hatte ich dann ein erstes Soloprogramm zusammen, ein wilder Mix aus eigenen Nummern und Lagerfeuerhits, und ich spielte damit in Jugendzentren im Landkreis. Immerhin bekam ich dafür den Erdinger Kulturpreis. So falsch war ich wohl nicht unterwegs. Aber mein großes Ziel war ein neunzigminütiges Programm, das aus selbst geschriebenen Liedern und Texten bestand, mit dem ich dann auf Kleinkunstbühnen touren konnte. Die Premiere fand am 2. Oktober 1987 statt. Aber vorher sollten noch mein Albtraumauftritt und mein Traumauftritt stattfinden. Disco Metropolis Vilsbiburg versus Olympiahalle München.

Nach dem Abitur 1986 hatte ich keine Lust zu studieren und begann eine Ausbildung als Reiseverkehrskaufmann. Ich weiß heute nicht mehr, was ich damit bezwecken wollte, ich war weiterhin ein Träumer, der glaubte, die Realität dehnen zu können. Eigentlich war es nach der Schule wie vor der Schule: Ich wollte nichts werden außer Künstler oder vielleicht Old Shatterhand, aber dafür gab es leider gar keine Stellenausschreibung.

Das Jahr lief nicht perfekt für mich, da ich mich nicht ausbeuten lassen wollte als Reisekatalogstapler, interner Postschubser und billige Reinigungskraft. Der Spirit von Karl Valentin gepaart mit meinem Selbstverständnis von Gerechtigkeit kam bei meinen Vorgesetzten nicht so gut an. Die Personalchefin missbrauchte uns Azubis und Praktikanten gern für ihre privaten Zwecke. So sollte ich eines Tages Katzenfutter kaufen, und zwar frische Leckereien vom Metzger für ihre fette, unsympathische Perserkatze. Auf meinen Hinweis, dass so etwas wohl nicht zur Ausbildung gehöre, selbst wenn Perserkatzen aus einem potenziellen Reiseland kämen, bekam ich – wie immer – die Drohung zu hören, dass ich beim nächsten Gratisflug ins Ausland als Hoteltester wohl nicht dabei sein würde. Wenn man Drohungen in den Raum stellt, dann sollten sie eine gewichtige Basis und Furcht einflößende Wirkung haben, sonst wirken sie nicht. Die Drohungen wurden zwar in die Tat umgesetzt, aber das konnte mich nicht mehr schocken, denn ich hatte mich längst damit abgefunden, dass ich der einzige Mitarbeiter war, der nie bei einem Gratisurlaubsflug mit dabei sein durfte. Alles in mir setzte sich zur Wehr gegen solche sinnlosen Metzgereibesorgungsgänge, doch ich fragte mich: Warum blöd diskutieren, wenn man auch destruktiv sein kann? Statt Hühnerherzen habe ich einfach eine Schweinelunge gekauft. War nicht ganz einfach, die zu beschaffen. Meine Chefin war richtig sauer.

»Meine Katze frisst doch keine Lunge!«

»Soll aber gut für die Ausdauer sein.«

So einfach kam ich nicht davon. Der Befehl für den Herzkauf wurde wiederholt. Aber ich habe einfach Rinderhirn mitgebracht und gesagt: »Vielleicht hilft das der Katze, darüber nachzudenken, dass man ein echtes Herz nicht essen kann.« Das Ergebnis war, dass ich nicht mehr losgeschickt wurde. Victory! Dieses Prinzip habe ich bei vielem, was mir im Betrieb nicht gefiel, angewandt, so war ich nicht der Beliebteste bei meiner Chefin. Aber auch nicht bei denjenigen, die die Hiwijobs übernehmen mussten. Ich dachte größer: Wenn alle Azubis und Praktikanten es so machen würden wie ich, dann ... Machte aber keiner. Ich merkte: Das konnte auf Dauer nicht so weitergehen. Sollte ich kündigen? Was dann machen? Das Schicksal entschied.

Am 21. Juli 1987 ging ich mit einem sehr guten Freund aufs U2-Konzert in der Münchner Olympiahalle. Ich war ein Riesen-Fan. Während des Konzerts verspielte sich Bono auf der Gitarre und flachste ins Publikum: »Are there any good guitar players in Munich?« Ich stand in der ersten Reihe und riss meine Arme nach oben: »Yes, me, yes, me, I'm a guitar player!!!«

Mal wieder erst sprechen und dann denken, gut gemacht, Michl! Immerhin hatte ich das Wort »good« ausgelassen. Mein Kumpel hob mich von hinten hoch, sodass Bono mich wohl als Ersten sah und zu sich auf die Bühne winkte. Oben drückte er mir seine Gitarre in die Hand und fragte, ob ich den Song »People Get Ready« spielen könnte. Ich brauchte die Akkorde dazu, sagte ich, und er zeigte mir die beiden Riffs mit vier Akkorden. Dann durfte ich zusammen mit U2 diesen Song spielen. Unfassbar!!!! Zehntausend Menschen jubelten, ich konnte diese Energie spüren und begann zu fliegen. Das war das Beste, was ich bis dato erlebt hatte. Und ich hatte eine Offenbarung, ganz ohne Katholiken-Schnickschnack. Alles wurde klar in mir. Dieser Moment markierte nicht meine Entscheidung, beruflich auf die Bühne zu gehen, da ich ja schon wusste, dass ich Lieder-macher und Kabarettist werden wollte, diesen Weg hatte ich bereits eingeschlagen. Aber ich erkannte, dass es keine Alter-native gab und nie geben würde. Ganz oder gar nicht.

Ein paar Tage später habe ich meinen Job gekündigt, nach-dem ich mich wegen »unüberbrückbarer Differenzen in mei-ner Betriebsbeziehung und unglaublicher Konzerterlebnisse« von meinem Hausarzt hatte krankschreiben lassen. Ich konnte da nicht mehr hin. Für diese völlige Klarheit bin ich Bono ewig dankbar. Es sollte so sein, Kismet. Dass uns das Schicksal spä-ter auf anderen Wegen immer wieder zusammenführte, war sicherlich nicht nur Zufall. In den folgenden Jahren, in denen es auch mal hart war und nicht gut lief, habe ich mich nie ge-fragt, ob ich mich richtig entschieden habe.

Das Autogramm auf meinem Ticket, das ich mir nach dem Konzert von Bono noch geholt habe, trug ich fortan als Glücks-bringer in meinem Geldbeutel. Nach meiner Kündigung als Reiseverkehrsmetzgereigehilfe habe ich meinen Eltern ver-kündet, dass ich ab jetzt nur noch Künstler sein wollte. Das ging leider im Hause Mittermeier nicht. Ohne Ausbildung hätte ich Geld für Kost und Logis verdienen müssen. Dann hätte ich allerdings keine Zeit mehr für meine Kunst gehabt. Ein Studium als sinnlose Nebenbeschäftigung schien mir da der leichtere Weg, meine Eltern für die nächsten Jahre zu be-ruhigen.

Ich fuhr mit dem Zug nach München, um mich an der Uni umzusehen, was es für jemanden wie mich gab, der nur neben-bei studieren wollte. Das Studium sollte ja kein Plan B sein, weil man Weg A aus den Augen verliert, wenn man an Plan B denkt. Am Ostbahnhof traf ich in der S-Bahn eine Bekannte, mit der ich Abitur gemacht hatte. Was sie denn studiere? Amerikanis-tik. Was das sei? Sie erklärte mir, dass man sich mit amerikanischer Literatur, Kultur, Geschichte und Politik beschäftige und dass es kein sehr zeitaufwendiger Studiengang sei. Ich war überzeugt. Und: Interessiert hat's mich auch!

Das Touren hat mich geerdet, und meine Land- und Boden- wurzeln wollte ich behalten, oder anders gesagt: Ich wäre sie sowieso nicht losgeworden. Oft saß ich in Vorlesungen und be- trachtete das Ganze von außen – wie eine Milieustudie. Feins- tes Comedy-Material. Jedes Jahr, wenn das Filmfest München stattfand, liefen viele Kommilitonen herum wie intellektuelle Hühner, die noch nicht gemerkt hatten, dass sie schon geköpft worden waren. Dann hieß es immer: »Hast du schon den neuen Wim Wenders gesehen?«

Da ich noch nicht mal den alten kannte, fragte ich in die Runde: »Habt ihr ›Stirb langsam‹ gesehen? Das ist für mich der beste Film aller Zeiten!«

»Ist das eine Doku über den Regenwald oder ein Gesell- schaftsdrama über den geistigen Verfall in Großstadtgettos?«

»Nein, das ist ein Action-Dokumentarfilm über einen Mann im Unterhemd, der jeden Bösen erledigt, der ihm vor die Linse kommt.«

»Ist der Regisseur ein Autorenfilmer?«

»Keine Ahnung, aber im vergangenen Jahr hat er ›Predator‹ gemacht, das war meines Erachtens ein Action-Meisterwerk.«

»So was wäre mir wohl zu banal.«

Darauf konnte es von meiner Seite aus nur eine Antwort ge- ben: »Yippie-Ya-Yeah, Schweinebacke!«

Was Filme anging, kam ich mit den meisten meiner Kom- militonen nicht zusammen. Und vor allem mit den Kommili- toninnen. Studentinnen der Geisteswissenschaften schauen keine Actionfilme und Western. Andere Frauen leider auch nicht. Warum hassen Frauen diese Filme. Weil sie darin meist nichts zu sagen haben, außer vielleicht am Schluss: »Oh, du mein Held, du hast alle Bösen ohne fremde Hilfe erschossen, danke!«

»Die mussten raus! Ich konnte es nur allein tun!«

»Nimm mich!«

Das hatte er dann schon nicht mehr gehört, weil er ganz als alter Romantiker schon dabei war, in den Sonnenuntergang zu reiten. Frauen behaupten immer: Alle Western sind gleich! Erstens stimmt das nicht, und zweitens: Na und? Western sind gut für uns Männer. Sie sind klar, ohne subtile Zwischentöne, und enden immer gleich: Der wortkarge Fremde hat alle Bösen erschossen und reitet einsam, aber mehr als mit sich zufrieden zum nächsten Abenteuer. Das ist der Traum aller Männer: Nach getaner Arbeit in den Sonnenuntergang reiten. Deswegen hauen wir Burschen nach einem One-Night-Stand immer sofort ab – um die Dämmerung zu nutzen: »Hüja, Jolly Jumper!«

Jahrelang musste ich blutige Duelle mit Frauen ausfechten, um das Western-Genre, eines der ehrlichsten überhaupt, zu verteidigen. Ich habe eine Studienfreundin, die mich bis heute damit aufzieht:

»Du und deine Cowboyfilme.«

»Das heißt nicht Cowboyfilme, sondern Western! Ich sage ja auch nicht, dass ›Sex and the City‹ ein Porno ist, obwohl die in jeder Folge zureiten wie auf der Ponderosa!«

Und dann kam Kevin. Kevin Costner. Der Nachname macht seinen Vornamen leider nicht besser. Kevin bleibt Kevin, auch wenn er mit dem Wolf tanzt. Und ich weiß noch, wie meine Kommilitonin damals ankam und zu mir sagte: »Du, ich würde gern den neuen Kevin-Costner-Film anschauen.«

Sie hätte sich eher die Zunge abgebissen, als das Wort »Western« auszusprechen. Ich konnte es mir nicht nehmen lassen und gab zurück: »Du weißt aber schon, dass ›Der mit dem Wolf tanzt‹ ein Cowboyfilm ist?«

Keine Chance auf Buße: »Nein, das ist ein Film über die amerikanische Geschichte im Westen, ›New Frontier‹, die Ureinwohner, und da spielen Büffel mit.«

Dagegen gab es keine Argumente.

Das Studium wurde mein intellektueller Ausgleich zum Touren. Ich traf Freunde und Frauen und genoss das Studentenleben, auch als Outsider. Deswegen habe ich wohl auch nie mein Studium abgebrochen – ich wäre wohl vereinsamt. Stand-up-Comedian, damals noch Kabarettist genannt, ist kein Beruf, sondern eine Lebenseinstellung. Man muss es mögen, auf sich allein gestellt die Welt zu erobern. »On the Road«, und Jack Kerouac winkte freundlich von der Seite. Da ist es gut, in der realen Welt echte Freunde zu haben. Gott sei Dank habe ich mich mit dem Studium und seinen Anforderungen leichtgetan. Ich kann schnell lernen und gut improvisieren. Als ich zum Beispiel nach ein paar Semestern zufällig erfuhr, dass ich in vier Tagen die Politikzwischenprüfung machen musste, weil ich sonst als einmal durchgefallen gelten würde, habe ich einen Tag damit verbracht, mir zu überlegen, was drankommen könnte, mich nach den letzten vier Prüfungen erkundigt, dann nach dem Ausschlussprinzip das Thema ausgesucht, das ich am besten beherrschte, die Uni-Arbeit eines Freunds gelesen und bestanden. So kam ich irgendwie immer durch.

Nur weil ich mit Gert Raeithel, der selbst Autor guter Satire-Bücher wie »Tief in Bayern« war, einen tollen Professor in Amerikanistik hatte, konnte ich mich im Hauptstudium auf »Amerikanischer Humor« spezialisieren. Er war genau wie ich ein großer Fan der dortigen Stand-up-Comedy. Wir haben uns gegenseitig Tipps gegeben und Platten und Kassetten von Comedians ausgetauscht. So habe ich meine erste Platte von Lenny Bruce gehört, und das hat mich einfach umgehauen.

Lenny Bruce (1925 – 1966) war als New-Wave-Comedian ein

Vertreter der sogenannten Sickniks (von »sick Humour«), die ab Ende der Fünfzigerjahre in den USA mit ihren neuartigen, härteren Pointen Konventionen und Grenzen im Humor und im Denken der Zuschauer sprengten. Lenny Bruce traf mich ins Hirn und ins Herz. Er war der »Angry Man« der Stand-up-Comedy. Seine sarkastischen Angriffe richtete er vor allem gegen die Scheinheiligkeit und Engstirnigkeit in der Gesellschaft, seine Anklageschrift war sein aggressiver und respektloser Humor. Er lehnte die in den USA herrschenden Werte und Moralvorstellungen der Gesellschaft ab, weil sie seiner Meinung nach die Realität verleugneten: Die Wahrheit ist das, was ist. Nicht das, was sein sollte. Das, was sein sollte, ist eine schmutzige Lüge.

Mich faszinierte, wie er harte Gesellschaftskritik mit leichteren Themen mischte. Und er war dabei kein Zeigefinger-Kabarettist. Er wollte für sein Publikum nie bloß ein Comedian sein, der seine Show abspult; seine Offenheit und Aufrichtigkeit, eigene Schwächen zuzugeben oder sie zumindest zu sehen, war immer Teil seiner Bühnen-Performance, und das hat mich fasziniert. Für mich war es das, was es zu erreichen galt: Finde dich selbst auf der Bühne, dann kannst du auch über andere sprechen. Das ist das Schwierigste, es hat viele Jahre gedauert, bis auch ich die Hosen so runterlassen konnte. Wie Lenny Bruce es einmal sagte: »Ich bin nicht nur ein Comedian. Ich bin Lenny Bruce!« Und das wollte ich werden: Michael Mittermeier.

RÜCKSPULTASTE ...

... bis in die Zeit kurz nach meinem legendären U2-Konzert-Erlebnis und noch vor meiner offiziellen Solopremiere. Mein schlimmster Auftritt fehlt noch. Im August 1987 hatte mich ein befreundeter Besitzer eines Haarsalons angesprochen, er veranstaltete eine Frisuren- und Fashion-Show in der Diskothek

Metropolis in Vilsbiburg. Die ganz große Welt. Er wusste, dass ich mittlerweile Solokurzauftritte machte. So sollte ich die Moderation und das Unterhaltungsprogramm übernehmen. Ich freute mich, das konnte eine gute Probe für meine Premiere im Oktober werden. Es wurde zu einer Art nordkoreanischem Raketentest: erfolgreich am Anfang und dann ins Meer gestürzt. Das Ansagen von Hobby-Models mit stylischen Frisuren habe ich gut hingekriegt, aber danach sollte ich eine halbe Stunde Humorprogramm machen. Da stand ich dann mit meiner Gitarre auf der Tanzfläche im bunten Discostrahlerlicht und habe alles gegeben. Nach dem Lied: Stille. Auch nach dem lustigen Zwischentext: Stille. Das nächste Lied »Der Jetset-Lucki« war bei meinen Kumpels am Lagerfeuer immer der Hit gewesen: Stille. Angestrahlt von falschem Licht war ich einfach zur falschen Zeit der falsche Komiker mit falschem Programm am falschen Ort vor dem falschen Publikum. Es lief gar nicht. Mein schlimmster Albtraum wurde wahr. Aber es waren noch zwanzig Minuten zu spielen. Dann traf ich eine das Publikum erlösende und für mich erhellende Entscheidung. Ich packte die Gitarre weg und sagte: »Ich merke, dass ihr keinen Spaß habt mit dem, was ich spiele, und wenn ich ehrlich bin, ich habe auch keinen Spaß! Dann ist es wohl besser, wenn wir uns gegenseitig nicht mehr auf die Nerven gehen. Ich höre jetzt auf, Servus!«

Dafür gab es großen Applaus und den Respekt der Leute. Ich habe mir nach diesem Auftritt geschworen, dass ich nie wieder von der Bühne gehen würde, ohne die Zuschauer vorher zum Lachen gebracht zu haben; und das habe ich bis heute geschafft.

Dann begann die Fashion-Show. Prêt-à-jeter. Provinz-Model-Auflauf in knappen Achtzigerjahre-Klamotten. Das Publikum tobte, und als Moderator bekam ich ein wenig vom glamourösen Ruhm ab. Danach kam noch die Bodybuilding-Showeinlage.

Zwei eingeölte Typen sollten zur Musik ihre Muskeln spielen lassen. Als Moderator war ich vorbereitet, ich hatte den alten Turnanzug meiner Oma dabei, mit Rüschen am Pluderhöschen. Ich habe da gerade noch reingepasst und sah lächerlich aus. Aber das traf genau den Nerv der Zuschauer. Als ich anfing, als spindeldürrer Ekstatiker im Zwanzigerjahre-Turnkleidchen übertriebene Bodybuilding-Posen zu machen, kamen Lachsalven. Die beiden Bodybuilder waren stinksauer, weil ich mehr Beachtung bekam als sie. Sorry, aber ich kämpfte um mein künstlerisches Überleben. Als ich mich wie ein Schimpanse an den Oberarm des einen hängen wollte, schüttelte er mich ab mit den Worten: »Ich bring dich um, du kleine blöde Sau!« Das aber ließ der Veranstalter nicht zu, weil ich ja noch die Preisvergabe für die beste Frisur und das beste Styling moderieren musste.

That's Showbusiness, Baby!

Ich bin sehr oft gefragt worden, wie ich Komiker geworden bin.

Man wird es nicht, man ist es.

DIE TOUR DES OCHSEN

Am 2. Oktober 1987 feierte ich Premiere meines ersten Soloprogramms »Warum agrad i?« (*bayrisch* für »Warum ausgerechnet ich?«) in der Kleinkunstbühne »Soafa« in Dorfen. Ich stellte diese mir heilige Frage in meinem Opener: »Warum soll agrad i auf der Bühne irgendwas machen? Warum net jemand anders? Da Hans oder da Sepp? Oder du? I hab nachgedacht, sinniert, studiert, falsche Eingebungen eliminiert, und natürlich gibt es einen Grund, einen triftigen sogar. Weil i wui! Ja, weil i will!«

Und ich wollte so was von! Alle meine Freunde waren da und Leute, die mich von unseren Faschingsauftritten her kannten. Es wurde ein wunderbarer Abend. Ich bin losgeflogen und nie mehr zurückgekommen. Heute werde ich oft gefragt, ob ich das noch gut fände, was ich damals auf der Bühne gemacht habe. Ich schaue eigentlich gern zurück, aber nicht, um dort zu verweilen, sondern um das Aufbruchsgefühl noch mal zu spüren, die Reise ins Ungewisse, auf der jeder Tag ein neues Abenteuer war. Vor Kurzem habe ich mir die Videoaufnahmen der Premiere angesehen, und ich muss nicht alles an Texten und Liedern gut und perfekt finden, aber ich mag den jungen, energiegeladenen Michl von damals, der sich auf der Bühne mit voller Leidenschaft in jede einzelne Nummer reinwarf und sichtbar mit jeder Pore liebte, was er machte. Der junge Michl in mir ist nie ganz verschwunden, er ist mein ständiger Wegbegleiter und bester Kumpel. Josef Hader hat mir mal ein sehr schönes Kompliment gemacht, als er mich im Münchner »Vereinsheim« vor einem Typen verteidigte, der Comedians nicht mochte. »Du hast keine Ahnung. Ob Comedy oder Kabarett, es geht nur darum, was wirklich wahrhaftig zu uns spricht. Und der Michl ist einer, der brennt zu hundert Prozent für das, was er auf der Bühne macht. So etwas findest du nicht oft.« Ich war sehr stolz, und der Nöler war überrascht, dass sich Hader, der für mich der beste deutschsprachige Kabarettist ist, als mein Verteidiger vor dem Comedy-Verfassungsgericht einsetzte. Im Kern geht es darum, auf die Bühne zu gehen und zu brennen. Textlich war ich 1987 natürlich noch auf kleinerer Flamme unterwegs, aber ich stehe zu allen Nummern, die ich je gemacht habe, weil ich zu jeder Zeit versucht habe, das Beste aus mir rauszuholen – und ich es einfach selbst lustig fand und dabei Spaß hatte. Das ist meine oberste Maxime beim Auftreten, fast schon mein Lehrsatz: Wenn ich Spaß habe, haben auch die Leute Spaß! Ich habe es einfach gemacht, und wenn etwas nicht ankam, dann habe ich etwas Neues gemacht. Meine ersten Programme bestanden aus vielen Liedern mit Gitarre wie »Der Reißer-Blues«, »Ein ganz normaler Tag«, »Fetter Song«, »Bekehrt Verkehrt«, »Lass doch mal die Sau raus« oder »Negerbaby-Blues«, ein Lied gegen Rassismus, das war mein größter Lagerfeuerhit damals. Zwischen den Songs wechselten sich Sprechnummern, Sketche, Gedichte und Monologe ab, bei denen ich mich bewegte, verrenkte und grimassierte wie Jerry Lewis auf Speed. Seine Mimik und Gestik haben sich seit meiner frühesten Kindheit in mein Herz gebrannt. Vieles war noch bayrisch derb, sehr roh und oft ein extremer Spagat zwischen Kabarett und Blödelei.

Mein Lied »Der Jetset-Lucki (aka Ludwig Hinterleitner)«, das noch zwei Monate zuvor im Metropolis wie Atlantis untergegangen war, wurde bei meiner Premiere gefeiert. Ich trug an dem Abend ein grünlich schimmerndes Knitter-Seidenhemd, eine Sonnenbrille, die nach Gucci, Onassis und Provinzschlampe aussah, hatte – fast hätte ich das vergessen – einen klassischen Vokuhila-Haarschnitt und spielte auf einer roten Ibanez-Akustikgitarre. Der Beat war ein treibender Blues.

Seit drei Stund motzt er sich schon auf
Trogt grod de dritte Schicht Bodylotion auf
Die Augen geschickt nachgezogen mit Kajal
Für die Frauen sein Deo: Moschus Radikal
Jetzt geht noch ab der letzte Schliff
A Camel im Mundwinkel, er raucht, wos er is
Lasziver Blick, geiler Gang, er ist ein cooles Wesen,
Die Milch in sei'm Kühlschrank is wärmer gwesen
Jeden Morgen zum Gehirnzelln aktivieren
A kleines Briserl Kokain ins Hirn
Dass des an ihm zehrt, tut ihn net giften
Dann geht er halt wieder zum Fassade liften
Das Hirn verrottet, die Fassade bleibt gleich
Innen hohl und außen reich – eich eich
Fröscheschenkel und Spinnenhax'
Dazu Kaviar und beizigen Lachs
Perlige Austern und schleimige Schnecken
So wird der Jetset-Eintopf dann schon schmecken
Frühstück in München, Mittagessen in New York
Wenn's ihn drückt, geht er in London aufn Airport-Abort
Wenn man des so hört vom Jetset-Lucki
Bleibt einem weg die Proletenspucke
Und i hock do und schreib dieses Lied
Aber des, des konn er net – ätsch

Als ich das Script meines allerersten Programms zur Recherche für dieses Buch durchgelesen habe, ein Stapel handschriftlicher Hieroglyphen und mit Schreibmaschine getippter Texte, die übersät sind mit Randnotizen, Streichungen und Kritzeleien, bin ich auf die Nummer mit dem Titel »Selektion« gestoßen. Das war eins meiner Lieblingsstücke. Es drückte meine Angst vor der gerade stark werdenden Partei der Republikaner und vor Skinheads aus, mit denen wir uns manchmal prügelten. Der Text ist aktuell geblieben. Man kann problemlos NPD oder Pegida einsetzen, auch die AfD hat leider rassistische Hetzer unter ihren Mitgliedern, die nicht mal damit umgehen können, dass in der deutschen Fußballnationalmannschaft auch Spieler mit Migrationshintergrund mitspielen.

Mitte/Ende der Achtzigerjahre konnte man als Kabarettist nur auf Tour gehen, wenn man ein neunzigminütiges Liveprogramm hatte. Es gab zwar vor allem in Bayern einige offene Bühnen, wo Anfänger und auch etablierte Künstler sich ausprobierten, aber nur solo konnte man über die Lande touren und Geld verdienen. Das ist der größte Unterschied zur angloamerikanischen Stand-up-Comedy-Szene, wo in allen Clubs Mixed-Nights mit mehreren Comedians stattfinden. In Deutschland musste ich quasi von null auf neunzig gehen, in England oder in den USA kann man auch mit zehn bis fünfzehn Minuten ein paar Jahre touren, aber eben nur sehr schlecht seinen Lebensunterhalt damit verdienen. Zum Ausprobieren war die offene Bühne der Liederbühne Robinson in der Münchner Dreimühlenstraße für mich eine meiner Lieblingsanlaufstellen. Die Gage: Zwei Bier und die Schinkennudeln von der Rosi. Und Publikum. Es war für mich zu der Zeit nicht selbstverständlich, viele Zuschauer zu haben. Die beste Währung der Kunst sind Augenzeugen aka Zuschauer. Das Robinson war eine legendäre Kleinkunstbühne, alle Großen traten da auf. Bald durfte ich dort auch schon mal im Normalprogramm auftreten. Mich zog's aber immer weiter. Ich hab mir von Kollegen Tipps und Adressen geben lassen. Über Mundpropaganda ging das am besten. Künstler wie Kellerer & Krojer oder Willy Astor haben mir viele Telefonnummern von Veranstaltern zugeschoben, und die große Zeit der Bewerbungsgespräche begann. Ich sehe mich noch daheim an einem kleinen Schreibtischeck in unserer grün lackierten Bauernstubenküche sitzen. In dieser Nische mit Schreibplatte neben Kühlschrank und Herd habe ich mir die Finger wund gewählt. Ja, ich weiß, eine Telefonwählscheibe, das klingt nach Steinzeit, als die ersten Menschen aufrecht lachen lernten. Bei all meinen Anrufen hab ich mein Standardsprüchlein wie ein Nikolausgedicht aufgesagt: »Grüß Gott, mein Name ist Michael Mittermeier, ich habe deine Nummer von einem Bekannten gekriegt. Ich mache lustige Lieder und Kabarett und würde gern bei euch mal auftreten.«

»Hast du Infomaterial und Kritiken?«

»Ja.«

»Das kannst du mir faxen, und ich schau's mir an. Wenn es mir gefällt, melde ich mich bei dir.«

Dann habe ich mein selbst zusammenkopiertes Plakat und auf zwei Seiten zusammengeklebte Bilder, Infotexte und Zeitungskritiken losgefaxt. Ich habe damals viele Faxe verschickt, weil ich auf der Bühne Faxen machen wollte.

Die Ochsentour begann. Ich habe auf jeder verfügbaren Bühne in Bayern gespielt. Da ist der Kabarettist wie der Serienmörder. Das erste Opfer sucht er sich in seiner näheren Umgebung oder Nachbarschaft, erst dann erweitert er seinen Wirkungskreis. Es war eine harte und sauschöne Zeit, ich durfte das tun, was ich wollte. Für mich war es toll, wenn mich ein Veranstalter nach dem Auftritt lobte: »Das hat mir gefal-

len, du kannst gern wiederkommen«, obwohl vielleicht nur
15 Zuschauer da gewesen waren. Beim nächsten Mal dann aber
manchmal 30. Ich hatte ein paar Bühnen, auf denen ich regelmäßig auftrat, und die dank Mundpropaganda langsam voll
wurden mit sechzig oder achtzig Leuten. Die Bühne »Beim
Franz in Haselbach« zum Beispiel hatte ich bis 1990 schon ein
paar Mal ausverkauft, aber dann musste Franz, der Veranstalter, aus dieser Wirtschaft raus und zog nach Heldenstein in
ein viel größeres Gebäude. Dort im Erdgeschoss befand sich
eine alte bayrische Dorfwirtschaft, und oben im ersten Stock
gab es einen großen Saal mit mehreren Hundert Sitzplätzen.
Er war zuversichtlich: »Den kriegst du schon voll, die letzten
Auftritte liefen doch alle super.« Ich war skeptisch, aber warum nicht ausprobieren? So haben wir einen Gig ausgemacht
für den 21. Oktober 1991. Ich nahm noch meinen Gitarristen
Richard Kleinmaier mit, der ursprünglich mein Gitarrenleh-
rer war und nun in meiner Band »Michael Mittermeier & die
Wahnsinnlichen« mitspielte. Zusammen hatten wir 1990 eine
Liedermacher-Rockplatte aufgenommen mit dem sinnigen
Titel »wahnsinnlich«, aus dem sich auch der Bandname ablei-
tete. Darf ich voller Stolz berichten, dass damals die Zeitschrift
Titanic »wahnsinnlich« in die Top Ten der schlechtesten Wort-
spiel-Kabarett-Programmtitel wählte? Vielen Dank, wenigs-
tens wurde ich mal erwähnt!

Von meiner ersten Platte habe ich immer noch etwa
97,5 Prozent der Erst- und gleichzeitig Letztpressung
(1036 Schallplatten und 1157 CDs) zu Hause im Keller, ab-
züglich der etwa siebzig Prozent, die bei einem Hochwas-
ser vernichtet wurden. Aber damals war ich richtig aufgeregt: Meine erste Schallplatte und CD! Leider wurde es gleich
meine erste miese Erfahrung mit der Musikindustrie. Die
Produzenten einer kleinen Plattenfirma hatten mich live ge-

sehen und waren begeistert. Sie wollten mich zum nächsten bekannten bayrischen Liedermacher pushen. Ich war natürlich mächtig stolz und habe in meiner Naivität jegliches Sicherheitsradarsystem ausgeschaltet. Wir nahmen die Platte im Zentrum der alternativen Punkkultur auf: The holy town of Altötting, yo! Das Masterband habe ich noch persönlich ins Presswerk gebracht. Grafik und Druck von Cover und LP- und CD-Verpackungen ließ ich von einer Druckerei in Dorfen herstellen, die ich kannte. Kurze Zeit nach der offiziellen Veröffentlichung bekam ich einen Brief von der Plattenfirma. Einen Tag vor einem geplanten Treffen, auf dem wir über die Zukunft reden wollten, teilte sie mir mit – plötzlich waren wir wieder per Sie –, »dass sich das Produkt ›wahnsinnlich‹ zum absoluten Blocker herauskristallisiert hat … und die Vermarktungsstrategie wie von uns gewünscht wurde von Ihnen hartnäckig unterlaufen.« Das war Schwachsinn, vielleicht wollten sie mich für einen eventuellen Rechtsstreit einschüchtern. Dann schrieben sie noch, »dass sich die Unkosten der gesamten Produktion auch bei einem weiteren Verkauf niemals rechnen würden … und sicher haben Sie bitte Verständnis, dass wir keine weiteren Werbemaßnahmen finanzieren wollen«. Das bedeutete, ich wurde aufs Abstellgleis geschoben. Eigentlich war das alles vorher klar gewesen. Wir hatten besprochen, dass ich als unbekannter Künstler einige Zeit brauchen würde, um in den Markt hineinzukommen. Leider hatten wir nur hundert Stück verkauft, fast alle davon bei Liveauftritten. In München habe ich noch persönlich Exemplare zu World of Music – das legendäre WOM! – und zu Saturn hingefahren, weil ich ein paar Leute kannte, die dort arbeiteten. So durfte ich Platten auf Kommission reinstellen. Verkauft hat sich davon nichts, bis auf die eine, die meine damalige Freundin Gudrun erwarb. Vielen Dank dafür! (Okay, ich habe sie reingeschickt und ihr auch noch das Geld für die Platte gegeben.)

Der böse Brief bedeutete also den frühen Plattentod. Leider hatte der Typ von der Plattenfirma das Masterband und die gesamte Stückzahl vom Presswerk abgeholt, somit stand ich bis auf meine paar Restexemplare für den Liveverkauf völlig ohne Platten da. Die Firma bot mir an, für eine Zahlung von 5000 Mark in bar könnte ich die ganze Produktion inklusive Masterbänder käuflich erwerben, und sie würden mir dann alle Rechte abtreten. Wenn ich das Angebot nicht annähme, würden sie die Rechte und die Platten und CDs an Dritte weiterverkaufen. So hätte ich nicht mehr selbst bestimmen können, was mit meinen Liedern in Zukunft passierte. Mittlerweile hatte ich Mahnschreiben von der Druckerei erhalten, weil ich Superprofi die Verträge als Auftraggeber unterschrieben hatte. Und die Plattenfirma hatte zu der Zeit einige Rechnungen noch nicht beglichen. Ich war einer Aufschneiderfirma aufgesessen. Die zwei Betreiber waren Hallodris wie aus einem Helmut-Dietl-Film, sie haben auch noch an anderen Stellen verbrannte Erde hinterlassen. Ich nahm das Angebot zähneknirschend an. Außerdem zahlte ich der Druckerei 2500 Mark, weil diese sonst rechtlich gegen mich hätte vorgehen können.

Die Geldübergabe sollte an einem Sonntag auf dem Volksfestplatz in Dorfen stattfinden. Ich nahm meinen Vater als Verstärkung beziehungsweise Bodyguard mit, falls es eine körperliche Auseinandersetzung werden würde. Ich kam mir vor wie bei einem miesen Drogen-Deal oder DDR-Agenten-Austausch. Zwei Autos trafen sich auf einem großen leeren Gelände, wir stiegen aus, es wurden keinerlei Freundlichkeiten gewechselt. Der Plan war der: Als Anzahlung würde ich die ersten 2500 Mark aushändigen, dann die Ware bekommen, und danach den Rest des Gelds übergeben. So hatte ich das ausgehandelt. Und fast genauso machten wir das auch. Ich übergab die Anzahlung, dann beluden wir meinen alten Golf Diesel und den Benz meines Vaters bis oben hin mit Kartons voller Liedermacher-Stoff. Als alles eingeladen war und ich das Masterband und eine unterzeichnete Vereinbarung mit Abtretung aller Rechte auf mich in den Händen hielt, hat mein Vater das restliche Geld überreicht – in Form einer bezahlten Druckereirechnung in Höhe von 2500,– Mark. Die Plattenfirmatypen waren sauer und wurden laut. Aber ich schrie sie an, dass sie die Betrüger seien, und drohte ihnen, wenn sie es wirklich hart spielen wollten, dann musste ich nur pfeifen, weil im Gebüsch noch drei Kumpels von mir nur darauf warten würden, sie zusammenzuschlagen. Mein Vater stellte sich drohend neben mich und nickte. Dieses Risiko gingen sie Gott sei Dank nicht ein. Ein perfekter Bluff im Platten-Poker. Ich hatte nur ein Zweier-Pärchen, aber sie glaubten, ich hätte ein »Full House«. So zogen sie ab, und das Thema war erledigt. Einige Zeit später habe ich gehört, dass einer der beiden für all die Betrügereien seiner Firma gerichtlich verurteilt wurde. Das war also mein erster großer Ausflug ins Musikgeschäft. There is no business like music business!

Ich bin etwas von meiner eigentlichen Geschichte abgeschweift – oder wie wir in Bayern sagen »abgeschwiffen«. Wir befinden uns wieder im großen Saal im Wirtshaus zu Heldenstein. Der Name des Wirtshauses klingt fast etwas zu poetisch für die Lage, in die ich geraten sollte. Ich wurde ein Held, aber der Weg dahin war steinig. Heldenstein war ein Ort, wo sich Fuchs und Hase vor dem Schlafengehen gegenseitig erschlagen, weil es am nächsten Tag nichts gibt, wofür man weiterleben könnte. Da war sonst nichts los, außer einer tragischen Geschichte, die sich zwei Wochen zuvor ereignet hatte. In Heldenstein lag Roy Blacks Ferienhaus, und dort war er tot aufgefunden worden. Die Todesursache war ungeklärt: Vorfreude auf mein Konzert wird es nicht gewesen sein.

Wir bauten die kleine mobile Montarbo-Tonanlage auf, die ich immer mit dabeihatte. Ein Powermixer und zwei riesige No-Name-Boxen. Ich war bereit für die Zuschauermassen. Es gab nur ein klitzekleines Problem. Der Wirt und Veranstalter hatte »vergessen« – die kleine Schwester von »verschwiegen« –, mir zu sagen, dass es nur zwei Reservierungen für meinen Auftritt gab. Als ich ihn fragte, wie der Vorverkauf laufe, brummte er »Des wird scho«.

»Was heißt das?«

»Da kommen schon welche.«

»Wie viele welche haben denn reserviert?«

»Zwei.«

»Zwei?«

»Ja.«

»Das ist nicht so viel!«

»Ja, aber da kommen schon noch welche dazu. Das ist hier immer spontan.«

»Aber Heldenstein ist so klein, selbst wenn da alle Kinder, Jugendlichen, Erwachsenen und Alten kämen, wäre der Saal noch zu zwei Dritteln leer. Und Roy Black kommt sicher auch nicht mehr vorbei.«

»Des kriegn ma scho!«

»Der ist tot, Franz!«

»Ja, aber andere kommen sicher noch.«

Ein schwerer Fall von surrealem Veranstalteroptimismus, den man allerdings auch brauchte, um Kabarett und Kleinkunst auf dem Land zu veranstalten. Aber was blieb mir übrig, ich war ja schon da und hatte aufgebaut. Außerdem hatte ich meinen besten Studienfreund Ebi, einen Bremer, eingeladen, der mit einem amerikanischen Kumpel vorbeikommen wollte, um mich mal live in der bayrischen Provinz zu erleben, in einer meiner vermeintlichen Hochburgen. Vom Dialekt her klang ich für sie Elbisch bis Orkisch. Das bedeutete jedoch: Mindestens vier Zuschauer! Zwei wackere Fans kamen noch spontan an die Abendkasse. Schon sechs, yes! Mittlerweile war es 19.30 Uhr. Für die vom Veranstalter zitierten »Ganz-Spontanen« blieben nur noch dreißig Minuten, um sich auf den Weg zu machen.

Der große Saal, in dem mein bisher größter Soloauftritt stattfinden sollte, war bayrisch-pragmatisch konzipiert für Hochzeitsbankette oder Beerdigungsessen. Von der Bühne aus zogen sich Tische und Sitzbänke in vier Reihen bis nach hinten, sehr weit nach hinten. Wir setzten unsere sechs Zuschauer jeweils an den Anfang der Tischtafeln, damit war die erste Reihe schon mal drei viertel voll. Plötzlich kam Franz aufgeregt zu mir: »Ich habe Zuschauer organisiert, es kommt noch eine größere Gruppe.«

Auf meine Frage, wen er denn so spontan noch organisiert habe, sagte er strahlend, dass der hiesige Motorrad-Rockerclub gerade zum Stammtisch unten in der Wirtsstube sei, und die Mitglieder habe er gefragt, ob sie sich das nicht anschauen wollten.

»Ein Rockerclub? Das bringt nichts, die kennen mich doch gar nicht und schauen sich sicher sonst kein Kabarett an. Und für Bühnenselbstmord bin ich zu jung.«

Er hatte sie nicht nur gefragt, sondern jedem zwei Freibier versprochen, wenn sie zur Vorstellung kommen würden. Natürlich ohne Eintritt zu bezahlen. Einfach damit es stattfand, und dann würden die vielleicht auch weitersaufen und Umsatz machen.

»Wie bitte, die kommen in meine Vorstellung, nur weil sie was umsonst zu saufen kriegen? Das funktioniert nie.«

»Mach dir keine Sorgen, die sind alle ganz nett.«

Die Tür ging auf, und die Ganz-Netten kamen herein, sie hatten sich nur als harte Mörder-Rocker verkleidet. Stampede. Die ganze Truppe der Kernigen Armee Fraktion stampfte rein, etwa zwanzig Typen in voller Montur, Biker- und Cowboystiefel mit Sporen, eine Art »Hell's Angels – Heldenstein Charter«. Sie sahen aus, als ob sie schon ganze Diskotheken mit Baseballschlägern leer geräumt hatten. Ich musste an Roy Black denken. Ungeklärte Todesursache? Vielleicht hatte er vor zwei Wochen einmal zu viel »Ganz in Weiß« gesungen, und die Rocker hatten ihm gezeigt, was Death Metal im eigentlichen Sinne bedeutet. Der in schweres Leder gehüllte Chef der Bikertruppe – oder sagt man da Boss, Anführer oder Erster Wikinger? – trat auf wie Herkules kurz vorm Ausmisten in den Augiasstall und rief durch den Saal: »Wo kriegn ma des Freibier und den Freikomiker?«

Das klang genau nach meiner Zielgruppe. Mein Versuch, den Wirt mit Blicken zu töten, hatte leider keinen Erfolg. Er hatte es ja auch nur gut gemeint, weil er nicht wollte, dass ich auftrittslos traurig nach Hause musste. Die harten Burschen platzierte er entlang der freien Tischreihe ganz rechts. Ich werde dieses Bild nie vergessen. Die linken drei Tischreihen mit jeweils zwei Zuschauern vorn sahen aus wie der umgedrehte Buchstabe L. Ein Zeichen Luzifers? Die sechs regulären Gäste saßen etwas eingeschüchtert da. Mein Gitarrist stellte sich so weit nach hinten, dass er kaum mehr zu sehen war, und er sagte zu mir: »Du sprichst, ich sag nichts, und wenn die auf uns zulaufen, dann bin ich weg.«

Das war ein echtes Soloprogramm. Wieder wehte Roy Black als Erinnerung durch meinen Kopf, und in meinem Kopf hörte ich sein Lied »Schön ist es auf der Welt zu sein, sagt die Biene zu dem Stachelschwein«. Ich performte, als ob es um mein Überleben ging. Das tat es auch – einer der Rocker war noch vor dem Auftritt zu mir gekommen, um mir etwas zu sagen: »Der Franz hat uns versprochen, dass du saulustig bist, also bring mich zum Lachen.«

Eingeschüchtert erwiderte ich: »Ich gebe mein Bestes!«

»Wenn du mich traurig machst, bringe ich dich zum Weinen.«

Er zeigte mir seine Faust, auf der tatsächlich etwa zwei Dutzend Tränen eintätowiert waren. »Eine Träne für jeden, der von dieser Faust zum Weinen gebracht wurde.«

Der Komiker in mir fand das fast poetisch, aber als real existierender Mensch war ich froh, dass der Kampfschweiß, den er verströmte, meinen Angstschweiß überdeckte. In keiner Sauna habe ich je so geschwitzt wie auf dieser Bühne. Sollte ich mir vorher noch das Sakrament des Letzten Aufgusses spenden lassen?

Im weiteren Verlauf des Abends waren die Rockerburschen kein ideales Publikum. Sie guckten zu und lachten, aber unterhielten sich auch miteinander, zeigten mit dem Daumen nach oben, wenn sie etwas gut fanden, riefen »Buh«, wenn nicht. Manche Stellen wurden lautstark kommentiert: »Oida, do hot er recht, des find i aa blöd ...«

Diese Ledertruppe hatte das »Heckeln« der angloamerikanischen Comedy Clubs verstanden. Das waren anscheinend echte Profis, ausgebildet in britischen Comedy-Terrorcamps. Im englischsprachigen Ausland nennt man Zwischenrufer oder Störer aus dem Publikum »Heckler«. Ein Heckler in Deutschland ist bloß einer, der in Kombination mit einem Koch führender Handfeuerwaffenhersteller der Welt ist. Nur Alfons Schuhbeck ist Heckler und Koch in einem. Der redet in allen Sendungen dazwischen. »Aber ganz wichtig: mit Ingwer!« Auf der Bühne kam ich mir vor wie ein Dompteur-Komiker, der eine unzurechnungsfähige Raubtiermeute gleichzeitig unterhalten und mit Peitsche in Zaum halten musste. Auf lustige und doch autoritäre Weise musste ich dem Rudel immer wieder mitteilen, dass sie weniger dazwischenrufen und ruhiger sein sollten. Ich balancierte auf einem verbalen Hochseil. Der Anführer – ich nenne ihn »The Father of the Sons of Anarchy« – warf mir das ein oder andere Mal ein »Höö, pass auf!« zu, um mir meine Zurechtweisungsgrenze aufzuzeigen. Eine Szene steht für den ganzen Abend. Ich spielte gerade mein Lied »Ein ganz normaler Tag«, ein relativ ruhiger Song, da sprang einer auf, stieg auf den Tisch und rief in die Runde: »Hey, wer braucht noch was zum Saufen?«

Alle antworteten schreiend in einer konzertierten Bierzelt-Chor-Aktion: »I! Freilich! Her damit! I aa! Hol mir no a Halbe! I brauch no wos!!! Super!«

Der Dissonanz-Antwort-Chor agierte, als ob ich gar nicht da gewesen wäre. Mein Song war nicht auf Platz eins ihrer Aufmerksamkeitsskala. Dann stampfte der Bierholer mit seinen schweren Stiefeln auf der langen Tafel den ganzen Weg entlang bis nach hinten. Ich tat einfach so, als ob nichts wäre, sang weiter und versuchte den Takt seiner heftigen Schritte mit in den Song einzubauen. Als er dann auf demselben Weg mit dem Bier wieder zurückkam, spielte ich spontan mein Lied »Mei Bier«, eine Ode ans Saufen – ich war wieder groß im Spiel. Die Auswechselbank blieb leer. Größter Hit des Abends war eine Nummer, in der ich einen Polizisten spielte, der von einem riesigen Rocker angemacht wird.

»Ein Polizist geht nach einem beschissenen Tag nach Hause, als plötzlich an der Ecke drei vor Schweiß triefende, tätowierte, kleiderschrankähnliche Rocker stehen. Einer dieser drei körperlichen Monumente der Gewalt wirft mit einem schelmischen Blick vier harmlose Worte herüber: ›Hey, du alte

Bullensau!‹ Des Schweinebullen Augenlider verengen sich zu messerscharfen Schlitzen, seine Nasenflügel sind bis auf das Äußerste gespannt. Ohrenzerstäubende Stille ... und plötzlich: WERBUNG. ›Sie fühlen sich manchmal saublöd? Glauben Sie manchmal auch, dass ...‹«

Weiter kam ich nicht, es schallte durch den Saal: »Scheißwerbung! Hat er ihm jetzt aufs Maul ghaut? Erzähl da weiter!«

Ich ließ spontan die Werbenummer aus und fuhr mit der Geschichte fort.

»Ein überlegenes Grinsen huscht über die Lippen des Polizisten. Er greift nach seiner Waffe, die er leider im Auto liegen lassen hat. Der Rocker bemerkt dies, grüßt ihn weiter mit ›du Arschloch‹ und drückt seine neu gewonnene Macht anhand seiner Zigarette im Gesicht des Polizisten aus ...«

Standing Ovation! Begeisterung! Den Rest der Geschichte wollten sie gar nicht hören.

Der Auftritt war wie eine Berg-und-Talfahrt im Rocker-Hinterland. Lachen. Aggressionsschub. Freude. Geistige Abwesenheit.

Schlussapplaus gab's nur ansatzweise, weil die meisten zu diesem Zeitpunkt schon lange die Freibiergrenze überschritten hatten. Ich verbeugte mich mit großer Geste und ging ab. So viel Stil muss sein. Mir schien es stimmiger, keine Zugabe zu machen. Wir blieben hinter der Bühne stehen, optisch abgeschirmt durch eine Sperrholzaufstellwand. Nach draußen hätten wir durch die Bikermeute gehen müssen, und meine Fähigkeiten, als Moses das Rocker-Meer zu teilen, waren leider nicht ausgeprägt, da hätte eher der Breitwand-Moses Charlton Heston als Vorsitzender der National Rifle Association mit einer Winchester antanzen müssen. Mein erstes bis zehntes Gebot: »Du sollst neben dir keine anderen Rocker haben.« Michl, geh da nicht raus, bis die weg sind! Da klopfte es an der Heldenstei-

104

ner Sperrholzwand. Der Anführer-Sepp trat ein, er baute sich vor mir auf, blickte mich durchdringend an, und ich dachte, nun hat mein letztes Witzlein geschlagen. In meinem Kopf sang wieder Roy Black den Heile-Welt-Hit, den er vermutlich zwei Wochen zuvor textlich etwas abwandeln musste: »Schön war es auf der Welt zu sein, sagt der Rocker zu dem Sänger-schwein …«

Aber plötzlich hellte sich das Gesicht des Motorrad-Orcs auf, er schlug mir anerkennend auf die Schulter – für einen blauen Fleck hat's gereicht – und sagte: »Hey, du bist ja fast noch lusti-ger als der Söllner Hans! Nicht schlecht!«

Dann drehte er sich um und verschwand. Das war einer der sprachlosesten Momente meines Lebens, und es hat mich sehr gefreut, dass ich selbst diesen bunten Haufen mit meinem Hu-mor erreicht hatte. Mission accomplished. Sie haben dann so-gar noch einen Hunderter zusammengelegt, den sie mir als Eintrittsgeld überreichten. An dem Abend fuhr ich nicht di-rekt nach Hause, sondern sofort in meine Stammdisco und habe mich für genau hundert Mark betrunken. Ein ehrlich ver-dienter Rausch ist ein guter Rausch!

Wer sich fragt, ob das das härteste Publikum war, vor dem ich in meinen Anfangsjahren spielen musste, dem kann ich sa-gen: Nein! Hardcore kann noch ganz andere Dimensionen ha-ben. Im Sommer 1992 hatte ich einen Auftritt vor den grau-samsten Geschöpfen, die uns Gott als Publikum senden kann: Kinder. Nichts gegen Kinder, ich habe ja selbst eins, aber als Zuschauer sind sie toughe Kreaturen, die noch keine Diplo-matie im Umgang mit Kunst kennen und ungefiltert alles raus-lassen, was ihnen gerade so durch den Kopf geht. Das ist sehr sympathisch, aber es ist hart, vor einer solchen Crowd zu spie-len. »Monsters of Heckling«. Eigentlich hatte ich nie geplant, vor einem so unzurechnungsfähigen Haufen aufzutreten, aber es passierte. Der Manager der österreichischen Star-Comedy-Truppe Erste Allgemeine Verunsicherung hatte mich im Kabarett Kneissl, einer winzigen Nebenbühne des legendären Münchner Schlachthofs, gesehen, und es hatte ihm gut gefallen. Er sagte zwar, dass ich zu multitalentiert sei – was immer das auch genau bedeutete –, sodass er nicht wisse, wie er mich richtig »verkaufen« könnte, aber mein Manager, Sol de Sully, und ich blieben hartnäckig und schlugen vor, mich einfach mal irgendwo auszuprobieren. Wir hatten Erfolg: Ich sollte einmalig als Support Act der EAV auftreten: »Wenn du da durchkommst, bist du echt gut, und dann schauen wir weiter.«

So trat ich bei einem Open Air in Regensburg auf dem Dultplatz mit etwa 4500 Zuschauern auf. Für mich, der damals einen Zuschauerschnitt von 50 bis 80 hatte, war das doch eine leichte Steigerung. Ich würde das schaffen. Aber ich hätte in der Jobbeschreibung das Kleingedruckte lesen sollen. Beim Soundcheck erblickte ich vor der Bühne einen größeren abgesperrten Bereich. Ich fragte den Bühnentechniker, was es damit auf sich habe. »Ist das der Platz für die Rollstuhlfahrer?«

»Für die geistigen Rollstuhlfahrer.«

»Wie bitte?«

»Das ist der Kindergraben.«

Ein Kindermassengrab aus der Römerzeit erschien mir nicht realistisch.

»Was bedeutet das?«

»Zu EAV-Konzerten kommen immer ein paar Hundert Kinder, und damit die alles gut sehen können, wird vorn ein eigener Bereich gesperrt.«

Das kam mir logisch vor, aber ich habe die Dimension in ihrer historischen Bedeutung nicht ganz erfasst. Ich war motiviert und hatte wieder mal meinen treuen Gitarristen Richard dabei, weil wir bei so einem großen Auftritt nur Songs spielen

wollten. Die EAV-Fans waren ja auch auf lustige Lieder eingestellt. Wir waren leider nicht auf das eingestellt, was dann passierte. Die EAV kam und kam nicht, es hieß, sie hätten im Hotel
noch wichtige Dinge zu tun. Okay, aber das Open-Air-Gelände
war bereits voll. Der offizielle Auftrittsbeginn der EAV war bereits verstrichen. Die Menge wurde unruhig. Der Stage Manager sagte zu mir: »Dann geh du jetzt raus und spiel so lange,
bis die Jungs kommen.« Auch okay. So erschienen wir auf der
Bühne. »Servus, ich bin der Michael Mittermeier und spiele
euch jetzt ein paar lustige Songs.« Kurze Stille, dann schlug
uns eine Welle der Ablehnung und des Hasses entgegen: »Bu-
uuuh! Buuuh! EAV! EAV! EAV!«

Etwa 600 Kinder wollten endlich ihre EAV sehen und gaben
wütend schreiend alles, um den schlaksigen Typen aka Michael
Mittermeier vor ihnen von der Bühne zu buhen. So müsste es
wohl sein, wenn Hansi Hinterseer vor Metallica auf die Bühne
gehen würde. Meine Ankündigung, dass ich das Vorprogramm
sei, bis die großartigen allgemeinen Verunsicherten kämen,
machte es nicht besser. Die Eltern und sonstigen Erwachsenen
stimmten in den Kinder-Buh-Chor mit ein. So log ich, dass sich
der Auftritt der EAV wegen technischer Probleme noch etwas
verzögere. Das hat zumindest den erwachsenen Teil des Publikums etwas beruhigt, aber Kinder hören, sehen und akzeptieren keine Argumente. Das wäre wie zu einem Junkie auf Tur-
key zu sagen, dass Heroin nicht so ganz gesund sei, und man
habe zwar etwas dabei, aber das kriege er etwas später.

»Buuuuuuuuuuuuuuh!«

Kinder können viel lauter schreien als Junkies. Ich hatte Respekt vor so viel negativer Energie, aber ich dachte: Die müsste
man doch umdrehen können. Und so habe ich die Kinder verbal gegen die Erwachsenen ausgespielt, indem ich ihnen sagte,
dass die EAV mir persönlich den Job gegeben habe, das Publi-

kum aufzuwärmen, aber die Erwachsenen wohl noch nicht bereit seien, man habe sie kaum hören können.

»Eltern sind leise Weicheier! Und von denen wollt ihr euch rumkommandieren lassen? Wer sind denn hier die Bestimmer?«

Ich habe die Kinder gegen die Erwachsenen schreien lassen und mit ihnen zusammen ein paar versaute Passagen meiner Lieder gesungen. Kinder brauchen kein Niveau, Wörter wie »Scheiße, blöder Depp, Arschloch, Pupskopf« oder »Furzen« tun es auch. Mein Song »Lass doch mal die Sau raus!« funktionierte wunderbar als Aufreißer für die Kinderanarchisten:

»Vom fünften Stock auf d' Leut' runterspucken
Schokoladeneis gegen saubere Fenster drucken
Bei der Frühmesse nackig durch die Kirche laufen
Danach dem Pfarrer sein Messwein ganz allein aussaufen
In Kinderflaschen reichlich Bier reinfülln
Dann recht lachen, wenn sie alle von der Schaukel falln
An Katzenschwänze schwere Steine hin binden
Zum Aufwärmen das Katzenklo anzünden
Einer alten Frau helfe ich freundlich über die Straß'
Lass sie in der Mitte stehn, auf mich ist halt kein Verlass
REFRAIN:
Lass doch mal die Sau raus, sei nicht so perfekt
Probier einmal, wie dir a anderes Leben schmeckt
Sei nicht so penibel, nicht so schüchtern, kruzefix
Spring mal über dein' Schatten und scheiß dir einfach nix«

Auch die Erwachsenen habe ich aufgefordert, lauter zu jubeln und den inneren Schweinehund rauszulassen. Irgendwie habe ich es auf diese Weise hingekriegt, dass ich als Performer akzeptiert wurde und meinen Gig eine gute halbe Stunde lang durchziehen konnte. Wie ich mir 1987 geschworen hatte: Niemand kriegt mich jemals wieder von einer Bühne runter, ohne dass ich vorher das Publikum zum Lachen gebracht habe. Ich war ein Schwerstarbeiter unter Tage im Humorbergwerk. Dann ertönte von hinten der alles erlösende Satz: »Sie sind da.« Ich holte mir noch den großen Ankündigungsapplaus für die EAV ab und verließ die Bühne. Test bestanden – Künstler lebt! Und wie! Das war wirklich eine Operation am offenen Herzen. Soweit ich weiß, hatte sich von den Verantwortlichen keiner meinen Auftritt angesehen. Sie waren anscheinend im Hotel und backstage zu beschäftigt. Schade, dafür hätte ich Respekt und Lob bekommen müssen. Ich habe auch nicht mehr nachgefragt, ob ich denn nach diesem bestandenen Test noch weitere Auftritte bekommen würde, und bin heimgefahren.

Die Tour des Ochsen, der ein Widder war, ging weiter.

ÖSTERREICHISCHER SCHMÄHTEST

Schon bald hat es mich kleinen unbekannten bayrischen Kabarettisten und Komiker in die große weite Welt gezogen. Tatsächlich schwebte mir nie nur rein »bayrischer Humor« vor, sondern ein universaler mit heimischen Wurzeln. Auch wenn ich damals noch heftig bayerte, war mir sehr wichtig, dass nicht mein Dialekt die Lacher-Grundlage im Programm bildete, sondern die Pointen der Texte. Den blauweißen Tellerrand habe ich mit dem Fernglas abgesucht, um darüber hinauszuschauen, ich wollte den das Bayernland umgebenden Bavarianswall überqueren, den der Kaiser Franzus Josefus Strauß als Abwehr gegen feindliche Teutonenstämme und alles andere ausländische Gesocks hatte errichten lassen. So bin ich bald ins südliche Asien der Alpen gereist, nach Österreich. Ein logischer nächster Schritt, schon vom Dialekt her waren wir Bayern den Österreichern näher als etwa den Hannoveranern. Einer der ganz großen österreichischen Politiker, Bruno Kreisky, hat mal gesagt: »Ich fahre gern nach Bayern, da bin ich nicht mehr in Österreich, aber noch nicht in Deutschland.«

Meinen ersten Auftritt außerhalb Bayerns hatte ich im Februar 1988 beim Grazer Kleinkunstwettbewerb im Theatercafé. Zwei Jahre zuvor hatte ich bei einem meiner ersten Versuche als Liedermacher im Dorfener Jugendzentrum einen Flyer gefunden, auf dem aufgerufen wurde, sich für den »Kleinkunstvogel« zu bewerben. Voraussetzung war, dass man sich noch im Nachwuchsstatus befand. Der wurde so definiert: »Es handelt sich um das erste öffentlich aufgeführte Programm. Es gab noch keine nennenswerte Anzahl von Auftritten vor zahlendem Publikum. Das Mindestalter beträgt 15 Jahre – für ›Spätberufene‹ gibt es keine Altersobergrenze. Der Künstler oder die Gruppe ist nicht in einem ›artverwandten‹ Beruf (Schauspieler oder Musiker) professionell tätig.«

Ich hätte mich nicht besser beschreiben können, aber ich traute mich erst ein Jahr später, mich dort zu bewerben. Zu der Zeit war ich schon weiter mit der Vorbereitung meines Programms »Warum agrad i?«. Für mich war es sehr aufregend, meine Heimat zu verlassen. Graz, lag das überhaupt noch in Österreich? Mit dem Zug war das eine kleine Weltreise. Aber der weite Weg lohnte sich: Ich kam, sah und gewann den »Grazer Kleinkunstvogel«. Bist du deppert! Die Nacht vor der Entscheidung der Jury konnte ich vor lauter Aufregung kaum schlafen und habe sogar gebetet: »Lieber Gott, lass mich bitte gewinnen. Ich weiß, dass ich kein großer Kirchgänger bin, aber deine Stellvertreter hier auf Erden haben bei mir ja auch so einiges versaut. Wenn ich gewinne, dann versprech ich dir, dass ich nach Altötting fahren werde. Und: Ich werde immer lustig sein.«

Ob das wirklich den Ausschlag gegeben hat, weiß ich nicht, aber es war wenigstens ein einigermaßen ehrliches Gebet. Dabei ist es wichtig, nie zu viel zu versprechen, deswegen habe ich keinen Pilger-Fußmarsch angeboten und auch, Gott sei Dank, nicht angekündigt, nie wieder Kirchen- und Jesuswitze zu machen. Das mit Altötting habe ich aber wirklich erwähnt, und als ich 1990 dort eine Platte aufnahm, sah ich meinen Teil des Abkommens als erfüllt an. Und Witze mache ich auch noch.

Schlafen war in dieser entscheidenden Nacht allerdings sowieso schwierig, denn ich übernachtete auf einer uralten

Sprungfeder-Couch im Arbeitszimmer dreier Physikstudenten. Der Raum sah aus wie ein Labor für Hobbyterroristen oder MacGyver-Fetischisten. Für ein Hotel war kein Budget da. Der Verein zur Förderung zur Kleinkunst »Hin & Wider« hatte das alles ohne Sponsoren auf die Beine gestellt. Ein toller Haufen lieber, engagierter Menschen, die mich wie in eine Familie aufgenommen haben. Vom Zug war ich am Ankunfts- und ersten Spieltag gleich ins Theater gefahren, und nach der Vorstellung hatte mich Charly, der Tontechniker, mit in seine WG genommen. Als wir spätnachts in den Hausflur traten, merkte ich im Halbdunkel, dass irgendetwas nicht stimmte. »Charly, machst du mal bitte mal das Licht an, da ist was komisch.«

Erst konnte ich es nicht ganz erfassen, aber was ich erblickte, als ich länger auf den Boden starrte, ließ mich doch schaudern. Der ganze Hausflur war mit roten Fliesen ausgelegt, auf denen ein weißer Kreis mit Hakenkreuz zu sehen war. Erschrocken rief ich aus: »Charly, das hier sind ja alles Hitler-Fliesen!«

Seine Antwort kam mit der typisch österreichisch-lässigen Mischung aus lethargischer Lakonie und depressivem Optimismus: »Jo, eh!«

Ich war aufgeregt: »Aber Hakenkreuzsymbole sind bei uns in Deutschland generell verboten.«

»Jo, die sind do herin seit dem Krieg.«

»Das ist mir schon klar, dass die hier seit dem Krieg sind, aber bei uns ist das ein Straftatbestand, die hätte man schon längst entfernen müssen!«

»Jo, aber die warn noch gut!«

So einfach kann's sein.

2014 besuchte Charly meine Vorstellung in Graz und brachte ein aktuelles Foto der Hakenkreuzfliesen mit. Sie liegen unverändert im Hausflur und stören niemanden. Sind anscheinend noch gut.

Wer den »Kleinkunstvogel« gewann, bekam kein schnödes Preisgeld, sondern ein Wochenengagement auf der Bühne im Theatercafé mit eigenem Soloprogramm. Unbezahlbar. Das Theatercafé hatte eine alte Kabaretttradition. Der Gang zur Küche und zum Klo waren gepflastert mit Plakaten von Ikonen der österreichischen Kleinkunstszene wie Helmut Qualtinger, Georg Kreisler oder Lukas Resetarits. Immer wenn ich da entlanggehe, auch heute noch, bekomme ich ein angenehmes Gefühl, es ist schön, ein kleiner Teil einer großen Tradition zu sein.

In den Jahren nach diesem Preis bin ich häufiger nach Graz gefahren, um dort aufzutreten; oft habe ich noch einige Tage drangehängt, um mir Programme anderer Künstler anzuschauen oder auch nur mit neuen Freunden wie dem Kabarettisten Rudi Widerhofer rumzuziehen. Ich erinnere mich nur noch in Teilen an einen völlig wahnsinnigen Abend in der Kneipe »Grüne Spinne« Der Kabarettist Simon Pichler, der sonst mit Leo Lukas als Duo auf Tour war, fand dort seine Teilzeitbestimmung im Plattenauflegen. Das Motto dieses Abends war passenderweise »Spinnen«. Der Wirt hatte alle Tesafilmrollen der Steiermark aufgekauft, und wir durchzogen damit den Raum wie das Netz einer betrunkenen und suizidgefährdeten Spinne. Das erste Tesa-Spinnengitter der Weltgeschichte. Wir, die spinnenden Baumeister dieses Jahrhundertwerks, versuchten währenddessen, uns mit Tequila Rapido Shots – auch Tequila-Schock oder Tequila-Boom genannt – in einen spinnenartigen Zustand zu versetzen. Die mexikanisch-steiermärkische Version mixt sich wie folgt: Man nehme ein Wasserglas, fülle es mit einem Drittel Tequila, Zitronensaft und Zitronenlimonade auf, halte einen Bierdeckel darauf, stoße das Glas einmal auf den Tisch – und gieße den rauschend-sprudelnden Inhalt direkt ins Hirn. Natürlich fragt man sich, was Spinnen eigentlich mit Tequila zu tun haben. Die beste Erklärung, die ich damals der Runde anzubieten hatte, sorgte für große Be- und zugleich Verwunderung: »Tequila und die Spinne Thekla aus ›Biene Maja‹ hören sich vom Wortstamm her sehr ähnlich an!«

»Glaubst wirklich, dass die Thekla Tequila säuft?«

»Logisch!«

»Ab jetzt heißt der Thekila!«

»Haben wir deswegen überall Tesa-Kleba hingepappt?«

In unserem Zustand haben wir uns »angebrunzt«, wie man in Österreich zu »kaputtgelacht« sagt. Das Ende des Abends werde ich nie vergessen. Wir versuchten heimzugehen, kamen aber nicht los, wir hatten uns in den Klebestreifen völlig verheddert und hingen fest. »From Dusk Till Dawn« ohne Vampire, aber mit Spinnen-Azubis. Darauf einen Rapido.

Nicht nur die privaten Erlebnisse haben mich damals sehr geprägt, sondern auch großartige österreichische Kabarettisten wie die, die ich im Theatercafé kennengelernt habe. Das Duo Schlabarett, Alfred Dorfer und Roland Düringer, brachte mit »Sein und Schwein« fast schon Rock-'n'-Roll-Attitude auf die Bühne. Österreichisches Kabarett war oft neu, surreal und extrem abgedreht lustig. Rudi Widerhofer präsentierte in »Ariadne kaputt« einen Sprechporno der anderen Art. Und als Josef Hader mit seinem »Bunten Abend« auftrat, saß ich mit offenem Mund da und dachte: »Wow, *das* geht?«

Mein erstes eigenes Gastspiel im Theatercafé wurde für Anfang Oktober 1988 angesetzt. Ich fuhr wieder mit dem Zug, und als ich in Graz ankam, guckte ich aus dem Zugfenster und – ich rieb mir die Augen, aber es ging nicht weg: Ich sah überall Hakenkreuzfahnen, die von den Häusern hingen. Hatte der Nazi-Fliesenleger auf Fahnenmacher umgesattelt? Ich erfuhr später: Die ganze Szenerie war eine Kunstaktion. Der Kunsthistoriker Werner Fenz hatte für den sogenannten

»Steirischen Herbst«, der jedes Jahr mit sehr eigenen Kunstprojekten stattfand, zum 50. Jahrestag des Anschlusses an Hitler-Deutschland unter dem Titel »Bezugspunkte 38/88« Grazer Örtlichkeiten, die während des Nationalsozialismus an exponierter Stelle standen, künstlerisch gestalten lassen. Na ja, ob man so was künstlerische Gestaltung nennen kann – darüber müssen wir noch mal sprechen. Adolf H. hätte die ganze Aktion wahrscheinlich große Freude bereitet, er wäre doch so gern ein großer Maler und Künstler geworden. Für jemanden wie mich, der von dem provokativen Grazer Kunstprojekt nichts wusste, wirkte das alles wie eine aufwendige »Versteckte-Kamera«-Aktion. Plötzlich kommt Joseph Goebbels ums Eck und ruft »Reingelegt!«. Ich war verwirrt. Als Deutscher fuhr ich nach Österreich los und kam nach langer Fahrt wieder heim ins Reich. Ich sagte zu mir: »Jetzt keine Panik, Michl, bleib einfach im Zug sitzen!«

»Alles aussteigen, Endstation!«

»Ja, ich weiß, dass das schon mal die Endstation war.«

Zögerlich schritt ich durch den Bahnhof, meine große Tourtasche mit amerikanischer Fahne hinter mir herziehend. Als ich auch auf dem Vorplatz riesige Naziembleme sah, fasste ich mir ein Herz und fragte einen Grazer: »Entschuldigung, welches Jahr schreiben wir bitte?« Als Antwort erhielt ich ein »Bist du deppert?« und einen Blick, den ich aus allen Zeitreisefilmen wie »Zurück in die Zukunft« kannte. Aber war ich denn zurück in der Zukunft oder doch in der Vergangenheit gelandet? Jedenfalls habe ich danach keinen weiteren Anschluss mehr gesucht, ich traute mich nicht mehr. Wortlos bin ich mit der Straßenbahn Richtung Theatercafé gefahren. Zur Beruhigung habe ich das alte Ambros-Lied »Schaffnerlos« vor mich hin gesungen, mit etwas verändertem Text: »Führer sei, des war amoi wos, so wird's nie wieder sei, des is des Führerlos«.

Die Crew hat mich aufgeklärt. Die Kunstaktion sollte für Verstörung sorgen, die Menschen sollten sich Fragen stellen und nachdenken. Wenn das das Ziel war, hatten es die Macher erreicht. Das Gute war: So hatte ich wieder mal was Schönes Regionales für meine Auftritte. Auf diese Weise entstanden all die berüchtigten Austria-Editions meiner deutschen Programme. Alles, was mir im Ösiland als komisch oder grotesk auffiel, diente als Wuchtel-Vorlage. »Wuchtel« ist österreichisch für »gute Pointe«.

Österreich war für mich kein fremdes Land. Als andere nur drei Fernsehprogramme hatten, wurden wir in Bayern von den Sendern ORF 1 und ORF 2 mit zusätzlichem TV-Stoff versorgt, mit einigem Guten, aber auch extrem gestrecktem Zeug. Österreich war wohl das einzige Land der Welt, das Anfang der Siebzigerjahre im Fernsehen einen depressiven Clown auf die Kinder losgelassen hat, den Habakuk. Dieser sprechende Buntpantomime blickte meist traurig drein, während er in seiner Sendung »Clown Habakuks Puppenzirkus« mit Puppen sprach. Ein angemalter Erwachsener, der sich mit Puppen unterhielt, das war schon sehr weit vorn. Bei jeder Folge habe ich gedacht: Heute bringt er sich um! Dennoch mochte ich die Sendung sehr, denn Habakuk wohnte in einer surrealen WG mit lauter ausgeflippten Drogentieren. Die waren im Gegensatz zu ihm dauerlustig drauf. Einer der Mitbewohner war ein Affe, der rumschrie wie auf schlechtem Ecstasy, dazu kam noch ein vor sich hin brabbelnder kiffender Hund, der – so wie ich vermutete – dem Habakuk gern Marihuana verkauft hätte, aber der hätte vermutlich abgelehnt, weil er nicht gut drauf kommen wollte. Selbst der Kasperl dieser Truppe war nicht ganz drogenfrei, anders waren Sätze wie »Das Beste iiiiiist, das Beeeste iiiiiist – wir sperren den Tintifax in eine Kiste!« nicht zu erklären. (Sorry, liebe deutsche und Schweizer Leser, das verstehen nur Österreicher.)

Neben diesen düsteren Sendungen bewunderte ich als Kind die österreichischen Sissi-Filme. Sissiiiii! Darin wurde offen Zwangsfröhlichkeit, Harmonie und heile Welt zelebriert, was dem Österreicher an sich eigentlich wesensfremd ist. Schon die Stimmklangfarbe der beiden Protagonisten klang wie in einem sehr schwulen Musical ohne Musik. Ich höre heute noch ihre verliebten Stimmen.

»Fraanz!«

»Siissii!«

»Fraanz!«

»Siissii!«

… das ging minutenlang so dahin, bis Sissi endlich zum Punkt kam: »Fraanz!«

»Siissii?«

»Lass uns zusammen Mozartkugeln schnupfen.«

»Joo, schöön!«

Dann haben sie sich »Eine Line Nachtmusik« reingezogen. Da Sissi diese Grinsekulisse nicht aushielt, wurde sie in späteren Jahren deutsche Schauspielerin, benannte sich in Romy Schneider um und ging nach Frankreich, um deprimierende Filme zu drehen. Eigentlich lag in diesem emotionalen Spagat der Kern des österreichischen Humors. Er hat immer etwas abgedrehtes Subversives, ist böse, schwarz, deprimierend und klamaukig in einem; er war eine wunderbare Inspirationsquelle für mich.

Die ersten Kottan-Filme in den Achtzigerjahren waren Kult bei uns. Sonntagnachmittags habe ich mit Freunden regelmäßig Video-Sessions veranstaltet. Das war Binge Watching lange vor seiner Zeit. Adolf Kottan war ein kaputter Wiener Polizeimajor, der mit einem kaputten Dezernatsleiter Schremser, der nur ein Bein hatte, also auch körperlich kaputt war, und dem ebenso kaputten Assistenten Schrammel kaputten Kriminellen nachjagte. Es ging nie um die Kriminalfälle an sich, sondern um abgedrehte Dialoge und wienerische Situationskomik. Oder glaubt man wirklich, dass ein Ermittlerteam effizient arbeiten konnte, das sich in der Folge »Wien Mitte« am Tatort folgenden Wortwechsel lieferte.

Schremser: »Wenn's ein Gewehrschuss war, dann kann er nur von den Häusern da drüben gekommen sein. Von den obersten zwei Stockwerken oder vom Dach.«

Kottan: »Nicht unbedingt.«

Schremser: »Wie meinen 'S denn des?«

Kottan: »Es könnt auch von am Flugzeug aus gschossen wordn sein.«

Schremser: »Oder von am Fesselballon.«

Schrammel: »Luftschiff.«

Polizist: »Raumschiff.«

Sandler (*österreichisch* für Obdachloser), der die Leiche gefunden hatte: »Oder a Traktor.«

Schremser: »Fliagt der?«

(Sandler schaut in Richtung Himmel, kopfschüttelnd.)

Schremser: »Oiso!«

Das sprengte alle Konventionen im Krimi-Genre und auch in meinem Kopf. Ich konnte ganze Passagen auswendig vortragen. Auf dem Schulhof wurden entweder Otto oder Kottan zitiert. Zu einem Polizisten, der neben einem Polizeiauto stand, sagte er in einer Folge: »Geh, schalten 'S das Blaulicht aus, der fangt ja an zum Kochen!«

Ich habe das mal in Bayern bei einem echten Polizisten ausprobiert. In der Kreisstadt Erding standen nach einem Unfall zwei Polizeiautos mit Blaulicht an einer Kreuzung. Ich kam vorbei, hielt, ging zu dem grünwestigen Ordnungshüter hin und sagte mein Sprüchlein auf mit dem »Ausschalten wegen Kochens«. Er blickte mich streng an, dann zuckten seine

Mundwinkel und er begann zu lachen: »Der Kottan! Super! Die Folge ›Hartlgasse 16‹!«

Bei den Kottan-Fällen wehte Wiener Schmäh durch jede Szene, und die Videos waren das Lehrmaterial, mit dem ich mir Wienerisch draufschaffte. Bevor man als Kabarettist aus Deutschland nach Österreich ging, war es wichtig, dass man den Ösi-Slang etwas beherrschte, weil man sonst nur als »Piefke« durchging, ein abwertender Begriff für Deutsche. Ohne den Schmäh richtig zu verstehen, konnte es lebens- und lachensgefährlich sein, als Kabarettist nach Wien zu gehen. »Deutscher Witz« klingt fast nach Adolf Hitler, und »österreichischer Schmäh« nach Hans Moser. Man merkt das, wenn man es ausspricht.

Locker: »Schmäääh!«

Zackig: »Witz!«

Bei einem Gastspiel in Wien vor etwa zehn Jahren sind wir nach meiner Vorstellung um kurz vor Mitternacht mit den Veranstaltern und Technikern in einen Biergarten essen gegangen. Am Tisch erschien wie aus dem Nichts ein typischer Wiener Kellner, eine Mischung aus Peter Alexander und Hannibal Lecter. Wir gaben unsere Bestellungen auf, und als er wieder zurückkam, stellte er das Tablett mit den Getränken auf den Tisch und sagte: »Nehmt's euch selbst runter, ihr habt's ja bestellt!« Er hatte allem Anschein nach noch nie etwas von der Genfer Kellner-Konvention gehört, einem zwischenmenschlichen Abkommen und eine essentielle Komponente des humanitären Gästerechts. Das Essen servierte er auf dieselbe Weise. Tablett auf den Tisch geknallt, und: »Jetzt wisst ihr ja eh schon, wie's geht!«

Wir fingen an zu essen, aber plötzlich ging auf unserer Seite des Biergartens das Licht aus. Ich wurde sauer, weil ich dachte, das hat er sicherlich extra ausgeschaltet, um uns früher loszuwerden und Feierabend zu machen. Aber anscheinend war eine Leitung durchgeschmort. Wir saßen im Halbdunkel und ich rief nach dem Kellner.

Er kam und fragte unschuldig wie eine Krankenschwester, kurz bevor sie dem Patienten einen Einlauf verpasst: »Und? Brauchen wir noch was?«

»Ja, ein Osram wäre nicht schlecht!«

Seine Antwort war ein Highlight in Sachen Spontanität. Ohne eine Sekunde zu zögern, sagte er trocken: »Ihr braucht's ein Licht? Kein Problem, i geh schnell nach hinten, mach eine Elektrikerlehre, und dann komm i wieder!«

Dafür gibt man nicht nur Trinkgeld, sondern müsste eigentlich Eintritt bezahlen. Seit damals sammle ich solche Sätze für die Ewigkeit. Österreicher setzen Humor ein, um ihr Gegenüber emotional und intellektuell zu entwaffnen, anders als Deutsche, die gern schnell losschimpfen und rumjammern. Dazu habe ich auch Sigmund Freuds Buch »Der Witz und seine Beziehung zum Unbewussten« gelesen. Muss der damals Mozartkugeln geschnupft haben! Ob im folgenden Beispiel Aggressionen und nicht steuerbare Triebe mit im Spiel waren, weiß ich nicht, aber dieses persönliche Erlebnis wurde später zu einer meiner besten Österreich-Nummern. Vor fünfzehn Jahren war ich in Wien mit dem Auto unterwegs, stand an einer roten Ampel, hatte den Stadtplan auf den Knien und hatte keine Ahnung, wo ich war. Ich schaute auf die Karte, die Ampel wurde grün, ohne dass ich das merkte, dann schaltete die Ampel wieder auf Rot, ich blickte hoch, dachte: Ah, Rot, okay, dann kann ich ja weiter auf den Plan schauen. In Deutschland hätte ich in dieser Situation wohl nach zwei Sekunden einen Tinnitus erlitten, weil die Autofahrer hinter mir so heftig hupen und schimpfen würden, dass sich das Trommelfell lösen würde. »Hey, du Vollidioten-Bremser, ABC-Pflaster-Kleber, fahr endlich weiter, das ist meine Straße!«

Aber was damals in Wien passierte, ging in eine ganz andere Richtung. Straight to the comedy moon! Der Ösi-Fahrer hinter mir stieg tatsächlich aus seinem Auto aus, kam zu mir vor und klopfte an die Scheibe. Ich kurbelte sie runter und blickte ihn mit großen fragenden Augen an.

Er fragte mich fröhlich: »Meister, wie schaut's aus?«

»Äh, ich wollte gerade die Straße nachschauen ...«

Mit erhobenem Zeigefinger gebot er mir »Ruhe« und stellte mir folgende alles entscheidende Frage: »War für dich die richtige Farbe nicht dabei?«

Danach ging er wieder seelenruhig zu seinem Auto zurück. Die Wuchtel war gelandet. Bei der nächsten Grünschaltung legte ich einen Kickstart hin, ließ Gummi auf dem Asphalt zurück und zollte so meinen Tribut an einen der lustigsten Momente, die ich je in Österreich erleben durfte.

Auf meinen Tour-Reisen durch Österreich habe ich viele schöne und absurde Geschichten erlebt. Ich spielte anfangs nur in den großen Metropolen wie Leoben, Knittelfeld, Klagenfurt, Bruck an der Mur, Villach, Ybbs oder Braunau, wobei ich mir bei Braunau nie ganz sicher war, ob sich das nicht mental auf deutschem Territorium befand. Ich war damals viel mit dem Zug unterwegs. Im Sommer 1991 war ich auf dem Rückweg von einer zweiwöchigen Tour und machte eine wahre Grenzerfahrung. Ich hatte in den Tagen zuvor wenig geschlafen, war fix und fertig, und sah wohl auch dementsprechend aus. Bleich lag ich seitlich auf zwei Sitzplätzen im Zugabteil, neben mir meine große Tourtasche, die nur noch aus Gebrauchsspurenfasern bestand. Plötzlich kamen zwei Grenzbeamte rein, und einer fing sofort an, mich anzuschreien: »Hey, du Wappler (*österreichisch* für Vogel, Trottel, Vollkoffer), du hast doch Drogen dabei?«

Ich fuhr verschlafen hoch. »Äh, nein, ich habe nichts, keine Drogen oder so etwas ...«

»Komm, das sieht man dir doch an, dass du Drogen nimmst.«

»Wie schaut man denn dann da aus?«

Sein Hirn rotierte und suchte einen Anschluss – alte österreichische Krankheit.

»So wie du!«

»Das war jetzt aber eine sehr gut recherchierte, auf Fakten basierende Expertise, Herr Major.«

»Du bist doch sicher so ein Kokain-Schnupfer!«

»Nein, auf österreichischem Territorium schnupfe ich auch als Deutscher nur reine Mozartkugeln.«

»Wuist du mi aufn Arm nehmen?«

»Lieber nicht Herr Gendarm, wenn ich mir Ihren Schnitzelfriedhof anschaue.«

»Geht's noch oder wos?«

»Bei mir immer. Wenn Sie aber Probleme haben, dann ...«

»Du Bürscherl lernst gleich die österreichische Staatsgewalt kennen.«

»Das wäre echt nett, wenn Sie mir die vorstellen würden. Wo bleibt sie denn?«

»Wos glaubst du, wer du bist!«

Was hätte ich antworten sollen? Voller Stolz sagte ich: »Ein Komiker!«

Hat sich schon mal jemand auf der Grenzstation in Kiefersfelden bis auf die Unterhose ausgezogen – aber nicht, um Sex zu haben?

Mit Gendarmen ist in Österreich nicht zu spaßen. Für sie gibt es auch das Wort »Kieberer«, aber das sollte man nicht im direkten Ordnungsmacht-Kontakt benutzen, es wäre in etwa so angebracht wie bei uns in Deutschland die Bezeichnung »Bullen«. Dass Kieberer und Humor oft nicht zusammenpassen, habe ich in einer Situation erleben müssen, in die ich ahnungslos hineingeschlittert bin. Früher durften in Österreich

Verkehrspolizisten die Geschwindigkeit vorbeifahrender Autos »mit freiem Auge« schätzen. Rechtlich ist das heute immer noch zulässig, aber nur unter bestimmten Voraussetzungen, wie zum Beispiel, dass sich das Fahrzeug auf einer geraden Strecke befindet, die in beide Richtungen frei einsehbar ist. Es muss dem Beamten möglich sein, das betreffende Fahrzeug beim Herannahen, Vorbeifahren und Entfernen zu beobachten. Finde ich auch, dass ein Gendarm nicht beim Friseur aus dem Fenster schauen, ein deutsches Nummernschild erkennen und dann eine Schätzung vornehmen darf, indem er den Finger abschleckt, in die Luft hält und sinniert: »Der Piefke war zu schnell!«

1994 bin ich mit dem Auto auf einer österreichischen Landstraße von einem Polizeiauto überholt und mit der Kelle an die Seite gewunken worden. Der Gendarm kam zu mir, ich kurbelte die Scheibe runter, und er sagte scharf: »Fahrzeugschein, Papiere. Ich schätze, Sie sind zu schnell gefahren!«

Da ich damals nicht wusste, dass Polizisten Schnelligkeit auch aus dem Bauch heraus bestimmen durften, dachte ich zuerst, ich hätte mich verhört, und sagte zu ihm, dass ich nicht glaubte, zu schnell gefahren zu sein.

»Doch, ich schätze, Sie sind etwa 120 Stundenkilometer auf der Landstraße gefahren!«

»Wie – Sie schätzen?«

»Über den Daumen gepeilt.«

Wollte er Spaß machen? Für mich klang es absurd. Dann dachte ich, vielleicht will er mich auf meine Schmäh-Fähigkeit testen, und witzelte: »Schätzen Sie doch mal, wie viel atü in meinen Reifen ist!«

Er schaute mich lächelnd an. »Ich schätze, das wird teuer, Piefke! Jetzt steigen wir erst mal aus.«

Immerhin musste ich mich nicht ausziehen wie ehedem in

Kiefersfelden, und Strafgeld in Schilling zu bezahlen war für mich damals so, wie Monopoly-Geld auszugeben.

Wie könnte ich meine austrianischen Erlebnisse besser zusammenfassen als mit einem Anfängerzitat des großen römischen Staatsmanns, Feldherrn und Schriftstellers Gaius Julius Cäsar (ja, *der* Cäsar): »Alle schlimmen Zustände sind aus guten Anfängen entstanden.«

Oder andersrum als Ösi-Antithese ausgedrückt mit dem Titel eines berühmten Liedes des großen österreichischen Sängers und Entertainers Peter Alexander: »Unser Hund jagt im Himmel die Engel«. Typisch Österreich, erst kommt der Tod, dann kommt der Spaß. Oder haben die sich vielleicht einen Spaß gemacht, indem sie den Hund vergiftet haben, um ihn dann dort oben auf die Engel loszulassen? Man weiß es nicht, und man wird nie genau wissen, wie man sich als Anfänger in Österreich zu verhalten hat. Die Unterschiede zwischen Deutschen und Österreichern sind einfach zu groß. Ein Beispiel von einer Österreich-Tour: Wenn Deutsche bei einer Vorstellung zu spät kommen und einen Platz ganz vorn haben, gehen sie an der ersten Reihe gebeugt vorbei und demonstrieren dabei ihr schlechtes Gewissen. »Ich bin zu spät, ich bin schuldig, ich bin zu spät, ich habe ein schlechtes Gewissen, ich fühl mich schuldig, und der Holocaust war auch noch ...«

Wenn Österreicher zu spät kommen, gehen sie selbstbewusst durch die Reihen, schauen auf die Bühne und fragen verwundert: »Höö, warum hat der schon angfangt?«

Den besten Satz eines Zuspätkommers habe ich natürlich in Österreich gehört, in der Olympiahalle Innsbruck. Es war acht Uhr, von 5000 Sitzplätzen waren 4999 besetzt. Alle Zuschauer waren da, bis auf einen einzigen, nur ein Platz war frei, genau der vor mir mittig in der ersten Reihe. Klar musste ich anfangen, auf einen Einzigen kann man nicht warten. Ich begann zu spielen, aber das Problem eines Künstlers ist, dass man immer auf diesen einen leeren Platz hinschaut. »Wo bleibt der bloß?« Nach zwanzig Minuten kam der Herr Österreicher rein, schlenderte mir den Rücken zuwendend zu seinem Platz und setzte sich in aller Ruhe hin. Dann blickte er zu mir hoch, er merkte, ich schaue ihn an, deutete auf seine Uhr und rief mir zu: »Es ist schon spät, was ist los, mach weiter, sei lustig!«

Zuerst habe ich dozierend probiert, ihm beizukommen: »Wer zu spät kommt, den bestraft das Leben!«

Er schaute mich an und erwiderte knapp: »Und wer zu früh kommt, ist ein Spritzer!«

So kam ich nicht weiter. Ich bohrte auf andere Weise nach. »Warum bist du denn zu spät gekommen?«

Er raunzte mich an: »Ich war im Stau!«

Es wurde still, alle haben das Gleiche gedacht wie ich. »Du warst also im Stau? Aber die anderen 4999 Menschen waren alle hier pünktlich da, und du sagst mir, dass du im Stau warst?«

Sein Return war kurz und grausam: »Ja, ich war der Letzte im Stau!«

Damit war alles gesagt: Baba, Österreich!

BIENE MAJA AUF DER REEPERBAHN

Das nächste Land auf meiner Tour-Liste war Deutschland. Viel hatte ich über diese seltsamen Deutschen und überheblichen Preußen gehört, bei uns in Bayern kursierten wilde Geschichten und Gerüchte. Als ich das erste Mal in meinem Leben über die bayrisch-deutsche Grenze fuhr, war ich überrascht: kein Schlagbaum, keine Kontrollen, und als ich meinen Pass zeigen wollte, hieß es, es sei alles in Ordnung, es sei ja ein deutscher Pass. Oh, mein Gott – ich war Deutscher! Man hatte mich jahrelang belogen. Erzähl einem Sioux, dass er eigentlich ein Komantsche ist, dann braucht es mehr als einen Winnetou, um Schlimmeres zu verhindern; und mit dem Stamme der Bajuwaren ist nicht gut deutsche Kirschen essen. Das erste richtige Deutsch-Deutschland, das ich zu sehen bekam, war ein eingemauertes. 1989 wurde ich eingeladen zu der Fernsehsendung »Haste Töne! Das ZDF-Festival der Straßenkünstler«, präsentiert von Mike Krüger. Meine frühen Fußgängerzonenbeutezüge hatten sich also gelohnt. Die Veranstaltung sollte Ende August anlässlich der Funkausstellung in Berlin stattfinden. Berlin, Berlin, ich fahre nach Berlin! Für ein paar Tage ging's in die Noch-nicht-ganz-Hauptstadt – und es war ein Kulturclash. Michl war etwas überfordert. Als Erstes wurde ich am Vortag der Aufzeichnung am Kudamm von Hütchenspielern böse abgezockt. Ja, Hütchenspiel! Hundert Mark waren damals für mich sehr, sehr viel Geld. Was hatte ich mir auch dabei ge-

126

dacht? Das Landei kommt in die Hauptstadt und ist locker auf Augenhöhe mit den Großstadtgaunern? Von zu Hause kannte ich nur »Fang den Hut«, aber das half mir an dem Tag nicht weiter. Wahrscheinlich wird heute noch in Hütchenspieler-Kreisen die lustige Geschichte des naiven Bayern erzählt, der verzweifelt versucht hat, das System zu knacken. Immerhin hätte ich damit meine Aufgabe als Komiker erfüllt. Auch die Unterwelt will bespaßt sein. Natürlich hatte ich bei der Hütchen-Berlinale zu spät gemerkt, dass der freundliche Passant, der mir »heimlich« Tipps gab, weil er angeblich gesehen hatte, unter welchem Hütchen die Kugel lag, ein Teil des Hütchen-Teams war.

Frustriert wollte ich mir danach eine Berliner Spezialität kaufen. Als extrem fleischabhängiger Bayer, der sich täglich eine Dosis Leberkäs spritzen muss, bestellte ich an einem Stand freundlich »Einmal Currywurst, bitte«. Der Verkäufer drehte sich wortlos um und ging nach hinten. Das war anders als daheim in Dorfen. Wenn ich bei uns in die Metzgerei kam, wurde ich freundlich mit Namen begrüßt: »Servus, Mittermeier, brauch ma wieder einen Leberkas?« Der Imbissmann kam mit einer Wurst zurück und metzelte sie nieder wie ein netter Serienmörder, der eine Tramperin für die Tiefkühltruhe vorbereitete. Ich wunderte mich. Das letzte Mal, dass mir jemand mein Essen vorgeschnitten hatte, lag mehr als 15 Jahre zurück. Dann habe ich wohl einen Fehler begangen, den ich aber bis heute nicht erklären kann: Ich bat den Wursthäcksler freundlich, viel Soße auf die Wurst zu geben. Mit einem Blick, der Kleintiere oder Vegetarier hätte töten können, pfiff er mich an: »Dat is keene Soße, dat is Ketchup, wa!!!«

Ich antwortete wie ein verängstigtes Kleinkind: »Dann bitte viel Ketchup drauf.«

»Willste noch einen Strohhalm dazu?«

»Wie bitte?«

»Oder willst du nur die Wurst ersäufen?«

»Nein, ich wollte nur ein bisschen mehr ...«

»Ein bisschen mehr, wa! Wenn das jeder so wollte, kann ich meinen Laden hier bald schließen, da geh ich pleite, Meister!«

»Entschuldigung, ich wollte nicht ...«

»Mit oder ohne Darm?«

»Wie bitte?«

»Bist du taub geboren oder warst du lange nicht mehr duschen?«

»Ich verstehe nicht ganz.«

»Mit oder ohne Darm?«

Da ich diese Frage bei einer Fleisch- oder Wurstbestellung noch nie gehört hatte, mir das Bild vom Serienmörder nicht aus dem Kopf ging und ich kulinarisch gesehen kein echter Darmliebhaber war, habe ich die Wurst dann ohne alles genommen. Auch ohne Wurst.

Aber der Kabarettist und Komiker in mir hat das sofort notiert. Das ist es, was ich beruflich mache: die Umwelt wie ein entdeckungsfreudiger Undercover-Anthropologe beobachten. Ich sitze im Park, im Café und in der U-Bahn und gucke zu. »Michl und wie er die Welt sieht« – das Buch zum Leben. Ich möchte ohne Vorurteilsschranken im Kopf die Welt da draußen ausloten, verstehen versuchen, auch mal daran scheitern und dann natürlich die Details aufs Spott-Schafott führen. Viele Fans oder auch Journalisten fragen mich oft, wie ich denn auf all meine Nummern komme. Eigentlich erzähle ich nur, was in der Welt passiert. Gut, das macht der Putin auch, aber das muss nicht zwingend lustig sein. Das Hirn eines Comedians funktioniert anders als das anderer Menschen. Ich sehe dasselbe wie alle, bekomme aber von der rechten Gehirnhälfte – ich nenne sie Hirni – Zusatzinfos angereicht. Ein Beispiel: Im Sommer 2014 war ich im Urlaub auf Ibiza. Es war die Hochzeit des Ukraine-Konflikts. Die EU hatte eine scharfe Verordnung mit Wirtschaftsrestriktionen gegen Russland verabschiedet. Etwa zwei Wochen später sah ich eben in einer hippen Strandbar etwas, was ich so noch nie zuvor in meinem Leben gesehen hatte. Vor mir stand nämlich ein dicker, mit geschmacklosem Schmuck behängter Russe, und im Arm neben sich hatte er eine etwa gleichaltrige rundliche Frau. Ein Nichtkomiker hätte wohl dabei einfach nur ein Paar gesehen, das optisch gut zusammenpasste, aber das Erste, was mir durch den Kopf schoss, war: »Aah, die Wirtschaftssanktionen gegen Russland zeigen Wirkung!« Glasklar: Der Oligarchen-Sepp konnte sich seine 19-jährigen Bling-Bling-Freundinnen nicht mehr leisten und musste nun wieder mit seiner Ehefrau in den Urlaub fahren. Schade für die Mädels, so mussten sie wieder beim »Bachelor« anschaffen gehen.

Ich kann diese Art der Weltwahrnehmung nicht abschalten. Als der NSA-Abhörungsskandal auf seinem Höhepunkt war, haben sich in Deutschland die Medien darüber maßlos aufgeregt, dass der amerikanische Geheimdienst Angela Merkels Handy abgehört hatte. Das geht nicht, Frechheit, ein Vertrauensbruch auf höchster Ebene und so weiter. Für mich war das aber nur eine sehr oberflächliche Betrachtung der Lage. Alle haben Angela Merkel bedauert, aber niemand hatte Mitleid mit dem Mann, der ihr Handy abhören musste. Zwei Jahre lang die Merkel'sche Stimme im Ohr, dieser monotone Singsang, wie kann ein Mensch das aushalten, ohne abzudrehen?

Als Comedian muss ich hinter die Schlagzeilen schauen. Nachrichten können bei mir allein durch eine bestimmte Buchstabenkombination absurde Assoziationen auslösen. Im Oktober 2014 las ich in einer großen Tageszeitung folgende Überschrift: »KSK befreit deutsche Taliban-Geisel in Afgha-

nistan!« Ich dachte: Wow, dafür zahle ich also meine Künstler-
sozialkasse. Die wird nämlich auf dem Briefkopf auch mit KSK
abgekürzt. Und woher sollte ich wissen, dass vom »Kommando
Spezialkräfte« die Rede war? Ich habe mich an der Stelle auch
sofort gefragt, ob die Rapper, die nun für ISIS in Syrien kämpfen, von der Künstlersozialkassen-Abgabe befreit werden
würden?

Manchmal habe ich das Gefühl, dass ich eine komödianti-
sche Veranlagung ausstrahle und mir deswegen schräge Dinge
widerfahren. Auf dem Oktoberfest bin ich an einem Samstag
um zwölf Uhr mittags auf eine öffentliche Toilette gegangen.
Wohlgemerkt zwölf Uhr mittags. Da stand ein Typ völlig betrunken am Waschbecken, er hielt sich mit den Händen fest,
seine Füße tänzelten in Kreisbewegungen.

»Hey, Chef, was ist los?«

Er drehte sich zur mir, hielt sich dabei aber weiter am
Waschbecken fest, seine Pupillen versuchten, mich in den Fo-
kus zu nehmen, aber mit dem Blick wäre er bei jedem »Walking
Dead«-Casting als Hauptzombie genommen worden.

»Ich muss das Waschbecken festhalten, sonst fällt es runter!«

Ich konnte in seinen Augen sehen, dass er das wirklich
glaubte. Zwei Stunden später stand er immer noch da und
spielte seine tragende Hauptrolle. Mag sein, dass ich ein bisschen dazu beigetragen habe, indem ich zu ihm gesagt hatte,
dass dieser Halte-Job überaus wichtig sei, denn wenn das
Waschbecken von der Wand runterbräche, würde die ganze
Wand umfallen.

»Echt?«

»Ja, aber sag das bitte niemandem weiter, sonst bricht hier
eine Massenpanik aus!«

»Alles klar!«

Er zwinkerte mir zu und raunte, dass er unser Geheimnis niemandem verraten habe. Er wollte eine Daumen-hoch-Bewegung machen, aber ich sagte bestimmt: »Nicht! Weiter mit beiden Händen festhalten, sonst ... du weißt schon was ...«

»Ups, tschuldigung.«

Sollte ich dafür ein schlechtes Gewissen haben? Nein, weil dieser Typ glücklich aussah, endlich eine wichtige Aufgabe im Leben zu haben, und er sich am nächsten Tag sowieso nicht mehr daran erinnern würde.

Übrigens gehe ich bei öffentlichen Toiletten immer in die Kabinen, seit sich mal ein Privat-Heckler neben mich ans Pissoir gestellt hat und allen Ernstes gefragt hat: »Hey, Mittermeier, kannst du auch lustig pieseln?«

PLOP. Wir befinden uns wieder im Berlin des Jahres 1989. Am Tag als ich zur Sendung »Haste Töne!« musste, sollte ich ein Taxi nehmen. Ich stieg ein und sagte dem Fahrer, dass ich zum Gelände der Funkausstellung müsste. Er fuhr los und nach etwa einer Minute fragte er mich: »Weeßte, wo das is, Kollege?«

»Nein, ich bin nicht von hier. Aber so viele internationale Funkausstellungen wird es ja nicht geben.«

»Icke kann mir nicht jedes Museum merken.«

Als wir per Funk bei der Zentrale nachfragten, erhielten wir die richtige Adresse. Und dann kam: mein erster richtiger Fernsehauftritt mit eigenem Song. Mike Krüger war unglaublich nett zu uns unbekannten Künstlern und gab mir Tipps gegen Lampenfieber: »Bleib einfach locker, und stell dir vor, du spielst vor einem ganz normalen Publikum ohne Kameras.«

Ich spielte aber nicht vor einem normalen Publikum, sondern vor Berlinern und anderen norddeutschen Fernsehtouristen – ohne Dolmetscher. Die meisten haben von meinem Song »Negerbaby-Blues« nicht viel verstanden. Aber mein mimischer Einsatz wurde wohlwollend beklatscht. Im Publikum saß ein bayrisches Paar, das ausflippte, weil es einen Sänger aus der Heimat erkannte. So hatte ich meinen Spaß, aber die Fernsehausstrahlung hatte keinerlei Auswirkung auf meinen Unbekanntheitsgrad.

Aber ich hatte Blut geleckt und dachte, wenn ich Berliner zum Lachen bringe, dann lachen alle anderen auch. Die Hauptstädter habe ich von Anfang an als ein hartes, aber ehrliches Publikum kennengelernt. Als bayrischer Kabarettist und Komiker hatte man Anfang der Neunziger keinen Exotenbonus in Gesamtdeutschland, sondern eher das Gegenteil. Ein Bayer wurde in dieser Republik nicht überall warmherzig aufgenommen. Der Uli-Hoeneß-Effekt. Selbst im Ausland war es für mich einfacher. Wenn ich als Tourist in Amerika unterwegs war und gefragt wurde, woher ich kam, war meine Antwort in den meisten Fällen ein mentaler Türöffner.

»I come from Bavaria.«

»Oktoberfest aaah!!! Great beer! I was there – wooooaaah!!!«

Als ich 1994 auf der Berlin-Premiere meines Programms »Bitte recht feindlich« im BKA-Theater bei der Begrüßung erwähnte, dass ich aus Bayern kam, stand ein Zuschauer auf und rief laut, aber nicht böse: »Dann bist du jetzt aber besser lustig, Seppel! Ich finde die Bayern sonst gar nicht zum Lachen.«

Und ich war lustig. Aber es nutzte anscheinend nichts, denn nach zwanzig Minuten stand er auf und ging kopfschüttelnd Richtung Ausgang: »Ick finde dette nich zum Lachen!«

Wo hat man denn schon noch so ehrliches Publikum? Es gab in den deutschen Metropolen sehr unterschiedliche Reaktionen auf einen Vollnussbayern wie mich. Die freundlichste Übernahme erlebte ich in Hamburg. Dort brach eine neue Ära an, als der Quatsch Comedy Club ab Januar 1992 einmal im Monat seine Pforten öffnete. Thomas Hermanns veranstaltete und moderierte die ersten auch so genannten Stand-up-

Comedy-Shows in Deutschland. Es war die Live-Comedy-Revolution!

Im Juni 1992 trat ich dort erstmals auf, und es sollte eine wunderbare Dauerbeziehung werden. Thomas hatte ein Casting-Video von mir gesehen, in dem ich für eine Waschmittelwerbung als Clown lustige Verrenkungen machte. Für alle Castingteilnehmer hatte nur ein einziges Kostüm zur Verfügung gestanden. Leider war ich erst nachmittags um 16 Uhr dran. Es war Hochsommer, Bullenhitze, ein kleines Studio ohne Klimaanlage und ein Ganzkörperanzug aus dickem Stoff. Der Clown-Jumpsuit war wegen all der Vorgecasteten so dermaßen voll von Möchtegernschauspieler-Schweiß, dass ich ihn noch auswringen musste, bevor ich ihn anziehen konnte. Der Geruch von zwanzig Leuten machte wenigstens die Forderung nach einem guten Waschmittel realistisch. Etwa zehn Mal musste ich einen Clown mimen, der lustig rumspringt und so ins Schwitzen gerät, dass er dann ganz traurig wird. Erst als ihm jemand eine Packung Waschmittel in die Hände drückt, kann er wieder lachen und rumspringen. Ich schwitzte wie ein fetter Mann, der mit Neoprenanzug in der Sauna Pilates macht, und konnte nicht mehr. Aber der Vollidiot von Regisseur gab weiter dämliche Regieanweisungen: »Spür den traurigen Clown in dir! Dann lass die Freude durchs Waschmittel ins Herz, weil damit alles wieder sauber wird!«

Ich konnte meine chemischen Reaktionen im Kopf nicht mehr zurückhalten: »Bist du noch ganz sauber? Ich stinke wie das Hausschwein eines Pantomimen, gehalten in einem tunesischen Hotel ohne Klimaanlage, und fühle mich so schmutzig wie selten in meinem Leben!«

»Du musst die Metaebene bedienen. Ein echter Schauspieler würde hier ...«

»Ein echter Schauspieler würde hier gar nicht mitmachen, weil der die Kohle nicht braucht!«

»Ein echter Profi würde sich hier anders verhalten als du.«

»Das kann ich zurückgeben! Wenn man auf deinem Synapsen-Friedhof eine Ausgrabung vornehmen würde, fände man nur versteinerte Katzenkacke. Oder hat dir nur ein Clown ins Hirn geschissen?«

Ich fand den Spruch lustig, war aber der Einzige im Raum. Muss ich erwähnen, dass ich den Job nicht gekriegt habe? Aber dafür etwas viel Besseres: die Einladung in einen echten Comedy-Club.

Thomas Hermanns erzählte mir später, dass er gedacht habe: Der lustige Typ in dem Video hat entweder einen Hau oder ist auf Speed, in beiden Fällen passt er gut zu uns.

Als ich am Vortag des Auftritts in Hamburg ankam, bin ich abends gleich auf die Reeperbahn gegangen. Was hatte ich nicht alles für Geschichten gehört und darüber gelesen, da musste ich natürlich Recherche betreiben, und wooooaaah ... an jeder Ecke standen brav aufgereiht Frauen. Wow, die Zeugen Jehovas schauen hier aber geil aus! Eine Zeugin mit zwei riesigen Wachtürmen kam zu mir und versuchte, mich zu bekehren: »Kommst du mal mit? Ich zeig dir, wo Gott wohnt!« Jetzt verrate ich ein Geheimnis: Ich habe dort Gott gesehen. Die Reeperbahn wirkte auf mich wie ein Porno-Oktoberfest, überall bunte Lichter und Fahrgeschäfte, vor denen Koberer standen, die verirrte Männer lautstark in die Clubs lotsen sollten, ähnlich wie die bei uns auf der Wiesn beim Bavaria-Express, nur mit etwas anderem Text: »Der tolle Fahrspaß für Jung und Alt. Mit tollen Fickeffekten. Kommen Sie rein in unsere Fickshow, fahren Sie mit! Titten und Ficken!«

So etwas ginge auf der Wiesn in München nicht. Ich war völlig überfordert, was sollte ich mir alles anschauen? Der Türsteher vor dem Safari-Club bot meines Erachtens die beste Verbal-Show. Fast schon surreal rief er in Dauerschleife in die Nacht: »Kommt rein, hier gibt es Ficken, Ficken, Ficken, hier Live-Ficki, Ficki, Ficki, Ficki ... da geht die Fickpost ab! Willst du Guckilucki-Ficki? Die beste Fick-Show! Nur bei uns Ficken, bis der Arzt kommt!«

Das war Werbung ohne Schnörkel, da wusste man, worauf man sich einließ. Wenn man in so einen Schuppen reingeht und nachher sagt: »Ich wollte eigentlich nur einen Mate-Tee trinken«, dann darf einen Pinocchio persönlich rauswerfen. Mich faszinierten diese Koberer-Anpreisungen. Für einen kurzen Moment stellte ich mir einen schmierigen Werbekoberer vor, der beim Teleshopping sein Produkt anpreist: »Ficken, ficken, ficken!«

»Aber Bob!«

»Ja, Jessica!«

»Kannst du uns auch garantieren, dass das Produkt fickt, was es verspricht?«

»Jessica, der ›Fick Devil‹ ist ein einzigartiges Gerät, ursprünglich für die Raumfahrt konzipiert, das länger und gründlicher fickt als alle anderen vergleichbaren Produkte.«

»Kannst du uns das bitte mal vorführen, ich kann mir das noch nicht vorstellen.«

»Jessica, bück dich und du wirst sehen: Der ›Fick Devil‹ kommt in alle Ecken.«

Der Koberer vor dem Safari riss mich aus meiner zukünftigen Comedy-Bühnennummer: »Wie sieht das mit dir aus, Kleiner? Willst du mal eine richtige Fick-Show sehen? Der Countdown läuft: Thai – zwei, eins, ficki-ficki! Live ficken, ficken, ficken, ficken!«

Ich war noch nicht überzeugt: »Was war denn das Dritte gleich noch mal?«

Er hielt kurz inne, überlegte einen Moment und brach das Ganze auf das Wesentliche runter: »Äh, ficken?«

»Okay, dann schau ich mir das doch mal an.«

Was ich dann sah, war wie ein existenzialistischer Live-Porno, ich traute meinen Augen und Ohren kaum. Das Safari war berühmt für seine besonderen Show-Inszenierungen. Da wurde nicht einfach in schlichter Kulisse gerammelt, sondern das Ganze als Motto-Show aufgezogen. An diesem Abend wurde »Das Phantom der Oper« gegeben. Darsteller traten in Musical-Kostümen auf. Nebel, Blitze, die schöne Christine erschien – leider verkleidet als vollschlanke thailändische nicht ganz so Schöne, und sie schmetterte in Vollplayback ihre große Arie. Es war ihr anscheinend schnell zu heiß, deswegen hat sie sich während des Liedes einiger Teile ihres Kostüms entledigt. Nebel. Tusch. Auftritt Erik, das Phantom – Typ rumänischer Oberstecher. Er hatte nur ein großes Cape um, darunter hatte er am Gürtel offenbar ein großes ... Schwert, das sich plötzlich wie von Geisterhand geführt nach oben bewegte. Dramatischer Musikeinsatz. Erik, der Rumäne, öffnete sein Cape und rief der angeblichen Schönheit etwas zu.

Phantom: »You will curse the day you did not do all that the Phantom asked of you!«

Christine: »It's him!«

Phantom: »Pity comes too late! Turn around and face your fate!«

Und dann hat das Schicksal erbarmungslos zugestoßen. Die Handlung hatten sie anscheinend ein wenig gekürzt. Meine Getränke kamen. Die Bardame hatte mich gefragt, ob ich ein Gedeck nehmen wolle, ganz hatte ich sie in dem lauten Club nicht verstanden, aber genickt und dabei »Bier« gerufen. Dennoch war ich verwundert, als sie mir vier Bier brachte und 80 Mark abkassieren wollte. Ich hatte doch nur ein Bier bestellt.

»Ein einfaches Gedeck besteht aus zwei Bieren.«

»Aber warum dann vier?«

»Das hier ist ein Zweiertisch, da gibt es nur zweimal das einfache Gedeck.«

»Das hat mir aber vorher niemand so gesagt.«

»Schätzchen, willst du den Abendchef dahinten mal fragen?«

Sie deutete auf einen riesigen Typen, gegen den Mike Tyson wie ein netter Schülerlotse wirkte. Er kam an meinen Tisch: »Probleme?«

»Alles super, danke, es war noch nie so gut wie jetzt, ich trinke gern viel Bier.«

Es hatte Stil, sich im Angesicht eines poppenden Phantoms zu betrinken, und ich bekam noch einiges mehr für meine unbeabsichtigte Kulturinvestition, denn nach der Pause kam ein neues Stück. Der Vorhang ging auf, die Kulisse hatte sich in eine Art bunte Blumenwiese verwandelt. Die Ausstattung war wie bei einer schlechten Schulaufführung. Doch plötzlich begann Gott zu singen. Laut tönte es aus den Boxen: »In einem unbekannten Land vor gar nicht allzu langer Zeit, war eine Biene wohlbekannt ...«

Im Safari wurde tatsächlich »Biene Maja« als Popp-Show inszeniert, und zwar zu original Waldemar-Bonsels-Biene-Maja-Hörspielkassetten. Das bedeutete, ein Tontechniker hatte lauter Dialoge zusammengeschnitten und mit den Schnipseln eine gänzlich neue Handlung kreiert. Noch während des Anfangsliedes wurde von der Decke die thailändische Wuchtbrumme als Biene Maja im gelb-schwarz-gestreiften Bienenkostüm runtergelassen – »kleine, freche, schlaue Biene Maja« – wahrscheinlich hatte sie sich auf der Flucht vor dem bösen Phantom als Monsterbiene verkleidet. Das Ganze war Expressionismus pur. Es überwog die expressive Ebene gegenüber der ästhetischen, appellativen und sachlichen Ebene. Alles wartete auf den Blauen Reiter. Fast etwas surreal, wie in einem sich bewegenden Bild von Salvador Dalí, versuchte die Thai-Biene, den Text mitzusingen, aber sie bewegte dabei einfach in ihrer eigenen expressionistischen Rhythmik den Mund, ohne auch nur im Geringsten auf den tatsächlich gesprochenen Text oder Takt zu achten. Es wirkte ein bisschen, wie wenn Howard Carpendale Vollplayback singt, es läuft »Deine Spuren im Sand«, und seine Lippen intonieren »Tür an Tür mit Alice«. Die dicke Biene landete holprig zu »Maja, erzähle uns von diiir« auf dem Bühnenboden und befreite sich ungelenk vom Haken. Mit lustlosen Mundbewegungen mimte sie weiterhin Majas Sprechpart.

Maja: »Bssss, bsss! Willi, wo bist du? Bssss. Willi, Williii …«

Willi: »Maja, wart auf mich, bsss, bsss … Maja, nicht so schnell!«

Das rumänische Phantom war zurück. Im Bienenkostüm. Diesmal hatte er seinen Stachel mit Filzüberzug bedeckt.

Willi: »Maja, ich habe Hunger!«

Maja: »Hier bei mir gibt es ganz viele Pollenklößchen …«

Willi: »Aah, lecker, da will ich auch mal dran lecken …«

Er labte sich an … den Pollenklößchen.

Willi: »Hmmm, das ist soo lecker, da möchte ich am liebsten alles weglecken.«

Er ließ aufreizend den Stachel baumeln, bevor er zwischen ihre Beine flog und zustach.

Willi: »Mit dir ist's doch am schönsten in der Blumenwiese.«

Maja: »Jetzt komm schon, Willi!«

Anscheinend wurde Maja ungeduldig.

Willi: »Ich kann nicht schneller, ich häng hier fest.«

Flip: »Hü-hüpf! Na, ihr beiden? Darf ich bei euch mitmachen?«

Flip, der Grashüpfer, sprang auf die Bühne – hü-hüpf – und drin war er in ihrem Blütenkelch. Dieses Bild habe ich nie wieder aus meinem Kopf bekommen: Ein Grashüpfer nimmt eine

Biene von hinten und ruft dabei »hü-hüpf-hü-hüpf …« Meine beiden einfachen Gedecke halfen mir vor Ort nur oberflächlich darüber hinweg. Ich brauchte jetzt noch einen einfachen doppelten Schnaps. Nach der Vorstellung bin ich zum Abendchef gegangen, um mich für die tolle Show zu bedanken. Ich sagte ihm, dass ich Komiker sei, und selten etwas Lustigeres gesehen hätte. Da hellte sich sein Gesicht auf, er nahm mich in den Arm, oder sagen wir mal: Er spannte mich in einen fleischigen Schraubstock. Dann wollte er mir unbedingt noch einen Witz erzählen: »Den kannst du in dein Programm einbauen!«

Unter Alkohol lügt sich's am besten, und ich wollte ihm seine zukünftige Comedy-Autorentätigkeit nicht verbauen: »Gut, Chef, ich sammle immer Material.«

»Was ist schwarz-gelb, fliegt in der Luft und spuckt Sägespäne?«

Der Witz war so alt, da arbeitete Rudi Carrell noch als Kabelträger beim Pyramidenbau, aber ich wollte ihm seinen Triumph lassen und antwortete: »Vielleicht ein Stürmer von BVB Dortmund, der mit seiner Kauleiste gegen die Torlatte geknallt ist?«

»Nein, Biene Maja, nachdem sie Pinocchio einen geblasen hat.«

Auch das ist kein Bild, das ich mir ins Poesiealbum kleben würde. Aber sein Lachen war ohrenbetäubend, ehrlich und herzlich. Dieser Abend war eine sehr gute Einstimmung für meinen Auftritt im Quatsch-Comedy-Club am nächsten Tag. Ich kam, sah und liebte es! Die Quatsch-Familie wurde für mich ein künstlerisches und menschliches Zuhause. Damals waren wir Comedians noch ein versprengter Haufen verhaltensgestörter Freaks, aber Thomas hat uns ein gemeinsames Dach über den Kopf gegeben. Wie in einem Swinger-Club: Ein Häufchen Gleichgesinnter trifft sich, um Spaß zu haben. Das war mein Platz in der Welt, hier traten Leute auf, die genauso tickten wie ich. Hier musste man sich nicht entscheiden, ob man Kabarettist oder Komiker sein wollte. Dieses Schubladendenken war sinnlos. Werner Finck, einer der größten deutschen Kabarettisten, hat das mal sehr gut auf den Punkt gebracht: »Das Dilemma des Komikers: Wenn man die Menschen zum Lachen bringt, wird man nicht ernst genommen; wird man aber ernst genommen, ist man ein schlechter Komiker.«

Die ersten Quatsch-Jahre auf der Reeperbahn waren wunderbar, kreativ und wild. Mit Comedians wie Wigald Boning, Dietmar Burdinsky, Olli Dittrich, Monty Arnold, Rainald Grebe, Martin Schneider, Ingo Appelt, Gayle Tufts, Ades Zabel, Ole Lehmann oder Rüdiger Hoffmann. Nach den Shows haben wir zusammengesessen und sind feiern gegangen. Be funny and party hard! Wir wollten ja auch den bald regelmäßig auftretenden englischen Comedians die Reeperbahn zeigen können. Ich erinnere mich an einen sehr wüsten Abend, der im Medusa begann, im Crazy Horst weiterging und sein großes Finale im Safari fand. Um zwei Uhr morgens wollte ich partout beweisen, dass es die thailändische Biene Maja in echt gab. Wir saßen am Tisch direkt vor der Bühne, plötzlich erkannte eins der asiatischen leichten Mädchen Thomas als Moderator des Quatsch-Comedy-Clubs, der mittlerweile auf Pro7 lief, und schrie freudig: »Du TV? Fernsehen – Comedy!«

In kürzester Zeit waren wir vom gesamten weiblichen und männlichen Personal umringt. Sie alle waren aufgeregt, dass berühmte Fernsehleute in ihren Club gekommen waren. Als thailändische Transen beim Anblick von Thomas Hermanns hyperventilierten, wussten wir endgültig, dass Stand-up-Comedy ein Beruf mit Zukunft geworden war. Die Abendchefin gab uns eine Runde aus und fragte Thomas, warum wir gekommen seien. Ich sehe ihn noch vor mir, wie er betrunken grinsend versuchte, Contenance zu zeigen: »Wir wollten nur mal sehen, was die Konkurrenz so macht.« Sie haben sich riesig gefreut, dass wir sie zum Showbusiness zählten. Es wurde eine dieser magischen Nächte, in denen Berufe und Nationalitäten unwichtig wurden, übrig blieben einfach nur Menschen.

Wir hatten mit der Kunstform Stand-up-Comedy einen längeren Weg hinter uns. Noch kurz zuvor war der Begriff vielen noch ein Mysterium gewesen. Das merkte ich im Oktober 1996, als ich mit der Quatsch-Truppe im Kölner Apollo spielte, dem Club unter dem Capitol, wo wochentags die »Harald Schmidt Show« aufgezeichnet wurde. Wir machten den Soundcheck, und danach blieben noch dreißig Minuten bis zum Einlass. Thomas und ich gingen zum Clubmanager und fragten ihn, wann er gedenken würde, die Stühle reinzustellen, es würde ja schon bald losgehen. Er guckte uns überrascht an und sagte frei von Ironie: »Wieso Stühle? Heute Abend ist doch Stand-up-Comedy, da stehen die Zuschauer.«

Selten habe ich Thomas so sauer erlebt: »Willst du uns auf den Arm nehmen?«

»Nö, ich dachte, da sitzt man nicht.«

Thomas schrie ihn an, sofort Stühle zu holen, und ich habe es dazu noch auf die höflich-bayrische Art versucht: »Wenn nicht in zwanzig Minuten alles bestuhlt ist, kannst du bald nicht mehr stehen!«

Es ist tatsächlich schwer, immer freundlich zu bleiben, wenn man mit vielen Menschen zu tun hat – mit Veranstaltern oder auch mit Journalisten. Ein paar dumme Fragen sind immer dabei. Die mir meistgestellte Frage in den ersten Jahren meiner Tour lautete: »Sind Sie mit der Skifahrerin Rosi Mittermaier verwandt?«

Nach einiger Zeit war ich genervt, dass mein Name von der

weißen Pracht aus Reit im Winkel weiter überstrahlt wurde, und habe dann immer dieselbe Antwort darauf gegeben: »Ja, ich bin ihr unehelicher Sohn, aber bitte schreiben Sie das nicht, das ist nicht offiziell.«

Erst als mir diese Frage niemand mehr stellte, wusste ich, dass ich kein Anfänger mehr war.

DAS GEHEIMNIS
DER SCHWEIZ

Zwischen der Schweiz und mir war es Liebe auf den ersten Blick. Und noch bevor ich sie das erste Mal gesehen hatte, war ich bereits ihrer charmanten Sprache verfallen. Es war Liebe auf das erste »CH«. Ich konnte schon als Kind ganze Schallplatten des großartigen Schweizer Komikers Emil Steinberger nachsprechen. Schweizerdeutsch ist mir als Dialekt immer leicht von der Zunge gegangen. Emils wundervolle Beobachtungsgabe, sein liebevolles Karikieren des Alltags brachten mich zum Lachen und berührten mich – schau genau hin und liebe, was du parodierst! Er war ein Meister der Pausen, seine Geschichten habe ich auf die Mikrosekunde genau in exakt demselben Tonfall und Rhythmik vorgetragen und dabei viel gelernt: Wann, wie und wo man langsamer oder schneller wird, eine Pause einlegt, um dann die Pointe wie in ein weiches gemachtes Bett fallen zu lassen. Schon Mark Twain proklamierte Ende des 19. Jahrhunderts: »Das richtige Wort mag effektiv sein, aber kein Wort war jemals so effektiv wie eine richtig gesetzte Pause.«

Er hatte so was von recht. Ich war damals sehr stolz darauf, dass ich »schweizerisch« sprechen konnte, daheim in Dorfen waren alle ganz fasziniert davon, und ich habe erst viele Jahre später erfahren, dass Emil für den deutschen Markt extra eingedeutschte Versionen seiner Nummern aufgenommen hatte, eben auf Schweizerdeutsch. Viele Deutsche glauben noch heute, dass Schweizer so sprechen, und wissen nicht, dass Schwyzerdütsch eine eigene Sprache ist. Als ich zum ersten Mal in die Schweiz kam, war ich verwundert, wie wenig ich anfangs verstand. Wenn Berner redeten, klang das für mich so, als ob eine Platte rückwärts abgespielt würde, mit satanischen Botschaften. Lässt man sich aber auf Schwyzerdütsch ein, erkennt man die Schönheit und liebevolle Vielseitigkeit dieser Sprache. Zum Beispiel »uf dr Schwanzi«. Das hat nichts mit Penisvergrößerungen oder einer gerade sehr komfortabel auf ihrem Mann sitzenden Frau zu tun, sondern heißt einfach »unterwegs sein«. Und der gute alte Brauch »Eiertütschete« hört sich so missverständlich an wie seine Erklärung: Beim Eiertütschen schlagen zwei erwachsene Männer an Ostern ihre Eier so lange aneinander, bis eins zerbricht. Noch Fragen? Es gibt in der Schweizer Sprache außergewöhnliche Feinheiten in der Grammatik, die ihresgleichen suchen. Beim Schwyzerdütsch gibt es kein Präteritum (1. Vergangenheit) und kein Plusquamperfekt (3. Vergangenheit). Da sagt man nicht »Ich war's nicht«, sondern »Ich bi's nöt gsi« Ich war auch erst überrascht: Die Schweizer haben keine Vergangenheit? Wir Deutschen wären froh darüber. Das Perfekt wird oft auch die »unvollendete Vergangenheit« genannt, in Österreich wird dazu der Name »Mitvergangenheit« verwendet, und geschichtlich gesehen passt das ja wie die Anschlussfaust aufs Auge. Die Schweiz hat aber auch keine Zukunft, sprachlich gesehen. Weder die japanische Sprache noch das Schwyzerdütsch haben eine Zukunftsform. Es heißt nicht »Ich werde Karten spielen gehen«, sondern »Ich gang go Jassen!«, und ich finde »gang go Jassen« könnte auch eine japanische Freizeitsportart sein.

In meinen ersten Jahren als Bühnenkünstler stand die Schweiz nicht auf der Tour-Agenda. Erst Anfang 1996 kam ich in Kontakt mit Schweizer Veranstaltern, die mich in Berlin in einer meiner »Star Trek Nights« sahen. Diese Comedy-Trekkie-Nächte waren eine Art Vorläufer meines »Zapped«-Programms, mit dem ich im Juni 1996 in der »Bar Jeder Vernunft« Deutschlandpremiere feierte. Die »Star Trek Nights« bewegten sich zwischen Stand-up-Comedy, freier Performance und Wahnsinn; zweistündige Shows nur über meine alles geliebte Serie »Raumschiff Enterprise«. In einer blauen Spock-Uniform und bewaffnet mit Phaser und Trikorder mimte ich die gesamte Kerncrew inklusive Besatzungsstatisten in abgedrehten Handlungen. Die Klingonen spielte ich mit Schweizer Akzent, der mir dazu passend erschien. Für mich waren diese Abende wie ein Michl-Kindergeburtstag mit Raumschiffbesuch. Am Schluss jeder Show habe ich zusammen mit dem Publikum auf einer Leinwand die Folge »Patterns of Force« angesehen und live mit Mikro kommentiert. Diese Episode war bis dato noch nie im deutschen Fernsehen gelaufen, weil Kirk und Spock in dieser Folge auf einer Art Nazi-Planeten landen. Dazu war das deutsche Fernsehen 1972 wohl noch nicht bereit gewesen. Die Schweizer, die sich den Abend anguckten, engagierten mich vom Fleck weg für zwei Festivals in der Schweiz.

Auf dem Arosa-Humorfestival, einem der schönsten Festivals überhaupt, in einem Zirkuszelt auf über 2000 Meter Höhe, hatte ich im Dezember zwei Kurzauftritte und wurde sofort wie in eine große Bergfamilie aufgenommen. Nie werde ich vergessen, wie mein Team und ich uns nachts, nach einer Käse-Fondue-Röteli-Likör-Orgie, mit traditionellem Schweizer Kräutersäckli-Gras Todesmut angeraucht haben, um dann mit einem Schlitten die 1800 Meter lange Rodelbahn runterzufliegen. Ein Muss für jeden Kulturinteressierten! Wenn man es überlebt, ist das großartig.

Im August 1997 spielte ich beim Zürcher Theaterspektakel meine Show »Zapped« in einem Zelt, in das 400 Zuschauer passten. Zu meiner Verwunderung war der Abend auf der Landiwiese am Zürisee restlos ausverkauft, und ich erinnere mich noch, dass ich an dem Abend spontan Nummern umbauen musste, weil ich feststellte, dass vieles aus meinen deutschen Programmen in der Schweiz gar nicht funktionierte. Deswegen habe ich das Publikum von der Bühne aus gefragt, was es Vergleichbares in der Schweiz gebe – so sind viele ganz neue Schweizer Nummern entstanden. Das Programm wurde zu »Zapped – Swiss Edition«.

Als Comedian fängt man mit dem Naheliegenden an: der Sprache. Für deutsche Ohren klingt alles, was Schweizer sagen, lieb und nett. Selbst Versautes klingt nie schmutzig: »Bärli, Hörnli, Büsi, Gipfeli«. Vulva heißt offiziell »Luschtgrotte« und die Möse ist eine »Schnägg«. Ende der Neunzigerjahre gab es die berühmte Schweizer Pornodarstellerin Lätitia Zappa. Bekannt wurde Lätitia einem Schweizer Millionenpublikum – gibt es überhaupt so viele? – mit dem Dokumentarfilm »Heidi im Pornoland«. Im Fernsehen hatte sie eine sehr erfolgreiche Erotiksendung mit dem Titel »Luscht und Lune« – übersetzt »Lust und Laune«. Selbst das klang mehr nach dem Li-La-Launebär als nach knallhartem Sex. Aber war denn wirklich alles ganz anders in der Schweiz? Vielleicht legte die Sprache nur eine flauschige Decke über die erotischen Abgründe des Landes? 50 Shades of Ricola! Ich beschloss zu recherchieren und rief bei einer Schweizer Sex-Hotline an. Mir war vorher nicht bewusst, dass die Damen kein Hochdeutsch sprechen. Als ich durchkam, stöhnte die Telefonfee folgenden Satz in mein Ohr: »Nüüt auflege, mi Brüscht lechze noch dir, luschtvoll leck min Öhrli! Willsch bümsle und rammlä, bisch d samäbank voll isch ...«

Ich möchte das nicht übersetzen.

Dann habe ich aufgelegt. So kam ich nicht weiter. Was war wirklich los in diesem Land, wo an jeder Ecke ein Geschäft mit dem Namen »Vögele« steht? Da musste doch etwas Dunkles verborgen sein. Es gelang mir, den Swiss-Da-Vinci-Sex-Code zu entschlüsseln. Ans Ziel geführt haben mich die Namen von Städten, Orten und Bergen, ich konnte daraus ein Telefonsex-Gespräch rekonstruieren, das mir den Weg ins Innerste des Heidilands wies:

Kunde: Bin ich hier richtig beim Jungfrauenjoch im Frauen-
  feld?

Fee: Glarus.

Kunde: Dann zeig mir deinen Bern!

Fee: Der Bäretswil!

Kunde: Du Luzern du! Dafür zeig ich dir meine Kloten.

Fee: Komm zu Muttenz! Pfäffikon aufs Ramsei?

Kunde: Beiss mir ins Oerlikon.

Fee: Ich bin Spiez, ich will es Thun.

Kunde: Mir ist's so heiß – ich will's im Winterthur.

Fee: Bin Oberglatt in meiner Buchs.

Kunde: Bist du eine Enge? Nimm mein Romanshorn und Wetzi-
  kon bis Rothorn is'.

Fee: Schaffhausen: Ich werde dich quälen und Affoltern.

Kunde: In dein Thalwil, nicht ins Oberlöchli du Eglisau.

Fee: Erst Basel ich dir einen.

Kunde: Da krieg ich doch gleich ein Hörnli.

Fee: Bulle! Wenn ich mit dir fertig bin, musst du zur Chur.

Kunde: Oooh, Davos ... Zermatt!

Fee: Küssnacht!

Ich habe meine Entdeckung auf der Bühne vorgestellt – und die Schweizer sind darauf abgefahren. Wenige deutsche Kabarettisten und Comedians tourten zu der Zeit durch die Schweiz, die meisten trauten sich nicht, den Bodensee zu überqueren, es gab Gerüchte über einen ominösen Rheinfall am Ende der Welt. Und in der Tat: Es ist ein anderes Land mit anderer Sprache und anderer Kultur. Aber das Klischee, dass die Schweizer langsam sind, sollte man langsam auf der Rütliwiese begraben, und zwar an einem 1. August, dem Nationalfeiertag in der Schweiz. 1291 sollen sich die Ur-Kantone Uri, Schwyz und Unterwalden vereinigt haben, eine Art Kanton-Gangbang, und dann kam Wilhelm Tell und hat seinem Sohn einen Apfel vom Kopf geschossen, oder in den Adamsapfel, man weiß es nicht so genau.

So mancher Deutscher hat mit dem auf »CHCH«-Lauten basierenden Schwyzerdütsch Probleme. Aber ich mag diese Hartbuchstaben-Fetischisten aus dem Berg-CHanton. Es gibt kein Volk, das so kantig spricht – außer den Klingonen, aber die waren damit nicht die Ersten. Wer hat's erfunden? Lange dachte ich, dass das dauernde CH im Hals wehtut, aber dann wurde mir klar: Schweizer Kinder werden mit drei Zentimeter dicken Stimmbändern geboren. Eine andere Erklärung konnte es nicht geben. »CHüüäääh!«

Und sie sind konsequent, die Schweizer. Sie haben einen Fetisch für ihr kehliges CH, und das zeigen sie auch stolz auf den Autos mit dem Länderkennzeichen.

Auf meinen Touren durch die Schweiz habe ich festgestellt, dass Schwyzerdütsch mit Speed gesprochen werden kann. Meine Theorie ist, dass viele Schweizer für Touristen den Slow-Motion-Gang einlegen. Wenn sie unter sich sind, klingen sie wie Klingonen auf Ritalin: »Ch ch ch chchch chch ch chchch chch!« Aber kaum tritt ein deutscher Tourist an sie heran und fragt etwa nach der Uhrzeit, sprechen sie mit Schnecken-Zungen: »Jaaa ... eees iiisch ... genaauu ... Viieertel naach ... zwöööölf ...«

Die einzige Erklärung, die ich für diese Tempounterschiede habe, ist, dass die Schweiz eine große Kiffernation ist. Die Langsamkeit ist nicht evolutionsbedingt, sondern angeraucht.

Für mich war bei meinen Besuchen immer unfassbar, wie offen das Cannabis-Rauchen betrieben wurde. Aber ich habe meine Fassung behalten und mich brav eingefügt in die Heidi-Smoke-Society. 1999 sollte ich in einer Zürcher Spielhalle etwas fürs Schweizer Fernsehen drehen, und als ich ankam, war ich überrascht. Neben der Eingangstür hing ein Schild mit der Aufschrift: »Drinnen ist das Kiffen verboten!«

In »Zapped« hatte ich diverse Anspielungen aufs Kiffen, die ich in der Schweiz zu längeren Nummern ausgebaut hatte. Deswegen wurden mir nach Auftritten in der Schweiz öfter Geschenke kräuterlicher Natur zugesteckt, und zwar immer als fertig gedrehte Joints. Schweizer sind großzügig, sie verschenken nicht nur Einzelteile. Nach einer Vorstellung im Zürcher »Kaufleuten«-Saal habe ich das beste Geschenk meiner gesamten drei Jahrzehnte auf Tour bekommen. Ein Schweizer steckte mir beim Autogrammschreiben eine Packung Toblerone zu: »Es is guat gsi, dei Vorstellung, danke. Lass es dir schmecken!«

Ich nahm sie an und war überrascht, weil die Packung fast nichts wog. »Die ist aber leicht.«

»Ja, mach sie später auf, die ist lecker!«

Ich habe sie in meine Tourtasche gesteckt, und erst drei Stunden später im Hotel habe ich sie rausgenommen, weil ich Lust auf Schokolade hatte. Den Geschmack von Toblerone liebe ich, aber eigentlich ist es die dümmste Schokolade der Welt. Hat je ein menschliches Wesen Toblerone gegessen, ohne sich beim Abbeißen eines der Zacken am Gaumen das Zahnfleisch aufzureiben? Wer ist denn auf die Idee gekommen, in Schokolade gegossene Panzersperren herzustellen? Aber vielleicht war es ursprünglich als S/M-Schoggi gedacht: »Das muss wehtun beim Knacken!« Später haben dann Schweizer Süßwaffenexperten mit der Jumbo-Toblerone die nächste Stufe in der

Schoko-Kriegsführung eingeleitet. Wer außer einer gut beschäftigten Pornodarstellerin oder Dschungelcamp-Bewohnerin kriegt die denn am Stück in den Mund? Darüber habe ich mal bei einem Liveauftritt gesprochen und das Schweizer Publikum gefragt: »Ihr esst die doch nicht selbst, oder?«

Die Antwort ließ nicht lange auf sich warten: »Nein, die exportieren wir nur zu den blöden Deutschen!«

Was bei »Star Wars« das Laserschwert, ist in der Schweiz für jeden echten Alp-Jedi die Jumbo-Toblerone. Damals im Hotelzimmer war mein Hunger auf Süßes größer als mein Mund – zur Not hätte ich die schokoladigen Berggipfel geschmolzen, aber auf die Auswirkungen des Klimawandels konnte ich nicht warten. Ich öffnete die Verpackung, die nur behelfsmäßig zugeklebt war, und was ich darin vorfand, sprengte alles an weihnachtlicher Schenkungsfreude, was ich kannte. Drinnen lag ein fertig gedrehter Joint, der gerade so in die Packung hereinpasste, ein Monster-Gerät. Damit hätte man die Söhne Mannheims einen Monat lang versorgen können. Ich saß davor wie ein Kind, dem zum Geburtstag ein viel zu großes Fahrrad geschenkt worden war, ich freute mich unglaublich darauf, es zu benutzen, aber es war der falsche Moment. Niemals würde ich den Joint allein aufrauchen können. Anfangen und den Rest mit nach Hause nehmen ging auch nicht, denn ich hatte für den nächsten Morgen einen ganz frühen Flug gebucht. Wenn die mich damit erwischten? Ich sah schon die Sicherheitskontrolle vor mir: »Was ist das?«

»Eine Toblerone!«

»Das sehe ich auch, gib mal her – warum ist die so leicht?«

»... Das ist die ohne Nüsse!«

»Okay!«

So würde es sicher nicht laufen. Das konnte ich nicht bringen. Einsam grübelnd saß ich da mit meiner Godzilla-Fluppe und habe mich an einen Satz aus der Kindheit erinnert: »Was auf den Tisch kommt, wird aufgegessen!« Ich bin dann doch schon ein paar Stunden eher losgeflogen. Danke, liebe Schweizer, dass ihr oft so nett an mich gedacht habt!

Manchmal war es fast übertrieben. 1998 saßen wir an einem Samstagabend im Restaurant vom Kaufleuten in Zürich. Ich war saugut drauf, weil mir gerade meine allererste goldene Schallplatte für die »Zapped – Swiss Edition« verliehen worden war. Bei derselben Plattenfirma war ein deutscher Musikproduzent, der ebenfalls an diesem Abend eine Veranstaltung hinter sich hatte. Ohne Namen zu nennen – im weitestgehenden Sinne war er Sänger und Musiker, aber nur sehr weitestgehend, wenn man die Stimme und die Musik abzieht: Er war ein großer Star, der Millionen Platten verkaufte. Wir saßen alle zusammen an einem Tisch. Und ich habe an diesem Abend gelernt, dass es zwar effektiv ist, sich wie ein Größenwahn-Sepp zu verhalten, dass es aber nicht mein Ding werden würde. Nennen wir ihn mal Mr Big Ass. Big wollte noch in den Kaufleuten-Club gehen und forderte lautstark, dass man für uns alle Tische in der Loge frei machen sollte. Samstagnacht um ein Uhr im angesagtesten Club der Stadt! Die Bedienung sagte freundlich, dass das nicht möglich sei. Der Ass-Mister erwiderte abfällig: »Knecht, verbrauch hier nicht meinen Sauerstoff und hol mir deinen Chef!«

Als er kam, trug Biggy seine freundliche Bitte erneut vor: »Du machst uns jetzt in zehn Minuten im Club einen großen Tisch klar!«

»Entschuldigung, aber das geht nicht, es ist alles überbelegt, und alle Tische sind besetzt. Die sind seit Wochen reserviert.«

Big winkte ihn mit einer kleinen Handbewegung zu sich heran, wie Marlon Brando in »Der Pate«, und sagte leise, aber eindringlich: »Ich mache dir ein Angebot, das du nicht ablehnen kannst!«

»Inwiefern?«

»Du machst uns Plätze frei, und dann werde ich in deinem Club sitzen und alle können mich da drinnen sehen.«

»Ich habe aber keine freien Plätze mehr, tut mir leid.«

»Du hast mich nicht verstanden.«

»Doch ich habe Sie schon verstanden, aber ...«

»Du hast mich nicht verstanden, ich habe nicht bitte gesagt!«

Ein Mitarbeiter der Plattenfirma stand auf und ging zum Chef: »Er bittet kein zweites Mal um einen Gefallen, wenn man ihm den ersten verweigert.«

»Ich verweigere nichts, ich kann ihn nur nicht erfüllen.«

Big Ass war in seinem Element: »Du Clown sollst hier nicht den Nikolaus spielen und eine Schleife dranmachen. Du willst doch für deinen Laden hier nichts Schlechtes?«

Was dann genau geschah, weiß ich nicht, ob der Chef Streit vermeiden wollte oder die Plattenfirma einen sehr großen Frankenschein rübergeschoben hatte, bleibt ein Geheimnis, aber eine Viertelstunde später wurden wir in den proppevollen Club geleitet und an die besten Tische gesetzt. Mit Moses-Effekt. Mr Ass an der Spitze teilte das Menschenmeer, alle starrten ihn an. »Das ist doch der ...« Er hatte seinen Willen bekommen und gewonnen. Meinem Licht- und Bühnendesigner Lars und mir war das alles sehr unangenehm, und wir haben uns lieber unter die Leute im Club gemischt. Ein Schweizer erkannte mich und kam freudig lachend auf mich zu: »Hey, Mittermeier, uhure cool, du alter Kiffer, du bisch e megageiler Siach!« – ein nicht übersetzbarer Kiffer-Adelstitel.

Meine Witze waren mir wohl vorausgeeilt. Ist der Ruf erst ruiniert, dealt es sich ganz ungeniert. »Brauchst was?« Ich verneinte, aber er blieb hartnäckig und versuchte tatsächlich, mir

Kokain oder Heroin anzudrehen. Er klopfte sich leicht auf den Unterarm dabei. Darauf muss ich wohl ein ziemlich dummes Gesicht gemacht haben, was ihn zum Lachen brachte. »Super, das ist der lustige Mittermeier-Blick!«

»Äh, was?«

»So lustig wie du kann keiner schauen. Komm, ein bitzeli ›H‹ geht doch! Das ist echt reiner Stoff.«

Entsetzt sagte ich zu ihm: »Sorry, aber ich nehme so was nicht!«

Der brach weiterhin vor lauter Lachen in Tränen aus: »Der war guat! Du bisch so lustig! Du bisch der Beste!«

»Nein, das ist kein Witz, ich nehme keine harten Drogen!«

Er kriegte sich gar nicht mehr ein, weil er dachte, ich würde eine Bühnennummer aufführen und einen »unschuldigen, drogenfreien« Mittermeier mimen. »Ich kann nicht mehr, diese geile Stimme, Alter, du machst mich fertig!«

Dann wurde ich doch ernst: »Du Vollidiot, geh bitte weg, ich brauche nichts und am wenigstens brauche ich Leute, die harte Drogen verticken!«

»Super gsi! Ha, ha, ha, ha!«

Es war unglaublich, ich hätte alles sagen können, was ich wollte, ich wäre nie aus meiner Komikerrolle rausgekommen. So fügte ich mich meinem Schicksal und sagte: »Ich muss schnell aufs Klo zum Snowboarden, falls du weißt, was ich meine?«

»Snowboarden?«

»Schnee-Boarden auf einer Line um den Klodeckelrand.«

Er brach vor lauter Lachen zusammen, und weg waren wir. Ich habe gelernt, dass ein Mensch während eines Lachanfalles nicht schnell laufen kann, so haben wir ihn abgehängt.

Die meisten Missverständnisse gibt es wegen der Sprache. Wörter, die für uns Deutsche ganz klar sind, haben hier manchmal keine Bedeutung. Man ahnt nichts Böses und springt ins Fettnäpfchen. Ein Beispiel: Wir saßen in einem guten Restaurant in Bern, und ich bestellte eine Cola Light. Als die Kellnerin wegging, rief ich ihr hinterher: »Und bitte noch einen Strohhalm dazu!«

Sie hielt inne, drehte sich zu uns und wirkte verwirrt: »Was ... ist was?«

Ich wiederholte meine Bitte, aber sie reagierte nicht darauf – weshalb ich es mit Zeichensprache versuchte und mir den imaginären Halm in den Mund steckte und daran sog.

Sie schaute mich böse an. »Ich soll dir einen saugen?«

»Nein! Nur fürs Getränk!«

»Du willst mir fürs Getränk ...«

Mein Schweizer Veranstalter flüsterte mir ins Ohr, dass ein Strohhalm in der Schweiz ein Röhrli sei, und ich verwendete sofort das neu gelernte Wort: »Entschuldigung, ich hätte nur gern ein Röhrli bitte.«

Die Bedienung rief laut: »Ein Röhrli will er! Super gsi! Röööhrli!«

Auf Schwyzerdütsch skandierte ich den Röhrli-Stadion-Ruf »Stah uf, wann du Röhrli bisch!«.

Sie war glücklich, ich war glücklich.

Die Schweizer Sprache sorgt aber nicht nur für Missverständnisse, sie sagt auch viel über die Schweizer aus. In ihr zeigt sich zum Beispiel auch die Neutralität der Menschen. Schweizer sagen mindestens nach jedem zweiten Satz »oder«.

»Wir mögen Europa schon, oder?«

Man lässt sich immer noch so einen kleinen verbalen Fluchtweg frei. Fragt man Schweizer etwas, dann kommt oft der Wilhelm-Tell'sche Dreisatz: »Ja – nein – ein bitzeli/ein bisschen!« Viele Schweizer sind so dermaßen neutral, dass sie selbst beim Putzen nur Neutralreiniger verwenden. Eigentlich ist es ein

Wunder, dass in der Schweiz Kinder gezeugt werden. »Sollen wir wirklich? Ich weiß nicht – ja – nein – ein bitzeli, oder?«

Beim Taxifahren kann man schon mal an seine gemeinsamen Grenzen kommen. Als ich das erste Mal in Zürich war, stieg ich am Hauptbahnhof in ein Taxi ein und wurde so ruppig empfangen, dass ich mir ein bitzeli vorkam wie in Berlin – nur dass Schwyzerdütsch gesprochen wurde. Extra hatte ich mir noch den typischen Schweizer Willkommensgruß draufgeschafft: »Grüezi! Ich müsste bitte zum Pelikanplatz!«

Der Fahrer sagte, ohne sich umzudrehen: »Das ist nicht mein Problem!«

Ich war verwirrt. Freundlich sagte ich, dass es ein wenig pressierte, weil ich einen Termin hatte. Er war unbeeindruckt: »Geht mich das etwas an?«

Ich wusste nicht, was ich tun sollte, und winkte mit einem 50-Euro-Schein: »Hier, ich habe auch Geld!«

Er drehte sich zu mir um und sagte: »Euro? Steig aus!«

Der Euro hat bei vielen Schweizern den Stellenwert italienischer Lire, bei älteren Schweizern auch den von Reichsmarknoten. Ein starker Franke ist ein wichtiger Teil der eigenen Identität.

Europhobie-Geschichten kann ich aus der ganzen Schweiz erzählen, eine habe ich 2006 in St. Gallen erlebt. Die Stadt liegt in der Ostschweiz, ziemlich nahe an der Grenze zu Deutschland. Am Tag nach meinem ersten Auftritt ging ich morgens zum Bahnhof, um mir eine Süddeutsche Zeitung zu kaufen. Ich hatte vergessen, Geld zu wechseln, und hatte leider nur Euro dabei. Aber auf der Zeitung stand der Preis ja nicht nur in Franken, sondern auch in Euro. Ich ging davon aus, dass das auch so funktionieren würde. Aber als ich der Verkäuferin die Zeitung und einen Fünfeuroschein hinhielt, schaute sie mich erstaunt an. »Sie wollen mit Euro zahlen?«

Ich nickte und hielt ihr weiterhin den Schein hin. Sie murmelte zu sich und der Welt: »S'isch Euro!!«

Vielleicht hatte sie die Währung ja noch nie gesehen. Ich erklärte ihr vorsichtig. »Das ist ein Zahlungsmittel, das wir hinter den Bergen zum Tauschen von Waren verwenden.«

»Das weiß i nöt, ob Euro geht.«

Ich bot ihr an, dass sie mir ja das Restgeld in Franken rausgeben könnte. Entsetzen machte sich auf ihrem Gesicht breit: »Und i behalte die Euro?«

»Ja, das wäre das Prinzip, das ich schon einige Male hier in der Schweiz angewendet habe. Ich habe nur Euro dabei. Das ist auch Geld!«

»Grundsätzlich schon.«

»Und was machen wir jetzt – grundsätzlich?«

»Weiß nüt. S'isch End vom Monat wegen dr Abrechnig.«

»Das können Sie ja einfach mit reinrechnen.«

»Da muass i min Chef alüten.«

Ich war einigermaßen am Ende meiner Lateinstunde: »Ja, dann lüt an, was immer das auch ist!« (alüten = *schwyzerdütsch* für anrufen)

Sie nahm den Hörer in die Hand, lütete an und sprach, ohne hallo, grüezi oder was Ähnliches zu ihrem telefonischen Gegenüber zu sagen, nur diesen einen geheimnisvollen Satz ins Telefon, der sich für immer in meine Ohren einbrannte: »Du, cha i Euro näh?«

Ich dachte erst, das ist vielleicht ein Codewort für: »Du, da steht so ein Deutscher, der hat Falschgeld dabei, hol sofort die Kantonspolizei!«

Ihr Chef war anscheinend sprachlos, weil sie nach einer kurzen Pause noch mal fragte: »Du, cha i Euro näh?«

Ich löse mal auf, was es heißt: »Du, kann ich Euro nehmen?«

Sie legte auf und schüttelte den Kopf. Keine Euros. Keine Zeitung. Ich stand da wie ein Schweizer am Elfmeterpunkt.

Es blieb mir nur eines übrig. Ich ging zu McDonald's, bestellte einen Kaffee, zahlte mit einem Euroschein und ließ mir Wechselgeld in Franken geben. Amerikanische Hackfleischkapitalismuswerkstätten nehmen jede Währung. Mit dem Restgeld ging ich zum Kiosk und kaufte die Süddeutsche Zeitung. Wenn jetzt hier einer lacht, dann ist er raus! Ich meine das ernst: Der braucht dann gar nicht mehr weiterzulesen. Servus, war schön, aber hier trennen sich unsere buchstäblichen Wege.

Wie sehr mich die Geschichte beeinflusst hat, habe ich erst später gemerkt. Nachdem ich eine Woche in der Schweiz gespielt hatte, bin ich in Bayern auf Tour gegangen. Mein erster Auftritt war in Bamberg. Ich war noch euphorisiert von meinen schönen Schweiz-Erlebnissen und kam auf die Bühne mit den Sätzen: »Hey, ich bin so gut drauf, ich war gerade eine Woche in der Schweiz.« Aus dem Publikum rief jemand, warum ich dann so gut gelaunt sei. Das Erste, was aus meinem Mund kam, war: »Ich mag die Schweiz einfach. Es ist das einzige Land auf Gottes Erden, in dem man noch mit Franken zahlen kann.« Ein paar Tausend fränkische Wutbürger begannen lautstark zu schimpfen, aber ich konterte direkt: »Es wäre super für euch in der Schweiz, da wird der Franke noch aufgewertet.« Ich habe an dem Abend gelernt: Manches, was man im Ausland lernt, sollte im Ausland bleiben.

Aber Deutsche, Bayern, Österreicher und Schweizer – wir sind doch eine große Familie. Wir befinden uns im dritten Jahrtausend. Der ganze europäische Kontinent ist von Europäern besetzt ... Der ganze Kontinent? Nenei! Ein voo luuter unbeugsame Schweizern bevölkertes Dorf git sech nid uf u schtachlet gäg d' Eroberer. U' ds Läbe isch nid liecht für

di bajuwarischen Komiker-Legionäre i ihrne Bsatzungsla-
cher ...

Uf Widerluaga!

PS: Der ganze Kontinent ist von Europäern besetzt? Ganz?
Nein! Eine von Briten bevölkerte kleine Insel hat sich kürzlich
erfolgreich abgespalten und nimmt Gerüchten zufolge mittlerweile schon Schwyzerdütsch-Sprachkurse.

EINSATZ IN MANHATTAN

New York ist meine Stadt. Sie ist es immer schon gewesen. Wann immer ich nach New York fahre – okay, meistens fliege ich –, kommt es mir ein wenig so vor, als käme ich nach Hause. Es gibt keinen Ort außerhalb Bayerns, an dem ich ein derartiges Heimatgefühl verspüre.

Meine Liebe zu dieser Stadt kann nur verstehen, wer die Geschichte kennt, die mich mit ihr verbindet. Ich musste mir New York erobern wie eine angebetete Frau. In den vergangenen Jahren habe ich viel mit ihr erlebt, und jeder Moment war großartig.

Meine allererste New-York-Erfahrung habe ich als Bub vor dem Fernseher gemacht, als ich »Einsatz in Manhattan« geguckt habe. Die Straßenschluchten und die Skyline im Vorspann haben mich fasziniert. Ich wusste damals schon: Irgendwann werde ich dort sein. Die Stadt, die niemals schläft, war für mich als Träumer quasi The Headquarter of Dreams. Amerika als Land der unbegrenzten Möglichkeiten immer nur: New York. Und es war Kojaks Einsatzgebiet. Ich habe in den Siebzigerjahren alle Folgen gesehen, auch weil mein Opa die Serie geliebt hat. Schon nachmittags sagte er oft voller Vorfreude: »Heute kommt wieder der ›Manhattan Xare‹ im Fernsehen.« Meine Oma mochte Kojak nicht und moserte dann: »Können wir nicht lieber etwas Schönes anschauen?«

Was auch immer das gewesen wäre. Wahrscheinlich alles

außer »Einsatz in Manhattan«. Aber: ein Fernsehgerät, ein Opa, eine Fernbedienung! Nein, stopp, Fernbedienungen – so etwas gab es damals noch nicht. Es herrschte das dunkle Zeitalter, in dem Menschen noch zum Fernsehgerät gehen mussten, um dort umzuschalten oder den Ton einzustellen. Ja, liebe Kinder und Jugendlichen, so war es einmal. Aber es hatte auch seine Vorteile: Das dauernde Zum-Fernseher-Hin-und-Zurücklaufen hat einen trainiert für etwaige Dinosaurierangriffe, welche zu dieser Zeit noch auf der Tagesordnung standen.

Mein Opa war schneller als meine Oma, also kam Kojak zum Einsatz. Dieser großelterliche Disput fand gefühlt vor allen 118 Folgen statt. Irgendwann wurde er für mich zum Ritual. Ohne ihn hätte Kojak wohl ein kleines bisschen weniger Spaß gemacht. Wenn mein Opa mal nichts sagte, habe ich mich manchmal dabei erwischt, laut zu fragen: »Was kommt denn heute im Fernsehen?«

Darauf stieg er natürlich sofort ein. »Heute kommt wieder der ›Manhattan Xare‹!«

»Können wir nicht lieber etwas Schönes anschauen?«

Warum mein Großvater Kojak »Manhattan Xare« genannt hat, habe ich nie erfahren. Xare ist auf Bayrisch eigentlich die Abkürzung von Xaver oder Franz-Xaver. Da war ich schon froh, dass sie den Namen in der Serie im Original belassen hatten. Man musste sich nur vorstellen: Kojak nimmt ein paar böse Ganoven hoch, zieht seine Knarre und ruft: »Halt, stehen bleiben, ich bin der Lieutenant Franz-Xaver von der New Yorker Polizei!« Ich vermute, die Wirkung auf die Bösen wäre weniger eindrucksvoll gewesen. Selbst in Bayern wäre das vermutlich so – würden sich die Verbrecher in meiner Heimat wirklich erschrecken, wenn sich ein erwachsener Franz-Xaver einen Lolli in den Mund stecken würde? »Verdammt, der Xare schiebt sich einen Lutscher rein, jetzt geht's gleich böse ab?« Da würde der

Xare dann zum Xide – auch Bayrisch für Xaver und Hanswurst, Tolpatsch oder Dorftrottel.

Lieutenant Theo Kojak war cool. Und Grieche. Theodoros Kojak, der glatzköpfige Lolli-Cop. Seine Sprüche waren legendär, und ich habe seinen trockenen schwarzen Humor geliebt. In der Folge »Der Patensohn« kommt Kojak zum Tatort und sieht, dass die Leiche Schusswunden hat. Als der Gerichtsmediziner ernst konstatiert: »Er wurde erschossen«, antwortet Kojak: »Oh, das ist brillant. Sie sollte man Herzen verpflanzen lassen.« Und nachdem er erfahren hat, dass das Opfer seinen vermeintlichen Mörder angeschossen hat, nimmt er kurz den Lolli aus dem Mund und sagt: »Entzückend, Baby, jetzt wissen wir wenigstens, dass unser Mann ein Leck hat.«

Für mich war New York ein Sehnsuchtsort. Es hat jedoch ziemlich lange gedauert, bis ich ihn besuchen sollte. Und das, obwohl ich 1987 ein Studium der Amerikanistik begann. Da hätte es sich thematisch angeboten, mal in die USA zu fliegen. Aber erst nach zehn Semestern amerikanischer Kulturgeschichte war ich bereit – ich glaube, ich bin der einzige Amerikanistikstudent, der vor dem 11. Semester nie physisch in Amerika gewesen ist. Wenn ich von Professoren kritisch darauf angesprochen wurde, habe ich erwidert: »Ich war bewusst noch nie in den USA, weil ich mir eine objektive Einstellung dem zu studierenden Land gegenüber erhalten möchte.« Das war natürlich Bullshit, wie der echte Amerikanist zu sagen pflegt, aber alle haben mir geglaubt, und ich wurde sogar manchmal dafür gelobt, dass ich das so konsequent durchziehen würde. »Entzückend, Baby!« Tja, wer mit Quatscherzählen Geld verdient, der wird doch auch Professoren Unsinn erzählen können.

Im Dezember 1992 war es so weit. Meine damalige Freundin und heutige Ehefrau Gudrun und ich planten unseren zweiten gemeinsamen Urlaub. Da unser erster Paarurlaub – Stichwort tunesische Fieber-Scheißerei – kein Highlight gewesen war, wollten wir etwas ganz Besonderes machen: eine Woche New York und dann noch zehn Tage Miami und Key West in Florida. Ich war überglücklich – New York, I'm coming – und sagte zu Gudrun: »Da werde ich dem Manhattan-Xare einen Besuch abstatten.«

Sie war überrascht: »Wie, du kennst jemanden in New York?« »Fast.«

Gott sei Dank hat sie nicht gesagt: »Können wir nicht lieber etwas Schönes anschauen?«

Es hätte auch nichts Schöneres gegeben als Manhattan in der Woche vor Weihnachten. Da wir sehr auf das Geld achten mussten, buchten wir den Flug mit TWA. Da horchen sicher einige aus meiner Altersklasse auf: TWA – hört sich an wie Taiwan Airlines, war aber noch ein paar Stufen darunter. Am ehesten könnte man die Abkürzung TWA noch übersetzen mit: Terror-Warnung Amerika. TWA war eine sehr schlechte Fluggesellschaft, aber sie war billig. Das hat man überall gemerkt. Die Maschine sah innen aus wie ein Sperrmüll-Transporter. Wobei: Wahrscheinlich wären die Sitze noch nicht mal von dem mitgenommen worden. Wir hatten uns Plätze hinten gebucht, um Ruhe zu haben. Eine gute Idee, dachten wir – bis wir ins Flugzeug kamen, denn wir saßen in der letzten Reihe vor der Raucher-Sektion. Damals durfte in Flugzeugen noch geraucht werden! Wenn sich heute jemand in einem Flugzeug im Passagierraum eine Zigarette anzünden würde, käme sofort ein Sky-Marshal angestürzt und würde das Flugzeug nach Guantánamo umleiten. »Er will das Flugzeug in Brand stecken!« Sky-Marshal klingt als Beruf cool wie Marshal Matt Dillon aus »Rauchende Colts«. Aber auch die Colts dürften an Bord nicht mehr rauchen.

Ich hatte immer das Gefühl, dass Raucher auf Langstrecken-flügen noch mehr qualmten als sonst. Man war outside über den Wolken, aber indoor in einer Rauchwolke. Ich habe den Kettensägen-Massaker-Raucher hinter uns gefragt, ob er nicht ein bisschen weniger rauchen könnte. Er blickte mir kurz in die Augen und zündete sich dann eine an: »Ich habe einen Rau-chersitz gebucht.«

»Ja, aber es ist für uns schon sehr stickig, wenn Sie alles nach vorn blasen.«

»Nicht mein Problem.«

Ich beschloss, die Todeskeule auszupacken: »Dann wünsche ich Ihnen viel Spaß in Ihrem leider verkürzten zukünftigen Le-ben. Wissen Sie eigentlich, dass der Marlboro-Mann kürzlich elendig an Lungenkrebs gestorben ist? Und ich habe gehört, dass der Buckel vom Camel-Kamel gar kein Buckel ist, sondern ein bösartiger Tumor!«

Der militante Raucher hinter uns reagierte nicht mal verbal. Stattdessen zeigte er auf die Stange Zigaretten, die er sich als kleinen Smoke-Snack für den Flug besorgt hatte. Der einzige Trost war, dass die erste Schachtel kurz nach dem Start schon aufgeraucht war.

Bevor wir gemeinsam nach New York losfliegen, möchte ich auf die US-amerikanischen Einreisebestimmungen einge-hen, mit der ich auf dieser Reise zum ersten Mal in Berührung kam. Man erhielt am Flughafen einen Fragebogen, den jeder, der kein Visum hatte, ausfüllen musste. Als ich ihn in Hän-den hielt, wusste ich nicht, ob das ein Spiel war: Spaß, Wahr-heit oder Pflicht? Alles natürlich auf Englisch, weil sich Ame-rikaner nicht um andere Sprachen scherten. Oben auf dem Blatt stand »Instructions« – es las sich wie der Beipackzettel ei-nes sehr komplexen Medikaments. Schon die Anreise war um-ständlich beschrieben:

If you are entering the United States by land, enter LAND in this space.

Ich dachte, landen, ja klar, wenn wir losfliegen, dann werden wir auch hoffentlich landen. Das Nächste kam nämlich nicht infrage:

If you are entering the United States by ship ...

Ein Schiff zu entern fand ich zwar klarer, aber seeräubertechnisch nicht ganz unproblematisch. Über das Fliegen stand dort nichts, nur die Flugnummer sollte man eintragen. Ich war verwirrt. Als ich nachfragte, bekam ich plötzlich einen Fragebogen auf Deutsch. Ging also doch. Die folgenden Fragen konnte man alle nur mit »Ja« oder »Nein« ankreuzen:

Leiden Sie an einer ansteckenden Krankheit? Sind Sie körperlich oder geistig behindert?

Wenn ja, dann wäre ich wohl bis zu dieser Frage gar nicht gekommen.

Betreiben Sie Missbrauch mit Drogen oder sind Sie drogenabhängig?

Was heißt hier Missbrauch? Drogen werden von mir nicht missbraucht, sondern gezielt eingesetzt. Aber das wollte ich denen nicht gleich bei meiner Einreise auf die Nase binden.

Sind Sie je wegen eines Vergehens einer Straftat aus niedrigen Beweggründen etc. verurteilt worden?

Definiere »niedrige Beweggründe«: George W. Bush beim Einmarsch in den Irak? Dieter Bohlen bei DSDS? Die CSU beim Flüchtlingsthema?

Sind Sie jemals wegen zweier oder mehrerer Vergehen verhaftet oder verurteilt worden (da hat man anscheinend die Wahl), *für die insgesamt eine Haftstrafe von fünf Jahren oder mehr verhängt wurde?*

Als bloßer Kleinkrimineller hat man anscheinend nicht die geringste Chance einzureisen.

Weiter ging es mit einer auch nicht ganz verständlichen Frage:

Beabsichtigen Sie, zum Zweck krimineller oder sittenwidriger Aktivitäten einzureisen?

Ich fand, dieser Frage hätte ein Split gutgetan, das sind ja zwei völlig gegensätzliche Tätigkeiten. Ich habe dann mal beides angekreuzt, »Nein« für »kriminell« und »Ja« für eventuell »unmoralisch«.

Das Filetstück des Fragebogens war der dritte Abschnitt. Als Kabarettist und Komiker dachte ich zuerst an Scherzfragen, aber die meinten das wirklich ernst:

Waren oder sind Sie in Spionage, Sabotage- oder terroristische Aktivitäten verwickelt?

Auch wenn alle Terroristen Vollidioten sind, möchte ich diese Frage infrage stellen. Hat wirklich jemals einer »Ja« angekreuzt? Und vielleicht noch klein dazugeschrieben: »Bombenexplosion in Mogadischu, Massaker in Jerusalem etc.«

Dann wurde ich noch persönlich als Deutscher angesprochen:

Waren Sie an Völkermord oder in der Zeit von 1933 bis 1945 in irgendeiner Weise an den Verfolgungen des nationalsozialistischen Regimes Deutschlands oder seiner Verbündeten beteiligt?

Dürfte man denn Völker morden, wenn man kein Nazi ist? Da wären die Türken fein raus mit den Armeniern. Ups, stimmt, diesen Genozid gibt's ja nicht in türkischen Geschichtsbüchern. Und wer braucht schon Erdoğan auf seinem Anrufbeantworter?

Wie lange diese Frage wohl noch auf Einreiseformularen steht? Es wird doch langsam dünn in dieser Zielgruppe, wenn man voraussetzt, dass man spätestens 1935 geboren sein müsste, um sich noch beteiligen zu können. Falls man im Alter von zehn Jahren dann auch schon gleich losgelegt hätte mit

Verfolgung und Völkermord. Okay, für Söhne nordkoreanischer Diktatoren ein ganz normaler Nachmittag auf dem Spielplatz. Wenn wir uns die Entwicklung der vergangenen Jahre ansehen, sollte man die Frage vielleicht bald anders stellen: »Liegt Ihnen Gedankengut nahe, das zwischen 1933 und 1945 vorherrschte?« Da wird's eng für die PEGIDA-Demonstranten, wenn sie mal die Freiheitsstatue sehen wollen.

Dann wurde noch gefragt, *ob man je ein Kind der Obhut eines amerikanischen Staatsbürgers entzogen hat.*

Das heißt übersetzt: Du kannst jeden entführen, egal welcher Nationalität, bloß keinen Ami. Da dürfte sich Madonna freuen, dass sie in allen anderen Ländern Kinder einsammeln konnte und trotzdem wieder in die USA einreisen durfte.

Am Ende stand in großen Lettern:

Wenn Sie nur eine Frage mit »Ja« beantwortet haben, wenden Sie sich bitte sofort an die amerikanische Botschaft!

Ich habe mir ein neues Formular geholt.

Und dann unterschrieb ich ganz unten noch, dass ich auf alle Rechte verzichte, Einspruch gegen jegliche Entscheidung des Einwanderungsbeamten zu erheben, also Menschenrechte goodbye! Wem meine Ausführungen der Einreisebestimmungen zu lange gedauert haben, ist selbst schuld – siehe die empfohlenen Zeitangaben, die für mich den krönenden Höhepunkt des Fragebogens bildeten:

Die erforderliche Zeit zur Vervollständigung des Formulars errechnet sich wie folgt: (1) 2 Minuten für die Durchsicht des Formulars. (2) 4 Minuten zur Vervollständigung des Formulars bei einer durchschnittlichen Zeit von 6 Minuten pro Antwort. Falls Sie sich zu der Genauigkeit dieser Schätzung äußern oder Vorschläge unterbreiten möchten, wie dieses Formular vereinfacht werden kann, wenden Sie sich bitte an folgende Stellen: INS, 425 I Street, N. N., Rm 5304, Washington, D. C. 20536; und Office of Manage-

ment and Budget, Paperwork Reduction Project, OMB No. 1115-0148, Washington, D. C. 20503.

Es gibt Inschriften in Pyramiden, die einfacher zu entziffern sind als diese Anschrift. Aber natürlich hätte ich einen Vorschlag zur Vereinfachung dieses Formulars: Wegwerfen! Einen kleinen Zettel nehmen und nur zwei Fragen draufschreiben – antworten Sie mit »Ja« oder »Nein«:

»Wollen Sie nicht einreisen?«

»Sind Sie ein Arschlochkind?«

Und bei einem »Ja« geht's zurück in den Käfig.

Der Flug verlief ruhig bis zur letzten halben Stunde, plötzlich gerieten wir in ein Unwetter biblischen Ausmaßes. Das Flugzeug wurde durchgeschüttelt. Wir mussten uns alle anschnallen. Der Pilot gab über Lautsprecher durch: »Meine Damen und Herren, bitte legen Sie Ihre Sitzgurte an. Wir kommen durch starke Turbulenzen, über New York tobt ein Blizzard.«

BLIZZARD! Das war ein Wort, das ich nur aus Katastrophenfilmen kannte, in denen sehr viel kaputtging. In Bayern gibt es keine Blizzards. Wenn ein Unwetter sehr heftig ist, heißt es: »Des is a unbandiger Sausturm!«

Ich gebe zu, ich hatte Angst. Mein erster Langstreckenflug sollte doch nicht mein letzter werden! Der Typ in der Reihe hinter uns rief: »Ich will nicht sterben, ich habe Angst.« Das hatte mir noch gefehlt, ein Raucher, der auch noch jammerte: Ich drehte mich um: »Sei froh, das geht wenigstens schneller als dein Lungenkrebs!«

Darauf hat er sich mit zitternden Händen sofort wieder eine angezündet. Vielleicht wollte er versuchen, den Blizzard-Tod noch abzukürzen. Die Turbulenzen wurden immer größer, und der Pilot entschied sich abzudrehen: »Meine Damen und Herren, der John-F.-Kennedy-Flughafen ist geschlossen worden, wir fliegen jetzt nach Boston.«

Okay. Ich war noch nie in Boston. Aber was sollte ich da? Ich wollte nach New York, aber es half nichts, wir landeten nach einiger Zeit sehr wackelig in Boston. Auch dort tobte ein heftiger Schneesturm. Wir konnten im Flugzeug sitzen bleiben, wenn wir den Sturm abwarten wollten, um danach nach New York weiterzufliegen. Ich wäre niemals ausgestiegen und brummelte vor mich hin: »Ich will zum Einsatz nach Manhattan, der Xare erwartet mich!«

Vier Stunden saßen wir fest, bis der Pilot durchgab, dass wir nun nach New York fliegen würden. Als die Stewardess vorbeikam, fragte ich: »Ist denn der Blizzard in New York vorüber?«

»Anscheinend.«

»Äh, könnte ich das bitte etwas konkreter haben? ›Anscheinend‹ lässt Raum für Spekulation.«

»Der Blizzard ist vorüber.«

»Das wissen Sie also, ohne noch mal nachgefragt zu haben?«

»Sonst würde der Pilot nicht hinfliegen.«

»Aber wenn es ein abenteuerlustiger Pilot ist?«

Ich kann ein ziemlich kleinlicher Klugscheißer sein, wenn ich Angst habe. Aber dann sagte sie mit seriöser Stimme: »Sie werden sehen, alles wird gut.«

Und vor meinen Augen verwandelte sich die Stewardessen-Uniform in eine weiße Krankenhaus-Tracht, und ich war beruhigt: »Sagen Sie das doch gleich, Schwester.«

Nachts um ein Uhr landeten wir. Ich war angekommen! Die Zollabfertigung ging damals erstaunlich schnell, die Koffer haben wir ebenfalls rasch bekommen. Ein Flughafenangestellter gab uns den Tipp, so schnell wie möglich zu den Taxis zu spurten, denn wegen des Wetters war der Busverkehr eingestellt worden. Es ging dramatisch zu. Leute schrien sich an und kämpften um Plätze. Das war einer der Momente, in denen man ahnt: Die Menschheit wird untergehen – Solidarität? Fehlanzeige! Als wir ankamen, war nur noch ein einziges Taxi da, hinter uns kamen Dutzende Passagiere, es wirkte wie eine Szene nach einem Ausbruch der Zombie-Apokalypse. Wir sprangen rein und riefen aufgeregt: »Nach Manhattan, bitte.«

»Wie viel?«

Erst verstanden wir nicht, was er meinte. Eigentlich gibt es für die Strecke in die Stadt einen Festpreis, aber in dem Fall ging die Schere zwischen Angebot (letztes Taxi) und Nachfrage (menschliche Stampede) weit auseinander, also begann der Fahrer seine Dienste an den Meistbietenden zu versteigern.

Ich eröffnete die einseitige Verhandlung: »Wie viel wollen Sie?«

»Hundert Dollar!«

»Das ist viel zu viel!!!«

»Schauen Sie sich mal um, da sind hundert potenzielle Hundert-Dollar-Kunden.«

Gudrun sagte nachdrücklich: »Michl, lass uns das machen, das ist zwar schweineteuer, aber wir kommen hier sonst nicht mehr weg.«

»Okay, hundert Dollar!«

»Für euch beide, wer fährt noch mit??«

»Was meinen Sie? Wir sind zu zweit.«

»Nein, da passt doch noch einer mit rein!«

Hat der Hund seine Fahrt wirklich doppelt belegt! Ein Geschäftsmann aus Brooklyn war tatsächlich bereit, für einen Platz noch mal hundert Dollar zu zahlen.

Zweieinhalb Stunden durch Schnee, Eis und spiegelglatte Straßen. Diese Stadt hat es mir nicht einfach gemacht, zu ihr zu kommen. Aber auch Odysseus musste viele Qualen erleiden, bis er endlich sein Ithaka erreicht hatte. Als wir im Dunkeln die Brooklyn Bridge überquerten und die glitzernde Skyline auftauchte, hatte ich Tränen in den Augen. Nicht wegen der Kälte.

Das Carlton Arms Hotel 25th Street war ein günstiger Geheimtipp. Bis Mitte der Achtzigerjahre diente es als Heim für obdachlose Wohlfahrtsempfänger, dann kam der Besitzer auf die Idee, alle Zimmer von arbeitslosen New Yorker Künstlern designen zu lassen, die sich so ihre Miete verdienen konnten. Jedes Zimmer wurde individuell eingerichtet, aber ohne dass dabei Geld für richtige Renovierung in die Hand genommen worden wäre. Es sollte ein cooles Designhotel sein, aber es war eine bunte Absteige mit billigem Bling-Bling. Aber das war uns um vier Uhr morgens egal, nach unserer vierundzwanzigstündigen Odyssee.

Ich warf mich erschöpft aufs Bett. Auf der Wand gegenüber vom Kingsize-Bett war ein Golfplatz gemalt. Das erste Loch blickte mich an wie ein schwarzes Zyklopenauge. Dies war kein Zimmer zum Drogennehmen, da bekäme man sofort einen Flash mit Handicap. Die Einrichtung war cool, aber heruntergekommen – und nichts funktionierte richtig. Mir hätten schon einfache Dinge genügt, wie zum Beispiel, dass man das Fenster ganz schließen konnte. Ein Spalt blieb aber immer offen. Bei fünfzehn Grad minus draußen wurde so der Lärm zum Nebenproblem. Es gab zwar einen Heizkörper, nach meiner Schätzung musste er jedoch schon Ende des 19. Jahrhunderts eingebaut worden sein. Dieses gusseiserne Ungetüm konnte man nur ganz an- oder ganz ausdrehen. Angesichts des offenen Fensters war das keine schwierige Entscheidung. Der Heizmoloch ratterte wie eine Dampfmaschine einer Rüstungsfabrik im Ersten Weltkrieg, und er wurde so heiß, dass ich mir beim Anfassen eine kleine Brandwunde zuzog. Wir mussten das Fenster noch etwas mehr öffnen, um in dieser Hitze zu überleben. Wer je gleichzeitig Golf spielen und saunieren wollte: Das wäre der richtige Ort. Auch ein türkisches Dampfbad wäre möglich. Die Heißwasserdampfmaschine leckte nämlich, und wir bauten mit Handtüchern einen Damm. So schliefen wir selig ein in einem Zimmer, das mit etwa 200 Grad Celsius beheizt wurde, aber in dem man selbst im Bett den klirrend kalten Luftstrom von außen noch spüren konnte. Wenigstens hatten wir wegen des auslaufenden Wassers keine trockene Heizungsluft im Raum.

Wir waren so müde, wir wollten bis mindestens nachmittags schlafen. Aber um acht Uhr morgens kam der Jetlag-Weckdienst. Wir waren am Ende und wir waren so glücklich. Draußen war es klirrend kalt, aber der Himmel strahlte blau und die Sonne schien, als ob sie etwas gutzumachen hätte. Hatte sie auch: Blizzard wegschmelzen. Also rein in die Dusche, das Warmwasser hatte der Künstler leider im Design vergessen, und raus auf die Straße, mein Einsatz in Manhattan begann. Als Erstes bin ich zu einem Hydranten gelaufen und habe versucht, ihn hochzuheben. Das mag kindisch gewesen sein, aber ich brauchte noch einen letzten Beweis dafür, dass ich nicht in einer Sperrholz-Filmkulisse war. Und dann liefen wir zwischen riesigen Schneehaufen durch die Straßenschluchten Manhattans, wie zwei kleine Kinder im Skyscraper-Wunderland. Der erste Eindruck bei einer neuen Stadt ist ja der wichtigste, wie wenn man bei einer neuen Freundin das erste Mal ihre Brüste sieht. Erst dann kann man wirklich eine konstruktive Entscheidung treffen: toll, gut, mittel, Notausgang. Natürlich kommen da noch ein paar innere Werte dazu, aber ich will nicht lügen: Die Mischung sollte stimmen. Mon Chéris zum Beispiel sehen lecker aus, aber die inneren Werte, die eklige Kirschpampe, gehen gar nicht. Darauf bin ich nur einmal reingefallen! Aber zurück zu New York. Die Stadt präsentierte sich auf den ersten Blick mit – Entschuldigung – Mördertitten! Die mit Wolkenkratzern in allen Farben und Formen bestückten Straßen, es war wie ein städtisches Dekolleté in Übergrößenreizwäsche.

Nach dem ersten Spaziergang wollten wir vom Indoor-Golfplatz wegziehen. Wir stornierten die restlichen Nächte und machten uns auf Herbergssuche. Kurz vor Weihnachten. Zwei Straßen weiter fanden wir dann unseren neuen Stall, das Gershwin Hotel 27th Street, eine Mischung aus Hostel und Hotel. Das war damals für Low-budget-Reisende eine gute Wahl. Nicht besonders fancy, aber okay. Ich fragte an der Rezeption, ob ich Haustiere mitbringen dürfte. Ich hätte da einen Esel und einen Ochsen ... Wir hatten Glück: Für Hirten gab es Mehrbettzimmer.

Das erste typisch amerikanische Frühstück: French Toast mit Ahornsirup, Speck und Spiegelei. Dann rauf aufs Empire State Building. Liebe Leser: Wenn euch jemand sagt: »Das ist nur ein uncooles Touri-Ding«, schenkt ihm einfach eine Packung Mon Chéri und geht weiter. Manhattan von der Spitze des Empire State Buildings aus zu sehen, ist der Hammer. Es ist ein Wahnsinnsstart für jeden, der die Stadt entdecken will.

Dort oben haben wir den Blick und das Herz schweifen lassen. Vom Empire State Building sind wir in den Stadtteil Greenwich Village gelaufen. Es ist die Wiege der Stand-up-Comedy in der Form, in der wir sie heute kennen. The Bitter End in der Bleecker Street und das Cafe Wha? in der MacDougal Street sind für mich magische Orte, seit ich mich mit der amerikanischen Comedyszene beschäftigt habe.

Ich war fast nervös, als wir in der MacDougal Street vor dem Comedy Cellar vorbeiliefen, für mich nach wie vor der beste Comedy-Club New Yorks, denn ich wusste, dass ich an diesem Abend meinen ersten richtigen US-amerikanischen Live-Stand-up-Comedy-Gig erleben würde.

Vor der Show wollten wir die Schwester eines guten Freundes anrufen, die gerade bei einer Bank in Manhattan arbeitete. Wir hofften auf Insidertipps. Da es in unserem Zimmer kein Telefon gab, haben wir uns eine Telefonzelle gesucht. Zwei Straßen weiter nahm ich den Zettel mit der Telefonnummer aus meinem Geldbeutel. Als Bayer sagt man übrigens nicht Brieftasche, warum auch, hat jemals einer im Geldbeutel Briefe transportiert? Smartphones oder Tablets waren noch Science-Fiction. Damals gab es noch Kugelschreiber! Die konnten alles speichern und es dann an der Spitze via Link zum eigenen Gehirn auf ein Blatt Papier »rausfließen« lassen. Ich warf einen Vierteldollar in den Schlitz, wählte – und wartete. Als niemand ranging, hinterließ ich der Schwester meines Freundes eine Nachricht: dass wir in der Stadt seien und es wieder versuchen würden, leider könne man uns nicht telefonisch erreichen.

Dann ging's los, wir machten uns auf ins Village, zu den heiligen Hallen der Comedy. Als Deutsche waren wir natürlich pünktlich zur Show da. So bekamen wir einen Tisch in der ersten Reihe. Als wir saßen, wollte ich nachgucken, wie viel Geld ich eingesteckt hatte – aber mein Geldbeutel war weg! Ich habe alles abgesucht. Nichts. Wo konnte ich den verloren haben? Panik. Dort war ja auch alles drin, Geld, Pass, Schecks, das Autogramm von Bono aus dem Jahr 1987. War er mir aus der Hosentasche gerutscht? Nein. Hatte ich ihn in der Telefonzelle liegen gelassen? Da ich ein Mensch bin, der manchmal unrealistisches Gedankengut zulässt, sagte ich zu Gudrun: »Ich gehe noch mal schnell den Weg ab, den wir gekommen sind, vielleicht ...« Ja, vielleicht was? Eine Geldbörse, die in New York auf der Straße liegt, hat in etwa dieselben Überlebenschancen wie eine hübsche blonde Jungfrau, die nach Sonnenuntergang neben Draculas Sarg an einer Stange tanzt. Meine Hoffnung war in etwa so groß wie der Glaube der Deutschen, den Zweiten Weltkrieg doch noch zu gewinnen, am 30. April kurz nach 15 Uhr, als der Führer gerade aus dem Bunkerhotel ausgecheckt hatte.

Ein Junge vom bayrischen Land, der all seiner Mittel beraubt, den ganzen Weg zurückging und -fuhr, mit der U-Bahn, vielleicht war das ja genau dieselbe U-Bahn, die gerade wieder zurück in die andere Richtung fuhr – welche Chancen hatte ich, meinen Geldbeutel wiederzufinden? Surrealistische Picasso-Bilder wären dagegen exakte bayrische Lüftlmalereien. So blieb nur noch eine letzte Möglichkeit, ich hatte zum Telefonieren den Geldbeutel ja aus der Hosentasche genommen und kurz vor dem Telefon abgelegt, vielleicht war er da noch? Eigentlich lag die Hoffnung schon mit durchgeschnittener Kehle am Straßenrand, aber ich wollte die leere Telefonzelle wenigstens mit eigenen Augen sehen. Und das tat ich: kein Geldbeutel in der Zelle, auch nicht davor, daneben oder dahinter. Nirgends.

Okay, dann halt nicht. Ich machte mich auf den Weg zurück zu meiner Frau. Als ich den Club betrat, begrüßte mich der Comedian auf der Bühne: »Hi, Michael, how are you?«

Ich erschrak, woher wusste er meinen Namen? Dann blickte ich in die verzweifelten Augen von Gudrun, die seit anderthalb Stunden allein in der ersten Reihe saß. Ihr Blick sagte: »Ich konnte nicht anders, ich habe lange standgehalten, aber nach einer Stunde Comedy-Water-Boarding bin ich eingeknickt und habe dich verraten.« Mir blieb keine Zeit, mit ihr zu reden, der Comedian sprach mich wieder an: »Did you find your wallet?«

Er grinste mich breit an, und das Publikum lachte sich tot. Ich konnte nur schüchtern antworten: »Äh, no!«

»Really??! I thought your chances are very good to find it somewhere in this city, where you don't even know where you have lost it.«

Ich war lost, und nicht nur in Translation. Gudrun zischte mir zu: »Wenn du mich noch einmal in einem Comedy-Club in der ersten Reihe allein lässt, verlasse ich dich.«

Frauen sind sehr gut in Dramatik. Aber ich musste ihr recht geben. In englischen oder amerikanischen Comedy-Clubs ist es üblich, dass der Gastgeber und auch die Comedians mit dem Publikum improvisieren und Späße machen. Und das haben alle an dem Abend auch getan. Anderthalb Stunden lang. Eine Frau allein in der ersten Reihe, das ist für einen Comedian wie ein verletztes Gnu für einen Löwen, der zwei Wochen nichts zu essen hatte. Dann kam ich an die Reihe. Der noch zufällig zum Essen vorbeikommende Ehemann der bereits verbal verspeisten Gnufrau: »You really left your girlfriend behind for just finding money?«

»Yes, no, I wanted just to save our holidays because without money ...«

»Did you ever believe in the Endsieg?«

»I thought it is better to look ...«

»You think the Führer would have looked after his wallet?«

»I don't know ...«

Mein Englisch war zu schlecht, als dass ich schlagfertig hätte reagieren können. Der Gastgeber wusste von Gudrun, dass ich Comedian war – Doppeldanke –, aber der Komiker in mir hatte hitzefrei, und ich erfüllte jedes Klischee eines überforderten unlustigen Deutschen. Nach ein paar weiteren Gags auf meine Kosten ließ er dann von mir ab. Der Löwe war satt und ging seiner gewohnten Wege. Er rief uns noch zu: »So now enjoy the rest of the evening.«

Und das habe ich getan. Der Mann hieß Colin Quinn, ein Urgestein der New Yorker Comedy-Szene – und er war so was von gut! Und das ganze folgende Line-up von Comedians hat mich umgehauen. Ich hatte live noch nie so etwas Lustiges gesehen, auch wenn ich wegen meiner mittleren Englischkenntnisse nicht alles verstand. Es hat mich weggebeamt auf den Planeten Comedy. Als Abschluss des Abends trat noch

Jon Stewart auf, ja *der* Jon Stewart, der viele Jahre später mit der »Daily Show« zu einem der berühmtesten und wichtigsten Comedians Amerikas wurde. Ich saß nach der Verabschiedung von Quinn – »Goodbye, Gudrun and Michael, I wish you all the best and hope you will find your purse of life« – geplättet da, und in dem Moment wusste ich, was ich tun musste. Ich sagte zu Gudrun: »Ich möchte einmal in einem New Yorker Comedy-Club auf Englisch spielen, nur fünf Minuten. Das wäre der Wahnsinn.« Gudrun blickte mich an: »Ich weiß, dass du das tun wirst.«

So entstand dieser Traum. Irgendwie, irgendwo, irgendwann würde ich ihn Wirklichkeit werden lassen. Es sollte noch viele Jahre dauern, bis der Zeitpunkt reif war. Aber eines hatte ich mir auch an diesem Abend geschworen, ich würde niemals mehr ein Opfer in einem Comedy-Club sein, entweder ich setzte mich von da an in die letzte Reihe, oder ich würde mich vorbereiten.

Am nächsten Tag habe ich noch mal bei der Schwester des Freunds angerufen. Gott sei Dank hatte der Paranoiker in mir Kopien aller Telefonnummern gemacht und im Hotelzimmer hinterlegt. Diesmal ging sie ran.

»Servus, da ist der Michael Mittermeier, der Studienkumpel von Achim. Der hat uns wahrscheinlich schon angekündigt. Wir sind ja in New York und ...«

»Ich weiß. Hast du denn noch Geld zum Telefonieren?«

»Was?«

»Das ist schon hart, wenn plötzlich der Geldbeutel mit allem drin weg ist.«

»Ja, das stimmt, aber wir ... Moment! Woher weißt du das mit dem Geldbeutel?«

»Ein Schwede hat bei mir angerufen.«

»Ein Schwede?«

»Ja, der hat ihn gefunden, und er hat ihn in einem Hotel an der Rezeption hinterlegt.«

»Wie? Den Geldbeutel? War er leer?«

»Nein, er hat ihn mit dem gesamten Inhalt im Gershwin Hotel hinterlegt.«

»Ja, klar, im Gershwin Hotel, da wohnen wir auch.«

»Dann passt's ja.«

New Yorker, und auch Wahl-New-Yorker, sind einfach abgeklärt, nichts kann sie erschüttern oder überraschen. Für Achims Schwester war das anscheinend nichts Besonderes, für mich ein Meilenstein. Ich habe tatsächlich meinen Geldbeutel wieder zurückbekommen. Und: Ich habe ihn sogar mit allem, was drin war, zurückbekommen, inklusive Bargeld! In einer Stadt, in der dauernd vor Raubüberfällen gewarnt wurde, hatte der kleine Michl vom Land solches Glück – das war mehr als ein Zufall. Kismet. Wie es dazu genau kam? Ein Schwede hatte den Geldbeutel in der Telefonzelle gefunden, wo ich ihn tatsächlich liegen lassen hatte. (Ich glaube trotzdem weiterhin nicht an den Endsieg.) Der einzige Hinweis darauf, wo der Besitzer – also ich – aktuell zu finden sein könnte, war die Telefonnummer der Schwester meines Freundes, die da auf einem kleinen Zettel notiert war. Ich liebe analoge Zettel und Kugelschreiber! Dort rief er an, sagte, dass er im Gershwin Hotel wohne und dort den Geldbeutel hinterlegen würde. Wir könnten ihn dann an der Rezeption abholen.

New York war wirklich gut zu mir. Das war im Grunde eine Liebeserklärung. Ich wusste, das würde eine lange Beziehung werden.

ABENTEUER IN DER NEUEN WELT

MÜTTERVERSAMMLUNG IN DER WEIHNACHTSMETZGEREI

In New York gibt es tatsächlich Dinge, die es in einer bayrischen Kleinstadt nicht gibt, oder wenigstens nicht offiziell. Für unseren ersten Trip hatten wir uns von unserem Freund Thomas Hermanns einen Tipp geben lassen, in welchem Club man cool tanzen konnte. Thomas hatte ein ganzes Jahr dort gelebt. Seine große Empfehlung war der Mother Club im Meatpacking District. In Bayern hieße das wohl »Mütterversammlung in der Metzgerei« Der Meatpacking District befindet sich im Südwesten Manhattans, und er erstreckt sich von der 14th Street bis zur Gansevoort Street und von der Hudson Street bis zum Hudson River. Der Stadtteil heißt so, weil es dort früher riesige Schlachtereien und Schlachtbetriebe gegeben hat. Mittlerweile sind nicht mehr viele davon übrig, das Stadtviertel ist zu einem hippen Designer- und Loft-Paradies verkommen.

Anfang der Neunzigerjahre entwickelte sich hier eine schräge Szene. Transen zierten die Bürgersteige, und in einigen Nebenräumlichkeiten von Schlachtbetrieben erwachten nachts, wenn die Maschinerie stillstand, Clubs zum Leben. Die Feiersüchtigen gingen freiwillig zur Schlachtbank, und nicht wenige befanden sich danach in ähnlichem Zustand wie die

Rinder und Schweine nach der Betäubung, kurz vor dem finalen Bolzenschuss. Thomas hatte uns empfohlen: »Zieht euch was Hippes oder Schräges an, wenn ihr da reingeht.«

»Was denn?«

»Entweder richtig cool oder trashig.«

Wenn man vom bayrischen Land kam, war sich trashig anzuziehen nicht das große Problem – einfach den Kuhstall-Catsuit nehmen, das war im Schlachthofviertel passend. So sind wir beide in unseren besten Klamotten aufmarschiert. Wir haben jedenfalls geglaubt, dass wir cool genug aussahen, und kamen nichtsahnend an. Der Türsteher vom Mother Club sah schon mal deutlich anders aus als der meiner Stammdisco, dem Musikpalast in Taufkirchen. Es war eine menschliche Säule mit Schaufelhänden, an der selbst ein Selbstmordbomber mit seinem Auto nicht durchgekommen wäre. Als er uns von oben bis unten musterte, erinnerte mich das an den Sklavenmarkt aus »Roots«. Ich war schon froh, dass er nicht unsere Zähne gecheckt hat. Warum er uns durchließ, war mir ein Rätsel. Thomas sagte später, normalerweise würden Leute wie wir nicht reingelassen: Provinztouristen aus New Jersey oder Minnesota, die auch mal was erleben wollen – quasi auf Freak-Sightseeing. Das Sesam-öffne-dich-Wort war: »We are from Germany!«

Eurotrash war damals lässig und wurde für cool befunden. Die Stehersäule lächelte uns herzlich an: »Eva and Adolf, willkommen!«

Da er offenbar nicht wusste, wie sich der Führer und seine Freundin privat anzogen, gingen wir mit unseren Klamotten durch als Hitler Family im Urlaub. So traten wir ein. Ich fühlte mich wie der Held in Arthur Conan Doyles Roman »Die vergessene Welt«, in der er in Südamerika Tierarten entdeckt, von denen es heißt, die seien ausgestorben. Was die Klamotten betraf, waren wir Außenseiter. Aber niemand schaute uns blöd an, weil an Outfits alles vertreten war. Ich habe tatsächlich einen Göring in vollem Uniform-Ornat gesehen, der einen Schäferhund dabeihatte. Nur hatte er keinen richtigen Schäferhund, sondern einen Schäfermenschen an der Leine. Gut, vielleicht war Rex ja ein wiedergeborener ...? Die Musik knallte durch die Gehörgänge ins Gehirn. Es war Hardcore-Techno, und dabei schalten sich automatisch die eigenen Denkstrukturen ab und überlassen das Feld den Party-Synapsen. Die erste halbe Stunde standen wir da wie Alice, die plötzlich im falschen Wunderland gelandet war, in einem Ecstasy-Nimmerland. Wir starrten in die Menge wie die Menschen früher in den ersten Farbfernseher. Aber umschauen bedeutete hier offenbar: auf der Suche sein. Was wir natürlich nicht wussten. So haben wir bei Augenkontakt immer freundlich gegrüßt und gelächelt. Ein nettes Paar um die vierzig – das war damals für uns sehr alt – gesellte sich zu uns: »Look at you two beautifuls! Where are you from?«

»Germany!«

»Wow! Kinky!«

»No, Munich!«

Die beiden haben sich nicht lange aufgehalten mit Stadt-Land-Fluss-Konversation und luden uns auf einen Drink ein. Das war sehr nett. Aber wie immer: Man kriegt im Leben nichts umsonst. Als ich plötzlich ihre Hand zwischen meinen Beinen spürte, wurde mir klar, dass die beiden nicht nur spielen wollten. Oder eben doch? Anscheinend wurde gerade meine Größe abgecheckt, und sie nickte ihrem Partner zu. Gudruns Brüstetest fiel bei ihm offenbar auch sehr positiv aus. Es war einer der Momente, in denen etwas passiert, was man nicht sofort richtig begreift.

»Öh, we just wanted to look a bit and dance«, stammelte ich.

»I can give you a Lapdance!«

Ich wusste nicht genau, was sie meinte – zu der Zeit gab es ja noch nicht einmal Laptops –, aber ich hatte eine Vorahnung, dass das nicht eine Art Cha-Cha-Cha sein würde, sondern ein Balztanz. Wir wollten aber nicht Quartett mit ihnen spielen. Woher der Gedanke in meinem Kopf kam – der Komiker hatte sich wohl eingeschaltet –, weiß ich nicht mehr, aber mein Mund öffnete sich und heraus kam: »We are from Catholic Bavaria, and there is no sex before marriage.«

»Oh, you two are virgins! Awesome!«

Das war eine blöde Idee. Gudrun schaute mich fassungslos an: »Danke, Michl!«

Dann erinnerte ich mich an die Anti-Drogen-Kampagne, welche die Präsidentengattin Nancy Reagan bekannt gemacht hatte. »Just say no«. Ich rief sehr laut: »Naaa!!!!« Das ist bayrisch für »neinneinneinnein«. Wenn ich emotional werde, verfalle ich in tiefstes Bayrisch. Und das klingt sehr ursprünglich, wie ein Dialekt aus alter Zeit, in der man sich noch gegen sexsüchtige Orks verteidigen musste. Es wirkte, die beiden ließen von uns ab, und wir flüchteten auf die Tanzfläche, um alles abzuschütteln. Wir wurden eins mit einer hüpfenden, schwitzenden Masse Rhythmussüchtiger. Es war wunderbar. Wahnsinn. Kein Gestern und kein Morgen und kein gerade eben mehr. Tanzen, tanzen, tanzen.

Plötzlich enterte Göring mit seinem treuen Gefährten im Hundegeschirr die kleine Bühne hinter uns. Der Reichsmarschall hatte seine Arbeitskleidung abgelegt. Außer den Springerstiefeln trug er nur noch einen kleinen ledernen Stringtanga mit Hosenträgern, zwei mit Nieten besetzte Ledergurte. Für einen gemütlichen Fernsehabend auf dem Sofa wäre es perfekt gewesen. Rex war an der Leine, und Göring trieb ihn mit einem Reitstöckchen an. Welche Einlage würden die beiden geben? Göring kniete sich hinter Rex, ich guckte Gudrun an. »Er wird doch jetzt nicht ...?«

»Doch!«

Wir standen da mit großen Augen – wenn ich ehrlich bin, weiß ich bis heute nicht, ob die beiden nur antäuschten oder ... wir waren anscheinend die Einzigen, die die kleine Show wahrnahmen. Die Aufmerksamkeitsschwelle war hier eine andere als bei uns zu Hause. Mach so was in einer oberbayrischen Dorfdisco auf der Tanzfläche, und die gesamte Landkreispolizei rückt aus. An dem Abend und an dem Ort war das etwas ganz Natürliches.

Wir haben dann noch einige Zeit getanzt und sind dann losgelaufen in Richtung Bar. Unterwegs trafen wir unser hoffnungsvolles Doubledate wieder, das sich augenscheinlich damit arrangiert hatte, allein zu bleiben. Sie kniete vor ihm und blies ihm einen. Kein Antäuschen – da war eine echte Vollzugsbeamtin am Start. Vielleicht hatte er ja Atemnot bekommen in diesem engen, stickigen Raum und als erste Hilfe war eine Mund-zu-Schwanz-Beatmung dringend notwendig geworden.

Wir haben in der Nacht bis zur Erschöpfung getanzt. Dann sind wir noch auf einen Burger ins Florent gegangen. Das Kultrestaurant war um die Ecke und hatte die ganze Nacht geöffnet. Morgens kamen die Schlachter zum Frühstück. Aber nicht wie in einem bayrischen Biergarten, wo man sein Essen – zum Beispiel Schweinehälften – mitbringen kann, das Florent war ein French Diner. Wir kamen erst bei Tagesanbruch ins Hotel. Was für eine Nacht! Ich verbuchte sie unter unheimlicher Begegnung der dritten Art. Es sollte bald noch eine weitere folgen.

An den nächsten Tagen erkundeten wir die Stadt zu Fuß. Ein weiteres Muss so kurz vor Weihnachten war der 25 Meter hohe Weihnachtsbaum, der jedes Jahr tausendfach erleuchtet vor dem Rockefeller Center steht. Mindestens genauso beeindruckt war ich allerdings vom ersten schwarzen Nikolaus, den ich bis dato gesehen hatte. Black Santas Auftritt war anders als der seiner deutscher Kollegen, die schon mit ihrer Körpersprache gemächliche weihnachtliche Heiligkeit signalisierten. In vollem Coca-Cola-Zuhälter-Ornat rutschte er ohne Kufen und ohne Schnee herbei, und sein Ruf erschallte wie ein Christmas-Hip-Hop-Crossover: »Yo! Yo! Yoo!«

»Hello, Mister Nikolaus.«

»What's up, fellas?«

»A lot!«

»There you go! God bless you two!«

Und ich war blessed, ich bekam den vollen Weihnachtsflash. I was fucking ready for Heiligabend!

Aber auf dieser Reise war ich zum ersten Mal in meinem Leben Heiligabend nicht zu Hause. Es war einer der größten Fehler meines Weihnachtslebens, dass wir für die stade Zeit ein paar Tage Key West in Florida gebucht hatten. Ich weiß nicht, was mich geritten hatte, Weihnachten mit Sonne, Strand und Meer zu verbringen. Ein weiterer großer Fehler war, den Weiterflug mit TWA zu buchen. Wir saßen am JFK-Flughafen etwa acht Stunden fest, weil unser Flugzeug für nicht flugfähig befunden wurde. Erst um ein Uhr morgens kamen wir in Miami an. Aber nach der fantastischen Zeit in New York konnte nichts unsere gute Laune verderben. Wir holten unseren Mietwagen ab und düsten los, meine Frau als Ricardo Tubbs und ich als Sonny Crocket, aber nicht mal an Weihnachten war »Miami Weiß« (Black Santa, forgive me). Zwei Nächte in einer Jugendherberge am Rande von Miami, und dann ging's ab ins weihnachtliche Key West. Das war damals ein nettes quirliges Örtchen mit schönen alten Kolonialhäusern. Alles war für Weihnachten geschmückt und vorbereitet. Alles. Nur nicht das Klima. Es war sauheiß, strahlender Sonnenschein, aber offensichtlich hatten Horden kleiner Weihnachtswichtel die Häuser mit Weihnachtsschmuckgirlanden gefesselt, sodass nicht mal Houdini eine Chance gehabt hätte, sie von ihrer Weihnachtsgeiselnahme zu befreien. Die Häuser waren alle voller Schnee. Ja, Schnee. Oder es sah wenigstens von Weitem so aus. Es war Watte. Kaum ein Haus, das nicht einwattiert und mit Lichterketten geschmückt war. In der Theorie vielleicht eine nette Idee, wenn man nicht ganz so viel Schnee zur Verfügung hat. Aber Watte statt Schnee: Das ist so, wie wenn einer statt Koks weißen bayrischen Schnupftabak in die Geldscheinrolle packen würde: »Komm, zieh rein, das macht das Hirn frei!«

Am 24. Dezember saßen Gudrun und ich am Strand, riefen von einer Telefonzelle aus zu Hause an und waren traurig, nicht daheim zu sein. Was taten wir hier? Ochs und Esel lagen am Strand und wollten weg.

So versetzten wir uns künstlich in einen Weihnachtsrausch. Alkohol spielte dabei eine nicht ganz zu vernachlässigende Rolle. Wir sind in jede Kneipe oder Bar in Key West gegangen, die irgendwas mit Ernest Hemingway zu tun hatte. Also alle. Da gab es seine Stammkneipe, dann die Bar, in der er sehr oft gewesen war, und ein Restaurant, in dem er mal gegessen hatte, auch eine Kneipe, in der er mal einen Pups gelassen hatte, der ihn dann zu seinem Roman »Wem die Stunde schlägt« inspiriert hatte. Gleichzeitig wollten wir der Befreiung Kubas von der spanischen Kolonialherrschaft knapp hundert Jahre zuvor gedenken, in unserer sehr freien Interpretation des Weihnachtsgedankens wollten wir den Sieg der Freiheit feiern. Also haben wir überall mindestens einen Cuba Libre getrunken, so kriegt man Weihnachten auch Rum. Bist du deppert: Wir haben Weihnachten so was von innen heraus gespürt, wir sind wie auf Wolken gewandelt. Unsere Unterstützung Kubas hat übrigens geklappt: Die Insel ist immer noch unabhängig.

BEGEGNUNGEN DER ANDEREN ART

In den nächsten zehn Jahren sind wir mindestens einmal jährlich nach New York gedüst. Oft bin ich schon mal für ein oder zwei Wochen vorgeflogen, Gudrun kam dann nach. So begann ich New York auch allein zu entdecken. Das Komische war, dass diese extrem laute Stadt in mir eine innere Ruhe auslöste, die ich an ruhigen Orten nicht fand.

1993 flog ich zum ersten Mal allein nach New York. Call me Kevin. Ich war damals seit sechs Jahren als Solokabarettist auf Tour. Solo zu touren muss man können und mögen, weil man in ganz vielen Momenten nur sich selbst hat. Ich habe mich oft zurückgezogen; jeden Tag neue Menschen zu treffen, ihre Geschichten zu hören, ihre Erwartungen, Sorgen, Freude, viel Small Talk zu machen, das hat mich oft überfordert. Ich brauche dann Stille von außen. In mir ist es meist laut genug.

In jenem Jahr habe ich mich leider wieder auf einen Hotel-Geheimtipp verlassen. An dieser Stelle eine Warnung: »Halte dich von Hotels fern, von denen alle sagen, sie seien hip und billig, und dort würden auch Models absteigen. In New York gibt es etwa 50 000 Wannabe-Models, die wenigsten verdienen Geld, aber sie müssen alle günstig wohnen. Und günstig heißt in NYC Bruchbude. Ich zog gut gelaunt ins »Hotel 17« ein, in der Hoffnung, dass statt Golfplätzen vielleicht Models in den Zimmern wären. Aber es hätte wohl gerade mal für ein einziges und sehr, sehr schlankes gereicht. Der Raum war so groß wie der Kleiderschrank meiner Großeltern, also zu klein, um sich zu bewegen, aber zu groß, um sofort an Platzangst zu sterben. Es stand immerhin ein Bett darin. Und das war nicht selbstverständlich. An der Rezeption hatte mich zum Beispiel niemand darüber informiert, dass die Zimmer keine Bäder hatten. Sie setzten wohl voraus, dass das jeder wusste, der dieses Hotel buchte. Es war eine Depri-Absteige. Kein Wunder, dass da so manches Model magersüchtig wurde, man hatte dann halt mehr Platz im Zimmer. Ich hatte ein kleines Fenster nach hinten raus, es war also immerhin ruhig. Die Fassade des nächsten Gebäudes war etwa gut einen Meter von meinem Fenster entfernt. Ich wusste nicht, ob ich das Aussicht oder besser Kurzsicht nennen sollte. Gollum hätte hier seine Freude gehabt, abgeschnitten vom Tageslicht in einem feuchten Loch. Die Decken und Wände zeugten davon, dass hier in einigen Jahren Stalagtiten und Stalagmiten entdeckt werden würden.

Falls das alles noch nicht ausgereicht hätte, um sofort eine neue Bleibe zu suchen, gab es noch die Dusche auf dem Gang als Grund. Ich wusste nicht, wie Models duschen, aber nach Eintritt in diese Nasszelle mit Toilette wollte ich es auch nicht mehr wissen. Klar: Models werden nicht fürs Saubermachen bezahlt. Aber selbst auf Toiletten in Zügen der Deutschen Bahn hängt ein Schild, auf dem steht: »Bitte verlassen Sie diesen Ort, wie Sie ihn vorgefunden haben.« Das haben die Models wohl auch alle gemacht – bis auf die Erste. Die hatte ihn in ein Feuchtbiotop verwandelt, wo sich Frösche nach einer erfolgreichen Krötenwanderung ein Zuhause suchen. Ich möchte an dieser Stelle eines klarstellen: Ein Schamhaar bleibt ein Schamhaar, das wird nicht besser, wenn man sich vorstellt, dass es von einem heißen Model stammt. Ich setzte mich aufs Klo, meine Stimmung war am Tiefpunkt. Was konnte jetzt noch kommen? Eine Kakerlake. Und zwar eine ziemlich neugierige. Sie krabbelte nämlich auf mich zu. Das tun Kakerlaken normalerweise nicht, sie flüchten bekanntlich bei jeder Bewegung. Vielleicht sollte es ein Zeichen sein, »Michl, du bist verdammt, und Gott schickt dir eine Kakerlake, um dir die Ausweglosigkeit deiner Situation zu verdeutlichen«. Sie stellte sich vor mich hin und guckte mich an. Ich starrte zurück. Gott sei Dank waren wir hier nicht in einer coolen Bar im Meat District. Hier war die Gefahr eines flotten Sodomisten-Zweiers nicht gegeben. Ich sagte laut zu ihr: »Und, wie geht's so?« Ihre Fühler bewegten sich – das bedeutete vermutlich »gut« –, dann drehte sie sich um und krabbelte langsam weg.

Die Straßen von Manhattan haben mich wieder mit der Welt versöhnt. Egal was war, was ist, ich kann in diese Stadt eintauchen wie in einen Kokon. Meine neue Bleibe wurde das Chelsea Hotel, eine legendäre Herberge, in dem viele Künstler gewohnt haben. Es beherbergte über die Jahrzehnte eine illustre Schar, von Arthur Miller und Salvador Dali über Jimmy Hendrix und Janis Joplin bis zu Leonard Cohen. Als großer Fan von Letzterem hatte ich sofort seinen wunderbaren Song »Chelsea Hotel« im Ohr. »I remember you well in the chelsea hotel«.

Yes, ich war am richtigen Platz, fühlte mich wie ein Künstler. Ich hatte eine günstige Rate ausgehandelt, aber für längere Aufenthalte in Manhattan war es eigentlich zu teuer. Doch in jenem Jahr habe ich mir das gegönnt. Und ich habe eines gelernt: In New York hängt es nicht vom Zimmerpreis ab, ob du Mitbewohner hast oder nicht. Kakerlaken kennen keine Standesunterschiede, sie sind überall. Ich habe eines Abends, als ich heimkam, den Fehler gemacht, ein Schokoriegelpapier, an dem noch ein paar Krümel klebten, in den Papierkorb zu werfen. Nachts bin ich aufgewacht, weil Geräusche aus dem Abfalleimer kamen. Es hörte sich an, als ob ein Tier darin herumkrabbelte, eine Maus oder eine kleine Ratte. Was jetzt? Ich war kein Tiertöter, bislang hatte ich nur Spinnen ins Badezimmerjenseits geschickt, um meine Geliebte zu retten. Aber das hörte sich viel größer an. Ich dachte, die einzige Möglichkeit wäre, den Abfalleimer so schnell auf den Kopf zu stellen, sodass das sich darin befindende, geheimnisvolle Geschöpf gefangen wäre. Ich stand auf, nahm den Eimer und: Switch und Sieg! Yes! Der Abfalleimer stand verkehrt herum, von innen kamen hektische Krabbel- und Kratzgeräusche. Dann habe ich den Abfalleimer auf dem Teppichboden nach draußen geschoben und dabei aufgepasst, dass keine Lücke zum Entkommen entstand. Ich habe ihn den ganzen Flur entlang bis vor die Aufzüge bugsiert, den Aufzugknopf gedrückt, damit nach der Freilassung einer von uns beiden eine Fluchtmöglichkeit haben würde. Der Aufzug kam, ging auf, ich hob den Abfalleimer – und bin gleich mal vorsichtshalber einen Meter nach hinten gesprungen. Die Ratte war eine riesige Kakerlake. Ich weiß, wir Männer neigen manchmal zur Übertreibung, aber ich schwöre, diese Kakerlake muss der Chef aller Krabbeltiere in diesem Hotel gewesen sein. Sie war so groß wie eine kleine Maus. Sie lief vor mir weg, wahrscheinlich war sie klaustrophobisch veranlagt und wollte den Aufzug nicht nutzen. Auf offenem Feld war ich ihr vielleicht überlegen – ich lief hinterher und trat mit dem Fuß darauf. Krack. Noch mal etwas nachgedrückt. Krack. Ich hörte schon die Lobgesänge auf meine Heldentat: »Lang lebe Michfrid, der Kakerlakendrachentöter!«

Aber die Drachenschabe ließ sich von meinem brutalen körperlichen Einsatz nicht beeindrucken. Sie erhob sich, schüttelte die Fühler und düste los. Ich war zu baff, um die Verfolgung aufzunehmen.

Ich habe nie wieder etwas Essbares mit in ein Hotelzimmer in New York mitgebracht. Okay, ich gebe zu, dass ich von da an jeden Abend ein Snickers-Papier in den Eimer am Aufzug geworfen habe, um die kakerlakischen Horden von meinem Zimmer wegzulocken. Das mag kindisch gewesen sein, aber es hat mich ein wenig beruhigt.

In den folgenden Jahren haben wir statt Hotels meist Apartments gebucht, was günstiger und praktischer war, wenn wir länger blieben. Ich kann mich noch an eines im East Village erinnern, wo wir einer regelrechten Kakerlakeninvasion standhalten mussten. K-Day. General Michl und Gudrun Custer mussten sich einer unvorstellbaren Übermacht feindlicher Unterstämme der Sechsfüßler erwehren. Hier ein gut gemeinter Ratschlag: Wer in New York ein mittelmäßiges bis abgehalftertes Apartment mietet, sollte nachts nie das Licht anmachen! Die Wohnung sah im Hellen ganz annehmbar aus. Eines Abends löschten wir das Licht, um uns mal wieder richtig gut zu unterhalten, praktische Philosophie. Nach einem langen Gespräch musste ich mal aufstehen, schaltete das Licht an, hüpfte aus dem Bett – krack –, ich blickte Richtung Boden und ... es müssen Hunderte gewesen sein. Sie entfernten sich von meinem Fuß wie eine schwarz-braune Welle. Gudrun sagte, nur halb im Spaß: »Michl, ich geh nicht aus dem Bett raus, bevor du nicht alle getötet hast.«

»Ja, aber bis dahin haben wir sicher schon Großenkel. Und selbst dann müsste ich wohl noch einen als Nachfolger anlernen, und der würde es dann noch seinen Nachkommen weitergeben müssen.«

Wir lagen im Bett, und um uns herum tobte ein Meer aus Kakerlaken. Das war nicht romantisch. So zogen wir los, um uns zu bewaffnen. Gott sei Dank sind in New York einige Geschäfte 24 Stunden geöffnet, und wir fanden ein Spray namens »Doom«. Ich fand, das war ein sehr cooler Name, »Doom – Apocalypse Now – I exterminate you fucking cockroachsuckers!«. Wieder zurück in der Wohnung haben wir einen weiten Kreis ums Bett auf den Boden gesprüht, wie in den Horrorfilmen, in denen auf diese Weise Dämonen ausgesperrt werden sollen. Deutsche Gründlichkeit und Sicherheitsvorschriften im Kopf, beschlossen wir, die vier Bettbeine ebenfalls einzusprühen, für den Fall, dass es eine todesmutige Kakerlake über das Sprayminenfeld schaffen würde: Sie würde spätestens beim Aufstieg sterben. Der findige Leser wird sich jetzt denken: Das muss ja höllisch gestunken haben im Zimmer. Ich glaube, dass es auch für Menschen tödlich gewesen wäre, was wir im Raum verteilt hatten. Also Fenster auf, es war Spätsommer. So haben wir überlebt und konnten ruhig schlafen. Und wenn sie nicht gestorben sind, sprühen sie noch heute.

DIE PYRAMIDEN VON NEW YORK

New York besteht natürlich nicht nur aus Kakerlaken-Kriegserinnerungen. Ich habe noch so viele wundersame kleine Geschichten erlebt in dieser schlaflosen Stadt. So lief ich auf dem Rückweg ins Chelsea Hotel immer die Avenue of the Americas hoch und kam an der Ecke West 20th Street an einer wunderschönen Kirche vorbei. Eine von denen, in die man auch mal freiwillig geht, weil die Sandsteinarchitektur so beeindruckend ist. Komischerweise war die Kirche tagsüber immer geschlossen, nur nachts, wenn ich daran vorbeikam, stand immer eine lange Schlange von Leuten an, alle in Party-Outfit und sehr gestylt. Eines Abends habe ich dann mal einen aus der Schlange gefragt, wofür sie denn da anstehen, vielleicht eine kirchliche Speisung armer verirrter Partyschäfchen? Der Mann blickte mich überrascht an: »That's the Limelight, man!«

Ich blickte ihn fragend an.

»The coolest club in the universe!«

Das war hochgegriffen, der beste Club des Universums. Wer weiß, was auf fremden Planeten los ist! Ich habe mich dann informiert: Das Limelight war offenbar die Rampensau unter den Clubs. Der angesagteste Club für Techno, Goth und Industrial Music. Eines Nachts, ich hatte ein paar Bier getrunken, kam ich wieder an der langen Schlange vorbei. Ich war neugierig, aber ich wollte mich keine Stunde anstellen. Außerdem hatte ich meine Lederhose an. Also meine bayrische, die ich von meinem Großvater überreicht bekommen hatte. Dazu trug ich blaue Doc-Martens-Stiefel und ein schwarzes T-Shirt. Ja, ich weiß, so würde ich heute auch nicht mehr rumlaufen, aber damals fand ich das saucool. Ohne nachzudenken bin ich zum Eingang vorgegangen, vielleicht um einen kurzen Blick ins Innere werfen zu können, wenn der Türsteher gerade jemanden rein- oder rausließ. So stand ich da, in meinem Kopf lief gerade eine bayrische Version von Sting, »I'm an alien, I'm a legal alien, I'm a Bavarian in New York«, als der Türsteher mir plötzlich zurief: »Hey, you!«

»Me?«

»Yes. You can come in!«

Mit einem »Öh, yes, zat's very great« ging ich vor allen Leuten in der Schlange vorbei und betrat die heiligen Hallen des Limelight. Ich wusste nicht, wie mir geschah. Wieder der Euro- bzw. Bavaria-Trash-Effekt? Der Türsteher hatte wahrscheinlich noch niemanden in echter bayrischer Lederhose gesehen und befand das für abgefahren und eintrittswürdig. Was ich sah, beamte mich weg. Eine neogotische Kirche mit ihrer steinernen Optik, eine Lightshow, die jeden Papst-Gottesdienst alt aussehen lassen würde. Apropos: Vorn stand noch der Altar. Und zwar so, als ob der Pfarrer dort noch ein paar Stunden zuvor gegen den Teufel gepredigt hätte. Luzifer hatte sich anscheinend nicht davon abschrecken lassen und feierte nachts wüste Partys. Es war LAUT! Laserstrahlen durchzuckten den Nebel. Von der Decke hingen große schmiedeeiserne Käfige, in denen Mädchen in sehr knappen Outfits tanzten. Ob es einen Grund hatte, dass sie eingesperrt waren? Luzifers kleine Schwestern? STOP THINKING! Es war eine Techno-Traumwelt, in die ich hineingezogen wurde. Ein paar Drinks und die Musik machten mich high. Als ich viele Stunden später ins Hotel zurückkam, hatte ich kein T-Shirt mehr an. Ich sah im Spiegel einen verschwitzten Typen mit Lederhose und blauen Doc Martens. Oder auch einen blauen Typen, der dringend einen Doc im St. Martin's Hospital brauchen könnte. War das noch ich? Ja. Fucking NYC Mike. So hätte ich es sogar mit Chief Cockroach aufgenommen.

Eines der vielen Highlights der Zeit in New York war ein Abend im CBGB, einem legendären Punk-Club. Hier waren viele meiner musikalischen Helden aufgetreten, wie etwa die Ramones, Talking Heads, Elvis Costello, The Police, Beastie Boys oder die Patti Smith Group. Auch in den Neunzigern haben wir da noch großartige Konzerte erlebt. Leider musste der Club 2006 schließen. Die T-Shirts mit dem vollen Namen des Clubs sind auch heute noch ein Renner: »CBGB OMFUG« – das ist die Abkürzung für »Country, Bluegrass, Blues and Other Music For Uplifting Gormandizers«. Gormandizer ist übrigens Englisch für Schlemmer. Und was haben wir da drin oft musikalisch geschlemmt. Viel Punk, viel Rock und einmal eine chinesische Heavy-Metal-Girlgroup. Da standen fünf sehr jung aussehende Mädchen in Schuluniformen auf der Bühne. Sie sahen mit ihren Seitenzöpfen aus, als ob sie gerade vom Matheunterricht gekommen wären, aber das Konzert war ein Mao-Hammer. Schon der Anfang war spektakulär. Erst kam eine allein mit einer Geige auf die Bühne und lächelte schüchtern. Das Publikum tobte. Jetzt hätte auch die kleine Nachtmusik kommen können, aber die Geige war über einen Verzerrer an einen Monster-Marshall-Verstärker angeschlossen. Das Mädchen begann, die Violine zu streichen – der Klang hätte die Spinne Thekla so was vom Netz runtergespielt! Die verzerrte Geige bohrte sich wie kreischendes Kratzen auf Stahl ins Gehör, und schon kamen ihre vier Mitschülerinnen auf die Bühne, und dann haben die so was von abgerockt!

Wir haben viele tolle unbekannte Bands gesehen in all den Jahren. Oft haben wir in der Village Voice, einem kostenlosen Stadtmagazin, nach Konzerten gesucht. Da wir sowieso keine der Bands kannten, entschieden wir uns einfach für die mit schrägen, coolen oder spektakulären Namen. Einer meiner Lieblingsabende war im AKA Club in der Houston Street. Angekündigt waren die Screaming Headless Torsoes und die Bloodhound Gang. Ja, *die* Bloodhound Gang. Es war 1994, die Band war noch ganz am Anfang. Es war ein wütendes Toben und Kämpfen. Bierflaschen flogen, und zwar von der Bühne ins Publikum. Ich schaute Gudrun an, und mir fiel ein alter Woody-Allen-Dialog aus »Hannah und ihre Schwestern« ein: »Warum bist du so nervös bei dieser tollen Musik?«

»Ich habe Angst, dass sie Geiseln nehmen, wenn sie aufhören zu spielen!«

Am Ende des Konzerts warf Jimmy Pop noch CDs ins Publikum – eine etwas andere Art von Merchandising-Vertrieb. Vielleicht waren ihm einfach die Bierflaschen ausgegangen. Es war wie bei einer Hochzeit, wenn die Braut den Brautstrauß in die feiernde Menge wirft. Und wer ihn fängt ... Gudrun und ich haben jeweils ein Exemplar der EP »Dingleberry Haze« gefangen. Mussten wir nun heiraten? Da jeder von uns beiden eine in Händen hielt: Wen denn? Diese EP ist mittlerweile ein Sammlerstück. Laut Wikipedia wurden nur 120 Stück verkauft. Aber ich werfe sie nicht mehr zurück.

Irgendwann gab Thomas Hermanns mir wieder einen Tipp für einen Club, in den ich unbedingt reinmusste. »Ist das wieder so eine Göring-goes-leather-Veranstaltung?«

»Nein, das Pyramid ist ein cooler Club in der Avenue A, wo alles Mögliche stattfindet, Disco, Performances, sogar Comedy.«

Die Avenue A war damals nicht gerade eine schicke Gegend. Aber es gab viele kleine Bars und Geschäfte. Es hieß damals, Avenue B and C seien noch okay, aber Avenue D = Death. Das bedeutete: nicht hingehen, wenn man gerade am Geldautomaten gewesen war. Der Thompkins Square Park, der dort lag, zog Junkies, Drogendealer und Obdachlose an. Also nicht gerade die Touristengegend. Mich zog es oft zu solchen Orten, immer wenn's zu gelackt und gestylt ist, wird es mir schnell langweilig.

Mein Ziel waren also die Pyramiden von Avenue A. Diesmal habe ich mir vorher das Programm angeschaut. »80's Rocknight«. Yeah, das war was für mich. Da konnte nichts passieren. Achtzigerjahre straight on the Rocks. So war ich dann doch überrascht, als ich reinkam. Das Publikum bestand zu neunzig Prozent aus Männern. Ein paar Frauen mit Herrenhaarschnitten erfüllten die Quote. Es lief gerade »More Than A Feeling« von Boston. Und ich hatte auch mehr als ein Gefühl, dass in dem Club etwas nicht passte. Ich war's nicht. In der Mitte des Raums stand eine kleine Rundbühne, und auf der befand sich ein großes Holzkreuz. Also ein normales Setting für einen netten Abend in einer Ku-Klux-Klan-Disco. Aber okay, vielleicht auch nur Zufall. Ich begab mich tänzerisch auf eine musikalische Reise in die Achtziger: Bon Jovi, Billy Idol, Kansas, Styx, The Tubes, Foreigner, Def Leppard, Bruce Springsteen, alles dabei ... Alle Klischees, nach denen Schwule nur auf ABBA und Gloria Gaynor abfahren, wurden hier zerlegt. Ich war begeistert: eine schwule Achtzigerjahre-Rocknacht.

Die Christl mit der Post ging ab! »Sweet Home Alabama« löste Hysterie im Raum aus.

Diesen Song hatte ich in New York vor nicht allzu langer Zeit in einem etwas anderen Ambiente gehört. Auf einem meiner nächtlichen Streifzüge durch den Meatpacking District hatte ich eine Bar entdeckt, das »Hogs and Heifers«. Das bedeutet in etwa »Schweine und Rinder« – wobei das Wort »Heifer« im Slang auch »dickes Fräulein« bedeuten kann. Beides passte. Das »Hogs and Heifers« war eine wilde Biker Bar. Sie wurde meine Lieblings-Absackerkneipe, auch wenn ich optisch nicht optimal reinpasste. Das Publikum war eine bunte Mischung aus Bikern, die aussahen wie in harten Rockergang-Filmen, Veteranen, kernigen Südstaatlern und ein paar Nachtschwärmern wie ich, die sich in diese dunkle Ecke verirrt hatten. An den Wänden Südstaatenflaggen, ein großes Schild mit der Aufschrift: »Nam – M. I. A. – we miss you!«, womit Gefallene aus dem Vietnamkrieg gemeint waren. Aber der Haupthingucker waren Tausende BHs, die an den Wänden und an der Decke hingen. Frauen, die ihren BH für die Deko hergaben, bekamen Drinks umsonst. Angeblich hing auch ein BH von Julia Roberts dran. Ich mochte die Atmosphäre, es hatte etwas Ehrliches, auch wenn ich da drinnen wahrscheinlich nicht laut hätte rufen wollen: »Übrigens, ich bin ein Grünwähler!«

Dann ertönte das Gitarrenriff von »Sweet Home Alabama«, und die Bar wurde zum Tollhaus. Die Biker und Veteranen feierten und grölten und tanzten, die Bedienungen sprangen auf den Tresen, zogen sich ihre T-Shirts vom Leib und tanzten dort, nur noch mit BHs bekleidet. Als das Lied zu Ende war, setzten sich alle wieder an ihre Plätze. Ich stand an der Theke, trank ein Bier und sah, wie der Typ neben mir der Kellnerin einen Vierteldollar Trinkgeld zuwarf. Sie warf ihm ein »Fuck you, that's not a tip« zu. »Take what you get, bitch!« Sie

195

nahm gelassen den Zapfschlauchhahn, stieg auf die Theke und sprühte ihn komplett mit Cola ein. Als er nach ihr greifen wollte, um sie herunterzuholen, spürte er wohl, dass einer der Biker ihn mit ruhigem, aber festem Blick fixierte. Der Biker formte mit seinem erhobenen Zeigfinger ein kleines »No« und flüsterte: »Don't.«

Der vor Cola triefende Typ hielt inne – auch er sah in den Augen des Bikers, was ihm drohte. Death. Er verließ laut schimpfend die Bar. Als Belohnung gab's noch mal »Sweet Home Alabama«. Jihaaa!!!! Auch wenn der Songtitel süß nach Heimat klingt: Ich glaube, dass es selbst heute in Alabama kein Sweet Hit wäre, eine schwule Achtziger-Rocknacht zu veranstalten. Im Pyramid Club lief als Nächstes »White Wedding«. Dazu wurde ein in Lederreste gekleideter Sklave des Pharaos an das Holzkreuz gebunden und von einem Typen ausgepeitscht, der wie Steven Tyler von Aerosmith aussah. Als dann Van Halens »Jump« ertönte, begann der ganze Club zu hüpfen. Die Stimmung war wie auf einem erwachsenen Kindergeburtstag.

Nach einer Weile beschloss ich, die weiteren Grabkammern der Pyramide zu entdecken, oder anders gesagt: Ich musste mal zur Toilette. Dorthin wo das Klopapier für die Mumien aufgerollt war. Die WC-Kultur auf der Welt ist vielfältig. Man stellt sich immer vor, das Schlimmste wäre ein Holzlochklo im afrikanischen Busch. Oder eine Toilette in einem südfranzösischen Restaurant. Aber als ich die Waschräume des Clubs betrat, sah ich sofort, dass hier etwas nicht stimmte. Es gab ein Sitzklo und zwei Pissoirs, was ja schon mal als Grundausstattung nicht so schlecht war. Aber es gab keine Abtrennungen dazwischen. Auch nicht zwischen dem Sitz- und den billigen Stehplätzen. Die Toilette war leer, also habe ich mich schnell hingesetzt, um fertig zu werden, bevor jemand reinkam. Etwa fünfzehn Sekunden später betrat ein Typ den Raum und stellte sich genau neben mich. Er blickte von oben auf mich herab. Ich wollte Augenkontakt vermeiden, aber ich bin höflich erzogen und habe verlegen nach oben gegrüßt: »Hello.«

Ich saß da wie ein kleiner Bub, dem man gerade den Topf wegnehmen will. Der Mann wandte sich mir zu und fragte: »How are you?«

»Thank you, fine.«

Was natürlich nicht stimmte.

Amis fragen immer, wie es geht, aber es interessiert sie eigentlich nicht. Ich musste in den USA erst lernen, nicht ernsthaft auf die Frage »How are you« zu antworten. Anfangs dachte ich »Sind die alle nett und interessiert!« und erzählte, wie es gerade so um mich stand: »Eigentlich alles in Ordnung, ich habe viele Auftritte, eine tolle Frau, und unserer Familie geht's auch gut.« Aber schnell habe ich gelernt: Die Aufmerksamkeitsspanne des Homo Americanus ist kurz. Das habe ich mal in einem Diner ausprobiert, weil ich dachte, daraus könnte ich mal eine gute Comedy-Nummer machen. Es hat funktioniert. Die Bedienung kam an meinen Tisch und flötete laut in diesem Kellnerinnen-Singsang, der Wale töten könnte: »How are you today?«

»Oh, not so good. I have cancer and I'm gonna die within a month.«

Sie strahlte mich an: »Did someone tell you about our specials today?«

»No, but what about my cancer?«

Sie zuckte nicht mal: »We have Lobster and Crab.«

»Oh, kind of cancer to eat.«

»You wanna have a starter before?«

»No, I think I don't have enough time for things like that.«

»The kitchen is very fast today.«

Ja, da fällt dann nicht mal einem Komiker noch was drauf ein. Liebe Amerikaner, wenn ihr von einem Deutschen nicht ehrlich wissen wollt, wie es einem geht, fragt einfach nicht!

GUTE BULLEN, BÖSE BULLEN

Es gab noch eine kleine Sache, die viele Jahre in meinem Synapsensystem schlummerte: Ich hatte von Anfang an nicht verstanden, dass man in New York Alkohol nur auf offener Straße trinken durfte, wenn die Flasche oder Dose in eine braune Papiertüte eingepackt war. Welchen Sinn sollte das haben? Wenn jemand aus einer braunen Papiertüte trank, wusste man doch, dass da Alkohol drin war und nicht etwa Milch. Prostitution war auch illegal in New York – in der Logik hätten die Prostituierten auf dem Bürgersteig nur in große braune Papiertüten steigen müssen, und keiner hätte mehr was sagen können.

Im Jahr 2000 saß ich mit Markus Kavka im Thompkins Square Park. Wir hatten uns ein paar Dosen Bier gekauft, sie in Biertütenkondome verpackt, und tranken und redeten und machten Witze: »Wenn jetzt ein Cop kommt und fragt, dann sag ich einfach, in der Tüte ist Milch.« In New York war es zu dieser Zeit nämlich verboten, Alkohol in öffentlichen Parks zu konsumieren. Wir fanden, dass wir ganz schön cool waren. Plötzlich tauchten zwei Cops vor uns auf. New Yorker Cops sehen viel gefährlicher und härter aus als unsere Polizisten. Wer auch immer sich diese bundesrepublikanischen ocker-gelb-senf-beigefarbenen Hosen und Hemden und diese grünen Uniform-Trachten-Sakkos ausgedacht hatte, dem kann es nicht darum gegangen sein, den Polizisten Autorität zu verleihen. Da waren Cops in New York mit ihren schwarzen, martialisch anmutenden Uniformen ein ganz anderer Schnack. Schon die Bezeichnung »Cops« hört sich einiges tougher an als »Polizisten«. New York war »Einsatz in Manhattan« und Deutschland war »Polizeiinspektion 1«. Der Manhattan-Xare hat erst geschossen und dann gerufen: »You better freeze, man!« Erst dann ging es überhaupt zur Beweisführung: »Was this the guy?« Walter Sedlmayer von der »Polizeiinspektion 1« hat, wenn er einen Flüchtenden stellen sollte, erst noch seinem Kollegen zugerufen: »Du Max, mogst ma vorher bitte noch a Leberkässemmel holen! Aber mit Händlmaier-Senf.«

Amerikanische Cops wirken durch Ausstrahlung und Charisma. Die deutsche Polizei muss gemerkt haben, dass ihr da was fehlt. Vielleicht schaltete sie deshalb in den Neunzigern Werbung. Ich habe 1996 im Bayrischen Rundfunk einen Radiospot der Polizei gehört, den ich auf Kassette aufgenommen habe. Hier der Wortlaut: »Wir von der bayrischen Bereitschaftspolizei sind für Ruhe und Ordnung zuständig. Denn zum Beispiel in New York im Zentral-Park geben sich Drogen und Dealer die Hände. Wir bayrische Bereitschaftspolizisten sind gegen Kriminalität als solche, und insbesondere gegen Drogen. Wir sorgen dafür, dass es bei uns nicht so zugeht wie etwa in New York im Zentral-Park.«

Da saßen sicher die Gangster und Verbrecher Fingernägel kauend am Radio: »Verdammt, die machen uns fertig.«

Echte Cops brauchen keine Radiowerbung. Da reicht das Aussehen. Zu ihren schwarzen Military Outfits trugen New Yorker Cops Monster-Überlebensgürtel mit Taschenlampe, Schlagstock, Jagdmesser und Taschen-Kettensäge. Bei der bayrischen Polizei hingen dann dort Schlüsselbund, Flaschenöffner und Brotzeitmesser. New Yorker Cops hatten Schlagstöcke nicht als modische Accessoires am Gürtel. In der U-Bahn hatte ich mal Polizisten damit Übungen machen gesehen, wie Bruce

Lee mit Nunchaku. Oft üben sie mit normalen Menschen, vor allem Schwarzen. All das war in meinem Hinterkopf, als wir da im Thompkins Square Park mit unserem Bier saßen und plötzlich zwei Cops auf uns zukamen. Der eine klopfte seinen Schlagstock in die Handfläche. Unsere Coolness verschwand unauffällig. In der Stimme der Ordnungsmacht war nicht ein Anflug von Freundlichkeit oder Mitgefühl.

»What are you two doing here?«

»Äh, we are just sitting here and drinking something.«

»You are drinking alcohol?«

»No!«

»Again Sir, what is in this paperbag?«

Und das ist der Moment im Leben, in dem du dich entscheiden musst: cool sein oder überleben.

»M...milk!«

Engelschöre ertönten, der Walkürenritt aus »Apokalypse Now« näherte sich mit Hubschraubern.

»Sir, are you sure?«

NO! Ich habe es nicht getan. Kleinlaut saß ich da und flüsterte: »Zere is beer drin.«

»It is illegal to drink alcohol in a public park!«

»Öh, we did not know ...«

Wir haben die zwei unwissenden Deutschen gespielt, und erst nachdem wir das Bier weggekippt hatten und die Dosen weggeworfen, ist die Kavallerie wieder abgezogen. Nie hat Markus Kavkas legendärer MTV-Verabschiedungssatz besser gepasst als hier: »Hamma wieder was glernt. Recht herzlichen Dank für die Aufmerksamkeit, auf Wiedersehen!«

KÄMPFER DES WORTS

In New York habe ich mir so viele Comedians angeguckt, wie ich konnte. Wann immer ich dort war, bin ich in Clubs gegangen und habe mich inspirieren, faszinieren und begeistern lassen. Für mich waren vor allem die »alten« Comedians Helden. Stand-Upper wie Mort Sahl und Lenny Bruce hatten das Publikum in den Sechzigern gerockt. Inhaltliche Tabus wurden gebrochen, die Gesellschaft verlangte nach neuen Formen der Kunst. Nach Humor, Haltung, Engagement. Die guten Komiker waren für mich Kämpfer des Wortes. In den Siebzigerjahren kamen neue Comedians. Richard Pryor, Woody Allen, George Carlin, Robin Williams, Steve Martin, Sam Kinison oder Joan Rivers. Das Wort – live verpackt in Humor – wurde damals zur Popkultur. Ich habe Dutzende Schallplatten, Audio- und Videokassetten von ihnen gekauft. Mich haben diese Künstler besonders interessiert, weil sie Kulturgrenzen aufsprengten und durch Ehrlichkeit und Offenheit auf der Bühne ein Fanal setzten für eine neue Zeit. Als ich 2011 in Montreal beim »Just For Laughs«-Festival mit Angelo Tsarouchas zusammensaß, einem der lustigsten weltweit tourenden Comedians, und wir uns über die Grenzen von Humor und Comedy in diesen turbulenten Zeiten unterhielten, blickte er mich ernst und gleichzeitig schelmisch an und sagte: »Mike, Stand-up-Comedy ist die letzte Bastion freier Meinungsäußerung.« Einer meiner größten Comedy-Helden, Lenny Bruce, der 1966 viel zu früh verstarb, war einer der Bauherren dieser verbalen Verteidigungsanlage gegen Engstirnigkeit, Unmenschlichkeit, Prüderie und dem sonstigen Irrsinn der Welt. Künstler wie er haben mich maßgeblich beeinflusst in meinem Denken und Schaffen. Als ich seine Autobiografie gelesen habe, war ich erschrocken, wie ähnlich und nah ich mich ihm fühlte – Gott sei

Dank mit weniger Drogen. Stand-up-Comedy ist kein Beruf, sondern eine Lebensform. Ein Weg. Ich habe zeit meines Lebens immer versucht, das Herz und den Antrieb meiner Helden aus der deutschsprachigen und der englischsprachigen Welt in mir zu spüren und mich von ihnen inspirieren zu lassen. Wir Stand-up-Comedians sind keine Clowns, sondern unterhaltende Beobachter und Kommentatoren unserer Zeit. Keine bloßen Hofnarren, sondern Weltnarren, die versuchen, auf ihre Weise den Menschen die Absurditäten dieser Welt so zu präsentieren, dass man den täglichen Schrecken weglachen, Luft holen und wieder klar denken kann. Satire ändert nichts, aber sie kann Veränderungen einen roten Teppich ausrollen. Sarah Silverman, eine der derzeit besten weiblichen Comedians, hat es in einer Dokumentation über die Grenzen des Humors wunderbar gesagt: »Comedy bringt Licht ins Dunkel. Und die Dunkelheit hat im Licht keine Chance.«

Ohne Humor wäre dies eine andere Welt; eine, in der ich nicht leben möchte. Und ohne New York auch nicht. Vielleicht war es deshalb kein Zufall, dass ich das Programm, mit dem ich meinen Durchbruch erleben sollte, in New York angefangen habe zu schreiben. »Zapped – Ein TV-Junkie knallt durch«. Ich habe mir einfach Kopfhörer aufgesetzt, die Musik voll aufgedreht, und es floss aus mir raus. Meine ersten Nummern waren die »Heiligen Drei Königskiffer«, »Winnetou im Tal der Bluter« und meine erste Reise nach New York. Die New Yorker Cops drängten sich mit rein. Ich schrieb wie ein Wilder mit Lust, offenem Herzen und freudiger Erwartung darauf, was mir noch alles zufliegen würde. Noch nie war ich als Künstler so bei mir. Ich hatte mich nach vielen Jahren der Tour endlich gefunden. »Zapped« war das Ende meiner Anfänge.

Das Programm hatte im Juni 1996 in der »Bar Jeder Vernunft« in Berlin Premiere und war wochenlang ausverkauft.

Und das war es bald auch in allen anderen deutschen Großstädten und dann im gesamten Bundesgebiet. Dank Mundpropaganda und Fernsehen. Einer der Autoren der Harald-Schmidt-Show, der in Berlin das Programm sah, machte mir einen Tag später das Angebot, in der Sendung einen Stand-up zu machen. Harald hat nach meinem ersten Auftritt sofort gesagt: »Komm so oft du willst, das war großartig.« Der Quatsch-Comedy-Club ging ab Frühjahr 1997 auf Sendung. Stand-up-Comedy wurde in Deutschland endgültig fernsehtauglich – und dann ging alles erst richtig los.

New York begleitet mich nun schon seit fast 25 Jahren, die Stadt ist ein Teil meines Lebens geworden. Sie hat mir oft gute Energie gegeben. Manchmal auch welche genommen, aber sie war nie gierig, nur wenn ich es zuließ. Man muss aufpassen, sie kann einen verschlingen, einen verschwinden lassen. Ich bin auch öfters verloren gegangen, aber bin wieder zurückgekommen. Sie hat mich verändert. Als Menschen und als Comedian. Meine Frau hat einmal zu mir gesagt, New York wäre die Einzige, auf die sie etwas eifersüchtig sei. Aber mein Herz schlägt nur für eine Frau, und mittlerweile noch für eine Tochter! New York ist mein bester Kumpel, der mich durchs Leben begleitet. Schön, dass du da bist, du wahnsinniger Moloch, ohne dich wär's anders.

DER GROSSE TRAUM

DAS RAUSCHEN DAVOR

Die ersten Jahre als Komiker und Kabarettist waren anstrengend, aber ich habe die Arbeit geliebt und mich nie beschwert, das war es, was ich machen wollte. Ich durfte mich auf Bühnen austoben, ausleben, ausprobieren, ich durfte einfach ich sein ohne Kompromisse, ich war Liedermacher, Kabarettist, Dichter, Sketchschauspieler und Komiker. Es war eine Zeit der Suche, aber der Weg war auch mein Ziel. 1994 habe ich für mich selbst mal formuliert, was mein größter Traum wäre. Das war relativ einfach: Ich wollte, dass es in den Kleinkunstbühnen, in denen ich spielte, immer voll sein würde. Wir reden hier von 80 bis 150 Zuschauern. Davon konnte man ganz gut leben, wenn man viele Auftritte machte. Aber es ging anders weiter, als ich gedacht hatte. Seit »Zapped« kamen Hunderttausende Menschen zu allen meinen Programmen. Ich habe mich in diese Welle reingeworfen und bin darauf gesurft. Ich brannte wie eine Dauerwunderkerze an beiden Enden und durfte das Zitat von Bono leben: »Stand-up-Comedians sind die Rock'n' Roller der Neunziger.«

Unsere Wege kreuzten sich wieder am 29. Juli 2001 in der Waldbühne in Berlin. Eigentlich wollte ich mir nur das Konzert der »Elevation Tour« ansehen. Die Vorgruppe »Söhne Mannheims« konnte nicht spielen, weil kurz davor ein Platz-

204

regen ihr Equipment außer Gefecht gesetzt hatte. Ich saß mit meiner Frau im Taxi und war schon in der Nähe der Waldbühne, als ich den Anruf eines Freundes von der Plattenfirma Universal bekam. »Du brauchst doch für einen Auftritt nur ein Mikro?«

»Ja.«

»Kannst du dir vorstellen, den Support für U2 zu machen?«

»Klar, grundsätzlich schon, ja. Wann?«

»In etwa einer Stunde.«

Meine Frau hat mir später erzählt, dass ich ganz grün im Gesicht geworden war. Obwohl es wahnsinnig war, ohne Vorbereitung zu spielen, sagte ich natürlich zu. Ich flirrte. Es wurde ein Triumph. Die 22 000 Zuschauer in der Waldbühne haben mich gefeiert. Danke! Als die Band hörte, wie ihre Fans lachten und applaudierten, sah sie sich den Rest des Auftritts an. Ihr Manager, Paul McGuinness, sagte später zu mir: »Als sie mich fragten, ob es okay wäre, wenn ein Comedian als Vorgruppe auftreten würde, sagte ich, egal, wir haben sonst keine Alternative, lasst sie ihn töten.« Es kam anders. Wir verbrachten nach dem Konzert einen wunderbaren Abend mit Bono und der Band. Das Schicksal führte uns in den folgenden Jahren immer wieder zusammen. Nach einer ECHO-Verleihung in Berlin haben wir eine Nacht zusammengehockt, in der eine echte Freundschaft entstanden ist. Und seither arbeite ich mit Bono und der von ihm mitgegründeten Organisation ONE an vielen Projekten. Ein Freund ist immer da, wenn man ihn braucht.

Comedy wurde für mich 2002 zum Rock 'n' Roll. In dem Jahr rief mich Marek Lieberberg an und fragte, ob ich Lust hätte, einer der Headliner bei den Open Airs »Rock im Park« und »Rock am Ring« zu werden. Wow. Ich fragte, wer noch mit dabei sein würde: Santana, Lenny Kravitz, Bush, System of a Down, Muse, Farin Urlaub, Ozzy Osbourne, Beatsteaks, Sportfreunde Stiller,

Faithless. So stand ich plötzlich da, vor 60 000 Zuschauern im Rock-'n'-Roll-Zirkus.

Mein Leben war ein Überschallflugzeug geworden. Ich hatte alles, was ich mir als Künstler wünschen konnte. Nur keine Zeit. Ich entschied mich, für ein Jahr auszusteigen. Ausgebrannt? Keine Ideen mehr? Keine Lust mehr? Nein. Ich brannte lichterloh. Aber ich wollte einfach mal die Ruhe haben, all das zu genießen und zu spüren, was ich erlebt hatte. Zurückblicken und im Moment bleiben, mal nicht nach vorn schauen. Im Herbst hatte ich meine letzten Liveauftritte, und dann war ich raus. Ohne Rückkehrdatum. Ich hatte mit meinem damaligen Manager Sol de Sully ausgemacht, ich würde Bescheid geben, wann ich wieder so weit wäre. Und Sol hat das mit ganzem Herzen unterstützt. Das ist nicht selbstverständlich in diesem Geschäft. Lange Jahre hatte er mich anbieten müssen wie einen Aussätzigen bei einem Beauty-Contest. Seit 1990 war er meinen Weg mitgegangen und war für mich immer ein guter Berater und Freund.

So, nun die große Frage: Was mache ich ein ganzes Sabbatjahr lang? Tausend Dinge. Mit meiner Frau eine Rucksackreise durch Thailand unternehmen, mit ihr nach Kiew fliegen, weil sie dort für ihre erste Musik-CD ein Video drehen wollte, den Tauchschein machen, Freunde treffen, Konzerte besuchen, nichts machen und einfach mal blöd schauen (was ich ziemlich gut kann) und ... eines war natürlich gesetzt: Ich musste eine längere Zeit in New York leben. Dort hatte ich noch etwas zu erledigen.

Ich buchte nur einen Hinflug und mietete eine Wohnung in meinem geliebten East Village, 14th Street, Ecke 2nd Avenue. Knapp drei Wochen vor dem Abflug bin ich mit zwei Freunden auf ein AC/DC-Konzert im Münchner Circus Krone gegangen. Wahrscheinlich hat sich die Band gedacht: Lasst uns doch mal ausprobieren, wie das in einem kleineren Raum klingt, wenn wir da unser Ton-Equipment für das Olympiastadion reinpacken. Die Bühne war eine einzige Marshall-Boxen-Skyline. Ein Bekannter, den wir vor dem Konzert trafen, gab uns den Rat, etwas in die Ohren zu tun, es würde laut werden. Ach! Deswegen waren wir ja hier! Und es war LAUT, ich glaube, das lauteste Konzert, das ich je besucht habe. AC/DC wirkte wie eine junge, rotzige Hardrock-Band, die um ihr Leben spielt. Da fängt man nicht an, sich zusammengedrehte Klopapierstöpsel in die Ohren zu stecken. Das wäre uncool gewesen. Aber klüger.

Als wir nach dem Konzert bei unserem Lieblingsitaliener waren, haben wir uns beim Unterhalten derart angeschrien, dass sich die Gäste am Nebentisch bei uns beschwerten. Wir wussten nicht genau, wovon sie sprachen, vor allem, weil wir das meiste gar nicht verstanden. Sie haben aber auch sehr leise gesprochen! Glaubte ich. Irgendjemand hatte bei mir in den Ohren das Rauschen der Wälder angeschaltet. Wir haben uns noch darüber amüsiert, yeah, so musste es sein nach einem AC/DC-Konzert! Als nach zwei Tagen die Wälder immer noch rauschten und ich hörte wie ein Hundertjähriger, bin ich in eine Notfallklinik gegangen. Okay, auch weil meine Frau es satthatte, mich den ganzen Tag anschreien zu müssen, um die einfachsten Informationen durch meine Gehörgänge zu bringen. Am Schluss hatte sie mir nur noch einen Zettel zugeschoben: »Wie wär's mal mit einem Arztbesuch? Krankenhaus? Ich habe dich lieb, aber ich bin schon heiser.«

Der Notarzt untersuchte mich, wurde plötzlich sehr ernst und fragte: »Was haben Sie denn gemacht?«

»Was?«

»WAS HABEN SIE GEMACHT?«

»Ich war vor zwei Tagen auf dem AC/DC-Konzert.«

»Und Ihr Zustand ist seit zwei Tagen so?«

»Wie?«

»DAS IST EIN EINS-A-HÖRSTURZ MIT TINNITUS.«

Ich schaute ihn an und wählte meine Worte sehr bedacht: »Dieses Konzert war es wert!«

Ich bekam sofort Kortison und am nächsten Tag eine Einweisung in eine spezielle HNO-Klinik. Dort begann eine zehntägige Behandlung mit täglichen Infusionen. Irgendetwas lief da ganz falsch. Eben noch im Rockhimmel, und nun in der Ohrhölle. Nach ein paar Tagen sahen meine Unterarme nach »Michael F., das Kind vom Bahnhof Zoo« aus. Die Ärztin sagte, wenn die Behandlung anschlage, gehe das Rauschen vielleicht wieder ganz weg.

»Und wenn nicht?«

»Dann bleibt das leider.«

»Für immer?«

»Kann sein.«

Ich wollte nicht ewig einen Ludwig-Ganghofer-Film in meinem Ohr haben und wurde nervös wegen meines Fluges nach New York, dachte aber: Das wird schon passen. Hab Vertrauen.

Die ersten Tage lag die Kortisonmenge bei 200 Milligramm. Ich kannte mich mit so was nicht aus, merkte aber: Das war viel. Wichtig für den Therapieverlauf sei es, sagten die Ärzte, sich zu schonen, viel zu schlafen und sich auszuruhen. Hat schon mal jemand mit 200 Milligramm Kortison geschlafen? Da könnte man auch Ecstasy schnupfen. Noch eine der netten Nebenwirkungen von Kortison: Nach ein paar Tagen sah ich aufgeschwemmt aus wie nach einer Schweinebraten-Diät. Mein linkes Ohr rauschte, und meine Nerven spielten Bungee-Jumping und zogen blank.

Was gar nichts brachte, waren die Sitzungen der Anonymen Tinnituskranken – oder sagt man Tinnitussen? Das sogenannte Counseling gehörte zur begleitenden Therapie.

Wenn der Tinnitus, das Rauschen oder Pfeifen im Ohr nicht weggehe, müsse man lernen, damit zu leben. Eine Art Verhaltenstherapie. Das mochte manchen Leuten helfen, aber in meinem Zustand war ich so offen für diese hyperverständnisvollen Gespräche wie ein Werwolf, dem man zum Abendessen Silberbesteck anbietet. Ich sollte mit meinem Tinnitus sprechen, um ihn mit in mein Leben einzubauen. Der Therapeut formulierte das Ziel: »Erfüllt leben trotz Tinnitus.«

Ich gebe zu, ich – das dicke, hyperaktive Kind – war nicht konstruktiv: »Wie wär's mit abgefüllt leben und dem Tinnitus trotzen?«

Hier ein praktischer Tipp für alle Leser: Bier und Single Malt Whisky sind als Tinnitus-Medikamente nicht zu gebrauchen, auch wenn man sie eine Nacht lang regelmäßig halbstündlich einnimmt. Obwohl es ganz im Sinne der »Tinnitus-Retraining-Therapie« ist, wo trainiert werden soll, dem Tinnitus mit Entspannungsmethoden und diversen Strategien weniger Aufmerksamkeit zu schenken. Meiner Optik hat es nicht gutgetan. Noch aufgeschwemmter, fiebrig, rothäutig und rotäugig saß ich am nächsten Tag wieder in der Runde. Der Therapeut wollte, dass ich die Sitzung eröffnete. Ich schaute ernst und sagte trocken (!): »Mein Name ist Michael Mittermeier und ich bin Alkokomiker.«

Ich musste das tun, das hatte schon meine Komiker-Ehre verlangt. Der Arzt war aber nicht zum Schmunzeln zu bringen: »Herr Mittermeier, bleiben Sie bitte konstruktiv.«

»Bin ich, ich habe gestern Nacht so lange an der Bar trainiert, bis ich den Tinnitus nicht mehr gemerkt habe. Selbst jetzt im Moment habe ich so einen Kopf, dass das Rauschen weg ist.«

»Was soll das heißen?«

»Rausch gegen Rauschen – eine ganz neue Therapieform. Dieses Psychotraining bringt für mich nichts, Herr Doktor, da könnte man auch versuchen, Veronica Ferres das Schauspielen beizubringen.«

Einer der Im-Ohr-Pfeifer sagte: »Ich finde das nicht so toll, wie Sie sich über das Ganze hier lustig machen.«

»Ich glaub, mein Schwein pfeift!«, witzelte ich.

»Gleich rauscht's hier im Karton!«, pfiff mich der Arzt an.

»Eins-a-Wortspiel Doc, aber bei mir rauscht's im Ohr!«

Das bedeutete Einzeltherapie. Ich muss ihm zugutehalten, dass er nicht so leicht aufgab und sich wirklich um uns Patienten sorgte.

»Herr Mittermeier, Sie sollten sich wirklich vertraut machen mit dem Erlernen praktischer Verhaltensmuster, zum Beispiel Entspannungsmethoden, Emotionen spüren in Zusammenhang mit den Ohrgeräuschen oder vielleicht auch Fantasiereisen.«

Da war es! Ein Zeichen! Was stand denn gerade bei mir an? Eine Fantasiereise! New York. Ich verabschiedete mich: »Auf Wiedersehen Herr Doktor, Sie haben mir sehr geholfen.«

Ich ging zurück zu meiner HNO-Ärztin, der ich sehr vertraute, und sagte ihr, dass ich nicht daran glaubte, hier meine Heilung zu erfahren. Ich musste weg. Alles in mir zog es gen Übersee. Da ich wusste, wie laut es überall in New York war, versuchte ich sie so zu überzeugen: »Vielleicht ist es sogar gut, dorthin zu fahren. Es gibt keinen Platz in Manhattan, wo Stille herrscht. Selbst wenn man die Fenster schließt, ist das in dieser Stadt, als ob man nur einen Vorhang zuzieht. Der Sound der Metropole bleibt. Eventuell nehme ich dort das Rauschen gar nicht mehr wahr, und dann verliert es sich?«

Sie sagte, und dafür bin ich ihr immer noch dankbar: »Warum nicht ausprobieren, die herkömmlichen Methoden scheinen Ihnen ja nicht zu helfen.«

Sie gab mir ihren Segen und für den Flug eine Blutverdünnungsspritze, wie man sie sonst nach Operationen kriegt, wegen Thrombosegefahr: »Einfach kurz vor dem Flug auf der Toilette eine Fett-Hautfalte mit zwei Fingern nehmen und dort die Spritze rein.«

Alles klar. Fette Hautfalten waren in meinem Schwemm-Zustand nicht das Problem.

Ein paar Tage später saß ich in der Lufthansa Lounge und wartete auf den Flug. Spezifizieren wir das Ganze: Ich saß in der Toilette der Lounge und wollte mir die Tinnitus-Gedächtnis-Spritze geben. Aber ich konnte es nicht. Ich hatte schon so viele Spritzen von Ärzten bekommen, aber ich schaffte es nicht, mir selbst eine zu geben. Das einzig Positive daran war, dass ich wohl nie ein Heroin-Junkie werden könnte. Bevor ich mir eine Spritze setzen würde, wäre ich wohl schon längst auf Crystal Meth. Aber als das Boarding meines Fluges begann, musste ich es tun, ob ich konnte oder nicht. Und: Fzzz! Mama, ich habe gebohrt, und es hat nicht wehgetan. Ich kam mir vor wie Til »Chiller« Schweiger im »Tatort«, als er sich eine Adrenalinspritze ins Herz rammte, kurz bevor sein Kreislauf völlig versagte. Ich fühlte mich wie ein Chirurg. Das nächste Mal würde ich mir vor dem Flug noch selbst den Blinddarm rausnehmen. Wir Männer neigen manchmal zur Übertreibung, aber ich war der Held John McClane aus »Stirb langsam«. Ich war bereit, barfuß im Unterhemd auf Glasscherben zu laufen. Die hard and live soft. Ich hatte es geschafft! Auf Kopfhörer übertönte Billy Joel mein Rauschen. »I'm in a New York state of mind.«

Das Abenteuer begann.

IMMIGRATION FIGHT CLUB

Vor die Einreise ins gelobte Land hat der Gott der USA die Einwanderungsbehörde als Fegefeuer eingesetzt. Da steht man mit Hunderten anderen stundenlang an, weil nur zwei Schalter besetzt sind. Meine Theorie ist: Das machen sie deshalb, damit sich alle klar darüber werden, dass sie nur dumme Ausländer sind, die die Gnade erhalten, die Pforten der Freiheit zu durchschreiten. Warum nur fühlt es sich so unfrei an?

Und wenn man nach einer Ewigkeit dran ist, sollte man unterwürfig sein und sich so verhalten wie damals auf dem Schulhof, wenn einen der große Bully angesprochen hat. »Na, du kleine Ratte, mal wieder ohne Pausenbrot unterwegs?«

»Äh, wieso, ich habe doch eins dabei.«

»Jetzt nicht mehr, denn wenn du es mir nicht gibst, bekommst du eins aufs Maul.«

Also senke deinen Blick – du bist ein Nichts. Der Mann am Schalter hat die Macht. Da kann einem nicht mal Obi-wan Kenobi helfen.

Da man so aufgeregt ist, beantwortet man die Fragen der Beamten oft in einem Englisch, das in den Siebzigerjahren auch schwäbische Englischlehrerinnen gesprochen haben: »My stay purpose holidays is.« Yoda sagt.

In all den Jahren war ich irgendwie immer durchgekommen, ich war ja »nur« Tourist, aber nun kam ich, um hier eine Weile zu wohnen und vielleicht als Stand-up-Comedian aufzutreten. Diesmal wurde mir zum Verhängnis, dass ich Deutscher und Komiker zugleich war. Als Komiker versuche ich lustig zu sein, aber als korrekter Deutscher versuche ich auch immer, eine korrekte Antwort zu geben.

»Sir, nehmen Sie Drogen? Haben Sie Drogen bei sich?«

»Sir, nein.«

»Sie nehmen Drogen! Ich kann das an Ihren Augen sehen! Schauen Sie sich mal Ihre Augen an!«

Ich konnte nicht mehr klar denken, und bewegte meine Pupillen nach innen, versuchte etwas zu sehen, aber ohne Erfolg. Der Komiker in mir wollte sich an der Party beteiligen, und so schoss es aus mir raus: »Entschuldigung, Sir, aber ich kann meine Augen nicht anschauen, weil ich sie dann eigentlich rausnehmen müsste, und dann würden Sie nur in zwei leere Augenhöhlen blicken.«

Er war nicht amüsiert.

»Ich erkenne das an Ihren Augen, Sie nehmen Drogen, Ihre Pupillen sind klein, Sie haben Kokain genommen!«

Wenn man so eine Chance zum perfekten Return hat, muss man sie nutzen, das ist das heilige Gesetz der Comedy.

»Sie irren, Sir, denn Kokain erweitert die Pupillen, wenn man kifft, werden sie kleiner!«

Ich werde nie den Erweiterten-Pupillen-Blick in seinem Gesicht vergessen: »Wer glauben Sie, dass Sie sind?«

»Ich bin Komiker!«

»Warum lache ich dann nicht?«

»Ich bin aus Deutschland.«

»Der war gut!«

Das war lustig, ging aber in keine gute Richtung für mich. Ich beschloss, die Lage zu beruhigen, und sagte etwas, was sich nicht in andere Sprachen übersetzen ließ, wie ich feststellte: »Sorry, Sir, ich habe nur Spaß gemacht. Ich habe heute Morgen einen Clown gefrühstückt!«

Das war die falsche Antwort. Er fühlte sich veräppelt.

Ich wurde in einen Raum gebracht, in dem noch andere Verdächtige saßen. Und die sahen nicht sehr nett aus. Ein ziemlich großer tätowierter Typ stand sofort auf und sprach mich an: »Hi, Süßer, warum bist du denn hier?«

213

Das Klischee aller Knastfilme, der unschuldige, gut aussehende (also ich) Typ kommt ins Gefängnis, und sofort kommt
ein Böser und will ihn als persönlichen Sklaven markieren. Ich
brummte: »Ich bin Deutscher und habe einen Clown zum Frühstück gegessen!«

Anscheinend hab ich dabei etwas Psychopathisches ausge-
strahlt, denn der Typ setzte sich wieder hin und sagte zu seinem Nebenmann: »Hey, wir sollten dem Typen etwas zu essen
geben. Wir wollen nicht, dass der hungrig wird.«

Wenn du dem größten Bully im Raum die Stirn geboten hast,
dann ist Ruhe. In einer heiklen Situation verschafft man sich
am besten den Respekt aller im Raum befindlichen Personen,
und oft ist der verbale Frontalangriff die beste Verteidigung.
Als Comedian auf der Bühne muss man zu jeder Zeit der Chef
sein, egal was passiert. Das habe ich in einem Moment erkannt,
den ich nie vergessen werde.

Es war im Jahr 2000, ich war mit Gudrun in Manhattan, und
wir wollten uns Stand-up-Comedy ansehen. Auf dem Weg Richtung Comedy Cellar kamen wir am Boston-Comedy-Club vorbei. An der Tür wurden Handzettel verteilt: »Heute Abend
Black-Comedy-Night mit den besten schwarzen Comedians aus
dem Fernsehen!«, und wir wurden angesprochen: »Ihr beiden,
wollt ihr mal was wirklich anderes sehen?«

»Ja, klar!«

»Ihr werdet es nicht bereuen!«

Den nächsten Satz kann ich nicht übersetzen, den fand ich
schon auf Englisch hart: »Get your white ass in this show and
the black comics will make you die laughing!«

Der Paranoiker in mir stellte sich einen schwarzen Ku-Klux-
Klan vor, der mit langen schwarzen Roben und Dumbledore-
Hüten weiße Touristen in die Falle lockte.

»Michl, das hört sich doch cool an.«

Ich war mir kurz unsicher, weil man den Slang schwarzer Comedians oft sehr schwer versteht. Aber Eddie Murphys »Raw« hatte mich Ende der Achtziger umgehauen, ich habe mir das reingezogen wie ein Musikvideo. Das war Rap-Hip-Hop-Fucking-Rock-'n'-Roll-Stand-up-Comedy: So etwas live wäre perfekt. Wenn wir nur die Hälfte verstünden, würde es sich schon lohnen.

»Sollen wir jetzt ein Ticket kaufen, oder später?«

Der Handzettelverteiler lachte: »Einfach hier sein um acht!«

Wahrscheinlich war noch nie ein Passant auf die Idee gekommen, vorher eine Eintrittskarte zu kaufen. Wir gingen noch was essen, und kurz nach acht standen wir vor der Tür. Es ging rauf in den ersten Stock, wir wurden im mittleren Bereich platziert. Der Raum füllte sich schnell. Gudrun und ich waren in dem Club mit etwa 200 Zuschauern die einzigen beiden Weißen. So musste sich wohl ein Schwarzer in den Siebzigerjahren auf einem niederbayrischen Volksfest gefühlt haben. Ich versuchte die Situation mit Humor zu entspannen. »Vielleicht hat der uns nur zur Gaudi reingelassen, aber eigentlich ist die Black-Comedy-Night nur für Schwarze, und wir sind quasi wie weiße Testmäuse?«

»Danke, Michl, du weißt, wie man Vertrauen schafft. Wenn einer von den Comedians uns von der Bühne runter anspricht, dann sagst du, ich sei stumm. Du redest.«

»Vielleicht ist es ja nur purer Zufall, wenn von 200 Leuten nur zwei weiß sind?«

Der Moderator wischte alle unsere Bedenken weg, wir tauchten ein in eine Art Hip-Hop-Comedy. Dann kam die erste Lektion für mich an diesem Abend. Der Host kündigte einen Newcomer an, der ein paar Minuten ausprobieren würde. Ein junger schwarzer Comedian kam auf die Bühne. Man spürte, wie aufgeregt er war, sein erster Joke ging gleich daneben. Und dann machte er einen großen Fehler, er zeigte, dass er Angst hatte, und wich zurück. Der erste Zwischenruf kam schnell: »Be funny! Mommy!«

BAM! Der arme Kerl war auf Hecklerschützen nicht vorbereitet und kam völlig raus, versuchte aber, seine vorbereitete Nummer durchzuziehen. Er wirkte wie ein zum Tode Verurteilter, der durch sein Zellenfenster sieht, wie gerade im Hof der Galgen errichtet wird. Und der Lynchmob saß vor ihm. Ich habe so mitgelitten!

Nach ein paar sehr, sehr langen Minuten unterbrach ihn der Moderator. »Du kleiner elender Feigling! Du hast mir versichert, dass du lustig bist. Ich habe für dich beim Veranstalter mein Wort eingelegt! Hau ab, und komm mir nie wieder unter die Augen!«

Eine sehr klare Ansage, die man hier in Deutschland bei einigen Comedy-Shows einführen könnte. Uns bliebe so manches komische Elend erspart. Es war hart, aber auch ehrlich. Charles Darwin winkte amüsiert von der Seite: »Nur die Lustigen überleben!«

Als wir später den Club verließen, sah ich den gescheiterten Comedian in der Nähe des Ausgangs auf dem Boden sitzen und weinen. Träume können hier schnell zu Albträumen werden. Ich wusste wenigstens danach: Wenn ich hier je auf die Bühne gehen sollte, wie voll auch immer meine Hose wäre, ich würde es nie, nie zeigen.

Und dann lernte ich an diesem Abend eine zweite Lektion. Etwas, das auf der Bühne ebenso gilt wie im Hinterzimmer der Einwanderungsbehörde. Als nächsten Comedian kündigte der Moderator einen ganz speziellen Gast an: »Bitte begrüßt mit mir – und ich weiß, es klingt seltsam – einen Weißen, der richtig lustig ist.« Ein schlaksiger Comedian betrat die Bühne, und das Publikum wurde still. Er ließ den Blick durch den

Raum schweifen, dann ging er links an den Rand der Bühne. Am Tisch direkt davor saß ein riesiger Schwarzer, ein Monster von einem Kerl, eine dicke Goldkette um den Hals, mit der man auch locker ein Mittelklasse-Auto abschleppen könnte, goldene Rolex, goldene Ringe, triple bling, leichte Mädchen rechts und links im Arm – und ich war mir sicher, dass die drei sich nicht über ein Dating-Portal kennengelernt hatten. Er fasste sich in den Schritt, man sah ihm förmlich an, dass er schon Menschen entsorgt hatte, und sein Blick sagte »Ich hoffe für dich, dass ich gleich lachen muss«. Der kleine weiße Comedian baute sich vor ihm auf und ging ihn frontal an: »What's up, Nigga? Brauchst du zwei Nutten, um deine große Pfeife zu blasen?«

Ich vermutete, dass es dabei nicht um Tinnitus-Pfeifen ging. Einen Augenblick lang herrschte Totenstille im Club. Der Comedian legte nach: »Du siehst aus wie der große Typ aus ›The Green Mile‹ in der Zuhälterversion. Und ihr beiden geht für ihn wohl auf den Strich.« Er flötete mit quietschiger Frauenstimme das Originalzitat aus dem Film: »Bitte Boss, tun Sie mir nicht wieder dieses Ding übers Gesicht! Ich habe Angst im Dunkeln!«

Gudrun und ich sanken in unseren Sitzen zusammen. Wenn sie ihn jetzt töteten, würden wir wahrscheinlich als seine weiße Wahlverwandtschaft durchgehen und wären mit dran. Dann ertönte ein mächtiges Grollen. Der Hüne schüttelte sich vor Lachen, wie ein Berg, der gerade eine Steinlawine auslöst. Alle stimmten ein. Wenn der Boss lacht, lachen alle. Der Comedian wendete sich ab von seinem Opfer, machte seine Nummern weiter, und alles war gut. Er zog ein richtig gutes Set durch, das Publikum tobte. Goldene Regel Nummer zwei: Such dir den Größten und Fiesesten als Witzzielscheibe aus, und wenn du das durchstehst, kannst du anschließend machen, was du willst. Kein Heckler wird sich trauen, noch lustiger zu sein als du, wenn du dein Revier markiert hast.

Mir haben diese Regeln am Flughafen das Leben gerettet. Okay, ein bisschen dick aufgetragen, aber so fühlte es sich an. Es waren dann nur zwei Stunden, die ich bleiben musste, meine Personalien und mein Gepäck wurden gründlich überprüft, und dann wurde ich in die New Yorker Freiheit entlassen.

PREMIERENFIEBER

Es ist ein unbeschreibliches Gefühl, nach Manhattan einzufahren, die Skyline zu sehen und zu wissen: Das wird nun für längere Zeit das Zuhause sein. Meine Wohnung im East Village hatte ich von einem Niederländer gemietet. Am Telefon hatte er deutsch gesprochen, mit diesem holländischen Akzent, den ich liebe, das klingt immer ein bisschen nach Kiffer-Speak. Ich kam einen Tag an, bevor er abreisen wollte. Wir machten ein niederländisch-bayrisch-amerikanisches Barbecue, tranken Bier und rauchten die Friedenspfeife. Selbst Sitting Bull wäre auf diese Friedenskräuter neidisch gewesen.

Am nächsten Morgen flog er nach Europa, und ich war am Ziel meiner Träume. Michl allein in New York! Von meinem Apartment im siebten Stock führte eine Außentreppe nach oben. Der Blick von dort war perfekt – in alle Richtungen offen. East, West, Empire State Building im Vielfarbenkleid, Uptown ... Ich kam mir vor wie ein König, der sein zukünftiges Reich begutachtete. Nur die Abluft, die aus einem großen blechernen Rohr der Kentucky-Fried-Chicken-Filiale im Erdgeschoss rauskam, störte. Mein Dach-Mantra wurde: Lerne die Augen mehr zu beschäftigen als die Nase! Ich war übrigens nicht ein einziges Mal in dem halben Jahr essen im KFC. So saß ich an jenem Tag da, den Todesbrutzelgeruch Hunderter Hühner in der Nase, und scannte wie ein Adler meine Umgebung. Was auffiel, waren die vielen US-Flaggen, die auf Dächern angebracht waren oder aus Fenstern hingen. Es war die Zeit kurz nach dem Anfang des Irakkriegs, den George W. Bush verbrochen hatte. Es ist doch immer wieder bizarr zu sehen, wie sich Länder an ihre Führer klammern, wenn sie sich im Krieg befinden. Selbst in New York, einer sehr weltoffenen Stadt, war er zu dieser Zeit höchst populär. George W. Bush hatte für seinen verlogenen Angriffskrieg eine internationale »Koalition der Willigen« gebildet. Früher hatte man darunter den wöchentlichen Burschentreff in der Stammdisco verstanden. Nach dem Motto: Das Blut im Schritt und wir machen alle mit.

Aber das war eine gute Ausgangsbasis für einen deutschen Komiker, Bühnenfrieden zu schaffen ohne Waffen. Mein Plan war, planlos zu sein, mich treiben zu lassen, die Stadt mit all ihren Angeboten zu nutzen. Ich wollte erst aufsaugen, bevor ich mich daranmachte, selbst kreativ zu werden. Mich trieb es ein paar Tage durch meine Lieblingsgegenden. Auf einer meiner endlosen Wanderungen in Alphabet City, Avenues A bis D, kam ich an der B3 Lounge vorbei. Ein nettes Café. An der Tür hing ein Zettel »Heute Abend im Untergeschoss: Open-Mike-Comedy«.

Das wollte ich mir anschauen. Michl war offen für Comedy. Noch etwas essen vorher, und dann runter in den B3-Keller. Dort habe ich mir ein Bier bestellt und mich mit dem Barkeeper unterhalten. Wie das denn so ablaufe, welche Qualifikationen man brauche, um hier mitzumachen.

»Du musst deinen Namen auf die Liste schreiben können.«
»Das ist alles?«
»Jep. Bei Schreibschwäche kannst du auch ein X hinmachen.«
»Was muss man denn künstlerisch vorweisen?«

»Du musst in ein Mikro sprechen können. Ob lustig oder nicht, entscheidet das Publikum.«

»Vielleicht probiere ich das irgendwann auch mal.«

»Woher kommst du?«

»Deutschland.«

»Und was machst du so?«

»Stand-up-Comedy.«

»Dann schreib doch deinen Namen drauf.«

»Äh, das geht nicht, ich mache das normalerweise nur auf Deutsch, und ich muss mir das alles erst mal anschauen, mein Englisch ist auch noch nicht so toll.«

»Bla, bla, bla, mach's einfach!«

»Ich müsste da erst mal was vorbereiten oder übersetzen.«

»Dann nächste Woche?«

»Vielleicht.«

»Kein ›vielleicht‹. Nächsten Mittwoch. Wir hatten hier noch nie einen deutschen Comedian.«

Ich musste dem Barmann im B3-Keller die Hand geben und versprechen, dass ich auch wirklich nächste Woche kommen und mitmachen würde. Als ich mir die Comedians anguckte, wurde ich etwas zuversichtlicher. Ich sprach zwar nicht so gut Englisch, aber hatte immerhin fünfzehn Jahre Erfahrung. Und einige der auftretenden Kollegen waren auch nicht gerade Cracks.

Ein Open Mike ist eine offene Bühne, jeder kann, jeder darf, alle probieren sich aus. Das ist vor allem im englischsprachigen Ausland die unterste Stufe der Comedy-Nahrungskette. Das Publikum besteht meist zu neunzig Prozent aus den anderen auftretenden Comedians und deren Freunden und Verwandten. Das Gute daran ist, dass das Publikum keine Comedy vom Feinsten erwartet, und das Schlechte, dass man vor Kollegen auftritt, die meist auch noch damit beschäftigt sind, die

Notizen für ihren eigenen Auftritt durchzugehen. Aber: Das sollte es sein, mein englischsprachiger Anfang. Noch eine Woche Zeit, mir zu überlegen, was in New York wohl ankommen würde. In den folgenden Tagen bin ich mein gesamtes bisheriges Werk durchgegangen, was ich daraus übersetzen könnte, was für Amerikaner lustig sein könnte. Vieles hätte nicht funktioniert. Die OB-Werbespot-Persiflage? Nein. Die Pointe mit der dürren Kate Moss mit dem Vergleich von »Obsession« und »wos zum Essn«? Auch nicht. Kate Moss kam uns damals, nennen wir es mal euphemistisch »extrem schlank« vor, aber wenn man die heutigen Models so sieht, da sind ja viele so abgemagert, dass ein Bauer sagen würde: »Die wird den nächsten Winter nicht überstehen!«

Viele Nummern gingen mir durch den Kopf, TV-Junkie, MacGyver, der AOK-Auslandskrankenschein, Zeugen-Jehova-Exorzismus, Raumschiff Enterprise, die Heiligen Drei Königskiffer. Aber ich wusste auch, dass das die Chance war, neue Nummern zu schreiben, mit meinem bayrischen Blick auf die USA, auf das Verhalten der Menschen, auf ihre Ansichten und Gesetze. Quasi das, was ich mache, wenn ich in Österreich oder der Schweiz spiele. Ich schaute jeden Tag Nachrichten, las Zeitungen, ging in Comedy-Shows, um mich inspirieren zu lassen. Und ich besuchte ein Konzert des amerikanischen Singer-Songwriters Dan Bern, den ich sehr verehre. Seine CD »New American Language« mit dem großartigen Song »God Said No« halte ich für ein Meisterwerk. Er beschäftigt sich in seinen Texten oft mit seinen jüdischen Wurzeln, begleitet von seiner Band »Jewish Banking Conspiracy«. Es gibt zum Beispiel eine Swastika EP – schwarzer Humor und politisches Engagement ziehen sich durch sein Werk. Live ist er eine Naturgewalt, wie ein junger rotziger Bob Dylan, der die Zuhörer von der ersten Sekunde an fesselt.

Nach dem Konzert habe ich ihn angesprochen. Mein Akzent führte natürlich zur Standardfrage.

»Where are you from?«

»Germany.«

»What the hell are you doing here in New York at one of my gigs?«

»I am a comedian and try to do some stand-up-comedy here.«

»A German comedian? Is that allowed?«

Und er lachte laut, meinte es aber nicht böse: »No offense, but this combination really is special. Have fun! And I hope you don't bomb.«

Das war ein feines Wortspiel, denn es ging nicht in erster Linie um den Blitzkrieg. Der Ausdruck »he bombed« in der Comedy bedeutet, dass es für den Auftretenden ein Desaster war, etwa wie bei dem jungen Kollegen in der Black Night im Boston-Comedy-Club. Viele Begriffe aus der Stand-up-Comedy-Sprache sind im Englischen sehr aggressiv. Hat man zum Beispiel das Publikum zum Toben gebracht, heißt das »you killed« oder »you slaughtered the audience«.

Das war also meine Situation: Als deutscher Comedian war ich in den USA ein klassisches Paradoxon. Ein lustiger deutscher Comedian war so etwas wie ein russischer Menschenrechtsausschuss. Ich fühlte mich wie ein kleines teutonisches Einhorn, das im Begriff war, den großen bösen Zauberer Uncle Sam herauszufordern.

Ich notierte jede noch so kleine Idee, alles, was ich um mich rum wahrnahm. An einem Tag hatte ich eine Begegnung der vierten Art. Ich lief durch Greenwich Village, als mir ein wackliges Etwas entgegenkam, schwarze Klamotten, schwarze Haare, schwarzes Make-up ... ich kenn das, ich kenn den ... Ozzy Osbourne tippelte vor sich herbrabbelnd direkt auf mich zu. Die MTV-Sendung »The Osbournes« war zu der Zeit in aller

Munde. Ich kann mich noch daran erinnern, als ich das erste Mal von dieser Serie gehört habe. Ein Kumpel hatte mir erzählt: »Hey, da gibt's so eine neue tolle MTV-Show, darin geht es um einen alten Sack, der vor vielen Jahren seine letzten Hits hatte, man versteht kein Wort von seinem Gerede, darum ist alles untertitelt.«

Da dachte ich erst, es geht um Wolfgang Niedecken. Aber nein, Ozzy Osbourne war wiederauferstanden, der musikalische Fürst der Finsternis – obwohl ich eigentlich Ralph Siegel dafür halte. Was für ein erstaunliches Comeback von Ozzy! Er war alt, er sah nicht gut aus, bewegte sich wie ein Animationstrainer auf einer Parkinson-Tanzveranstaltung, hatte alle Drogen genommen, die man für Geld kaufen kann, und sicher noch ein paar andere, aber er hatte trotzdem mehr Charisma und Ausstrahlung als alle jungen Waschbrettbauch-Boyband-Gesangsversuchsartisten. Viele sagen ja, Jesu Auferstehung drei Tage nach Ostern war das größte Comeback der Weltgeschichte. Das mag sein, aber knapp dahinter kommt Ozzy.

Das Zusammentreffen konnte kein Zufall sein, denn 2002 war Ozzy Osbourne mit mir bei Rock am Ring im Line-up gewesen. Vielleicht würde er mir Glück wünschen und/oder einen Tipp geben, wie man auf der Bühne bestehen konnte. Ich sprach ihn höflich an: »Mr Osbourne, ich bin ein großer Bewunderer. ›Paranoid‹ ist einer der besten Rocksongs aller Zeiten. Und ich –«

Er blickte mich an, wobei seine Augen einen 360-Grad-Radius abdeckten. Sein Gehirn schien zu arbeiten, oder das zu tun, was es normalerweise machte. Arbeit wäre vermutlich ein zu profaner Begriff für sein reguläres Synapsen-Pilates. Dann stammelte er leise: »Fuck you!«

»Ich wollte nur ...«

»Fuck!«

223

Ich finde, da war alles gesagt. Trotzdem verabschiedete ich mich noch nett: »Ich wünsche Ihnen noch einen schönen Tag, Mr Osbourne.«

»Fuck you all!«

Wen er mit »alle« meinte, wird wohl auf ewig sein Geheimnis bleiben.

Ich beschloss, das perfekte Script für den Auftritt zu schreiben und auswendig zu lernen. Mein Ziel und meine Vision entnahm ich dem Vorspann meiner ewigen Lieblingsserie »Raumschiff Enterprise«: »Die Welt, unendliche Weiten. Wir schreiben das Jahr 2003. Dies sind die Abenteuer der Michl-Enterprise, die mit seiner ein-Mann-starken Besatzung unterwegs ist, fremde Humor-Galaxien zu erforschen ... to boldly go where no German comedian has gone before.«

Für mich war das der Anfang meiner Reise in eine neue Welt.

Als ich am frühen Abend Richtung B3-Keller lief, war ich hypermotiviert, aufgeregt, kurz vorm Herzkasperl – aber freudig. Ich hörte dabei zwei Songs der Band Cake in Dauerschleife. »Friend is a four letter word«, ein wunderbar pathetischer Soundtrack für einen Zeitlupengang zum entscheidenden Duell. Zum Aufputschen noch deren dreckig-eckige Version des Klassikers »I will survive«.

Im B3-Keller schrieb ich – sehr deutlich – meinen Namen auf die Liste und sprach dann den Barkeeper an.

»Hey, hier bin ich, wie versprochen. Wie geht's? Heute will ich spielen.«

»Cool. Wer bist du denn??«

In dem Moment kam einer der Open-Mike-Comedians aufgeregt die Treppe herunter und rief: »Leute, fucking Bill Murray ist gerade oben!« Wir liefen hoch, guckten vorsichtig, und tatsächlich: Da saß Bill Murray mit ein paar Freunden an einem Tisch. Unser Kollege sagte, normalerweise hätte er sich nicht getraut, ihn anzusprechen, aber er habe zwei Stunden zuvor derart guten Sex mit seiner Freundin gehabt, er sei so gut drauf, ein Sexgott, und deshalb habe er es doch getan.

Er hatte in dem Moment tatsächlich die breitbeinige Ausstrahlungsstellung von Cristiano Ronaldo bei einem Spiel Real Madrid gegen den TSV 1860 München vor dem entscheidenden Freistoß. Er habe zu Murray gesagt: »Entschuldigen Sie, Bill, ich weiß, dass Sie von vielen Leuten angequatscht werden, aber ich bin ein Newcomer und trete nachher in der Open Mike Night im Keller auf. Sie sind einer meiner ganz großen Comedy-Helden! Es wäre mir eine Riesenehre, wenn Sie sich meinen Auftritt ansehen würden. Ich bin verdammt lustig. Sie werden es nicht bereuen!«

Bill Murray war wahrscheinlich überrascht über die Dreistigkeit. Vielleicht dachte er: Wenn der mich so selbstbewusst anspricht, muss er wirklich gut sein. Denn laut unserem Kollegen hatte er geantwortet: »Ich komme nachher runter und guck zu. Ich hoffe, dass es lustig ist!«

John, so hieß Sex-Ronaldo als Comedian im normalen Leben, hatte seinen Namen bereits auf die Liste geschrieben. Er stand direkt vor meinem.

Holy. Shit. Dann. Wird. Bill. Fucking. Murray. Nach. Ihm. Vielleicht. Auch. Meinen. Auftritt. Sehen. Tatsächlich kam Bill Murray runter, als John dran war. Offenbar wollte er sich die Show wirklich anschauen. John kam auf die Bühne, vom Sex und Selbstbewusstsein aufgedreht, und ... he bombed. Stichwort Dresden. Oder Hiroshima. Es reicht nicht, wenn man ausführlich darüber spricht, wie man es gerade seiner Freundin besorgt hat, und es nun auch dem Publikum von vorn und hinten machen will. Er war wie ein übermotivierter erblindeter Mann auf der verzweifelten Suche nach unserem Kitzler, aber ohne Google-sex-maps-Angaben: »Was ist der Unterschied zwischen Stand-up-Comedy und Sex? Beim Auftritt hast du das Mikro in der Hand ... Eine Beziehung ist wie ein Penis. Deine Freundin macht's dir hart.«

Aua. Ich hatte mir mal geschworen, niemals Alkohol oder Drogen vor einem Auftritt zu konsumieren, und schrieb nun auch Sex auf die Tabuliste. Dann kam der Witz-GAU: Er baute Bill Murray in seine Nummer ein: »Meine Freundin und ich haben so oft Sex, jedes Mal wenn ich meinen Schwanz auspacke, sagt sie: ›Und täglich grüßt das Murmeltier‹!«

Er hatte auch noch Tschernobyl bombardiert.

Als sich Bill genervt umdrehte und gehen wollte, habe ich ihn in einem Anfall von Mut angesprochen: »Mister Murray, ich weiß, das war nicht so lustig, aber ich bin der Nächste, und das ist mein erster Auftritt, ich bin ein deutscher Komiker, würden Sie bitte noch kurz bleiben und zuschauen?«

Er blickte mich an, also, ob sich ein Nazi-Yeti in einen Comedy-Club verirrt hätte: »Ein deutscher Komiker? Allererster Auftritt? Wow. Gern. Ruf mich doch in tausend Jahren mal an.«

Verdammtes Tausendjähriges Reich!

In dem Moment schoss mir eine meiner Lieblingsszenen aus »Ghostbusters« durch den Kopf. Murray alias Venkman und die anderen stehen im obersten Stockwerk, das Dach des Gebäudes ist von der bösen Energie weggeblasen, nur noch eine Treppe steht da und ragt einsam in die Höhe. Ein Ghostbuster fragt ihn: »Wohin führt diese Treppe?« Und Bill Murray antwortet mit seinem unvergleichlich verschmitzten Blick: »Nach oben!«

Was sie auch hier tat. Er verließ den Keller, und ich werde nie den abfälligen Blick vergessen, den er dem Comedian auf der Bühne noch zuwarf. John beendete abrupt seinen Auftritt und ging ab wie ein Hund, den man gerade auf offener Bühne kastriert hatte. Schade, auch für mich. Ich hätte saugern vor Bill Murray gespielt. Aber es war nicht die Zeit, darüber traurig zu sein, ich war der Nächste, den der Moderator ankündigte: »Ladies and Gentlemen, was könnte nach diesem Bombenauftritt kommen? Kann es noch lustiger werden? Der nächste Komiker ist aus Deutschland. Bitte begrüßt ihn herzlich, Michael Mittenmikter!«

Von der ersten Sekunde an hatte ich die Aufmerksamkeit des Publikums. Ich tobte mit der Energie einer hyperventilierenden Dampfmaschine und der Freude eines Kleinkindes, auch mit dessen voller Hose, auf der Bühne herum und riss das Publikum mit. Klar zündete nicht jeder Witz, und ich habe so manches verhauen, aber es wurde sehr viel gelacht und zum Abschluss gab es großen Applaus.

Es hatte funktioniert!

Ich hatte es getan!

Ich habe viel länger gespielt als die vorgegebenen sieben Minuten, aber der Moderator stoppte mich nicht, wahrscheinlich wollte er sich nicht dem deutschen Humor-Tsunami entgegenstellen. (Wer neugierig ist: Das Original-Skript steht im Anhang.)

Ich war erlöst!

Und who the fuck is Bill Murray?

Ich lief nach oben, rief meine Frau an, die extra so lange aufgeblieben war. Wegen der Zeitverschiebung war's bei ihr ja drei Uhr morgens. Sie verstand zwar nicht, was ich über Sexverbote vor Auftritten erzählte, aber sie spürte: Ich war der glücklichste Michl der Welt. Sie wusste, was das für mich bedeutete. Und wenn man so einen besonderen Moment im Leben mit einer Seelenverwandten und Geliebten teilen kann, auch über Tausende Kilometer Entfernung hinweg, dann ist man doppelt glücklich.

Später am Abend saß ich auf dem Dach meines Wohnhauses und habe gefeiert. Ich war nicht allein, Budweiser hatte alle seine Freunde vorbeigeschickt. Wer sagt, die Szene in »Titanic«, in der Leonardo di Caprio mit ausgebreiteten Armen auf dem Bug steht und ruft: »Wuuhuuu, ich bin der König der Welt«, sei magisch, hat mich an dem Abend nicht gesehen. Ich stand da oben mit ausgebreiteten Armen, den Geruch von toten Hühnern in der Nase, und schrie in die Nacht.

COMEDY-BATTLE IM BIG APPLE

Von wegen nur einmal einen Auftritt auf Englisch machen – ich hatte Blut geleckt. Von nun an ging ich jeden Mittwoch in die B3 Open Mike Night und in den nächsten Wochen und Monaten auf alle offenen Bühnen, die ich finden konnte. Irgendwann sah mein Komiker-Kollege Steve Hofstetter einen Auftritt und sagte, ich gehörte auch in reguläre Clubs, nicht nur auf offene Bühnen. Er verschaffte mir meinen ersten Auftritt im Ha! Club, wo ich von da an regelmäßig auftrat. Und ich machte immer weiter und sagte den Managern: »Ich brauche kein Geld, ich will nur ein paar Minuten Bühnenzeit.«

In New York drängeln sich Hunderte Comedians um Auftrittsmöglichkeiten. Deshalb musste ich, wie viele andere Newcomer, Handzettel an Touristen verteilen, um fünf, sieben oder zehn Minuten auftreten zu dürfen. Niemand wusste, wer ich war, und ich wollte das auch weiterhin so handhaben. Überzeug durch deinen Auftritt und nicht durch Beziehungen.

Der Manager des Comic Strip Live, einem berühmten Club, schaute mich sehr abfällig an, als ich ihn um Bühnenzeit bat. Er fragte von oben herab, was denn das größte Publikum gewesen sei, vor dem ich bislang gespielt hätte. »60 000. Und ich war mal

Support Act für U2.« Seine erweiterten Pupillen hatten nichts mit Drogen zu tun, und er gab mir eine Chance. Er war ein seltsamer Typ, wie mir viele sagten, eine Institution. Ein hagerer Mann mit dünnen schwarzen Lederhandschuhen, wie Richelieu als Comedy-Beauftrager. Er gab mir sieben Minuten, ich spielte mein Set und es hat gerockt. Als ich beim Rausgehen an ihm vorbeikam, blickte er mich an und nickte leicht. »Komm, wann immer du willst.«

Das Verteilen von Handzetteln hält junge Komiker auf dem Boden der Realität. Bei uns ist die Lage anders. Deutschland ist ein Comedy-Sozialhilfeland. Da kann man mit zwei guten Witzen eine eigene Fernseh- oder Hallenshow bekommen. Bis es in Amerika oder England so weit kommt, muss man viel mehr leisten.

Ans Flyer-Verteilen habe ich mich schnell gewöhnt. Schön waren die Reaktionen deutscher Touristen. Ein Pärchen glaubte, mich zu erkennen, war sich aber nicht ganz sicher und fragte schüchtern: »Do you speak German?«

»Yes.«

»Are you then ... Michael Mittermeier?«

»Ja.«

Die beiden konnten es nicht fassen und wollten natürlich wissen, was ich hier machte. Ich gab meine Standardantwort. »In Deutschland läuft's nicht mehr so gut, deswegen muss ich hier nun kleinere Auftritte machen.«

»Ach ... das wird schon wieder klappen!«

Dabei klappte alles wunderbar. Ich war nun ein offizieller US-Stand-up-Comedy-Azubi.

Was mich als Mensch und Comedian in New York besonders beeinflusst hat, waren »Comedy-Battles« mit jüdischen Kollegen. In Deutschland zucken alle schon zusammen, wenn man auf der Bühne das Wort »Jude« auch nur ausspricht. In den

USA ist Comedy eine jüdische Domäne. Von den Variété-Künstlern Weber und Fields im 19. Jahrhundert, über Radio-Comedy mit Jack Benny, Nightclub Comedians wie Milton Berle und Sid Caesar, New-Wave-Comedians der Fünfziger- und Sechzigerjahre wie Nichols and May bis zu Lenny Bruce, Mort Sahl, Shelley Berman und Woody Allen. Bis in die Siebzigerjahre waren etwa 80 Prozent aller Comedians jüdischer Herkunft, und sie haben Richtung und Stil des Genres in all ihren Phasen mitbestimmt und geprägt.

In Deutschland wird oft über unsere schlechte Comedy-Szene geklagt und gesagt, dass in Amerika oder England alles viel besser sei. Lasst uns mal nicht vergessen, dass wir in den Dreißiger- oder Vierzigerjahren die Mehrzahl deutscher jüdischer Entertainer und Künstler umgebracht oder vertrieben haben. Es heißt immer, die Nazis hätten sechs Millionen Juden getötet. Das hat etwas von: Die Nazis haben »andere« getötet. Wer das sagt, gibt Juden keine Nationalität, sondern nur eine Religion. Aber die Juden in Deutschland waren eben auch Deutsche und nicht nur Juden, »andere«. Wir Deutschen haben uns quasi selbst umgebracht als Nation.

Die Eigentümlichkeit des jüdischen Humors stand immer im Zusammenhang mit dem Minderheitenstatus. Der jüdische Witz war immer ein Überlebensmechanismus, eine Waffe der kulturellen Verteidigung. Es gibt verschiedene Formen: den sich selbst herabsetzenden Humor, mit dem man sich selbst erklärt und der als Blitzableiter gegen Aggression von außen dient. Dann den kritischen, selbstanalytischen Humor, der Widersprüche und Probleme der eigenen Gruppenzugehörigkeit und die Stellung der Juden in der Gesellschaft untersucht. Und schließlich den aggressiven, angriffslustigen Humor, der sich gegen Kultur und Normen der Mehrheit richtet, auch gegen die der eigenen Gruppe.

Dieses Thema stand nicht auf meiner Stand-up-To-do-Liste, es kam an einem Abend in der B3 Lounge auf mich zu. Ich saß nach meinem Auftritt im Publikum, um mir die Kollegen anzusehen, als ein jüdischer Comedian auf die Bühne kam, der so vorgestellt wurde. »Wir hatten einen Deutschen, dann lasst uns jetzt mal einen Juden auf die Bühne holen!«

Er fing den Ball auf. »Ah ein deutscher Comedian, wow. Das ist neu. Ich als Jude habe nichts gegen die Deutschen, außer den einen oder anderen Holocaust vielleicht.« Dann sprach er mich direkt an: »Ihr Deutschen seid schon ganz schön gründlich. Ich bin vor Kurzem Lufthansa geflogen, die härteste Airline der Welt mit dem härtesten Security Check, die haben uns sogar zum Duschen geschickt.« Lacher im Publikum. Viele Zuschauer blickten mich an, und ich spürte, dass ich darauf reagieren musste. Kein Spott-Opfer mehr.

Ich rief ohne nachzudenken: »So gründlich waren sie offenbar nicht, sonst wärst du jetzt nicht hier!«

Er lachte und streckte den Daumen nach oben. »Nice to meet you, Hans, my name is Ben!«

»Nice to meet you too, my name isn't Hans.«

»And I am not Gentile Ben!«

Das war eine Anspielung auf eine sehr bekannte amerikanische Fernsehserie aus den Sechzigerjahren mit dem Titel »Mein Freund Ben«, in der es um einen kleinen Jungen ging, dessen bester Freund ein Bär namens Ben war. Sie hieß im Original »Gentle Ben«, übersetzt »sanfter Ben« – und »gentile« heißt übersetzt »nicht jüdisch«. Was für ein schönes, doppelbödiges Wortspiel! In den nächsten Wochen zogen wir durch die Comedy-Clubs und kabbelten uns manchmal als »Der Jude und der Deutsche«. Wir brauchten keine politisch korrekten Erklärungen, das war ein entspannter Umgang miteinander, den ich hier in Deutschland manchmal vermisse. Wir frotzelten auch in Alltagssituationen miteinander. Eines Nachts schlenderten wir durch die leeren Straßen Uptowns, ich blieb an einer roten Fußgängerampel stehen. Ben war schon halb über die Straße, drehte sich zu mir um und fragte, warum ich nicht weitergehen würde, es sei ja kein Auto weit und breit zu sehen.

»Die Ampel zeigt Rot.«

»Ist das dein Ernst?«

»Ja.«

»Warum?«

»Den Kindern ein Vorbild!«

»Willst du mich auf den Arm nehmen?«

»Nö.«

»Du willst mir allen Ernstes sagen, ihr Deutsche habt sechs Millionen Juden getötet, und du stoppst nachts an einer roten Ampel, um ein Vorbild für kleine Kinder zu sein?«

»Irgendwo muss man ja anfangen.«

Ich sah es damals fast schon als meine Pflicht an, Hitlerwitze zu machen oder mit Nazi-Klischees zu spielen. Humor ist eine der stärksten Waffen, dem Bösen und der eigenen Geschichte subversiv zu begegnen. Ironie kann stahlhart sein. Who put the »iron« into »irony«? Ich stand damals in New York – die ganze Welt hatte sich seit fast 60 Jahren über die Deutschen, Hitler und Nazis lustig gemacht – und nahm mir vor: Von jetzt an wird zurückgelacht. Ich war bereit für einen Witzkrieg. Es ist gut, wenn man auch über schlimme Dinge zusammen lachen kann. Sie verschwinden damit nicht, aber sie nehmen dem Schrecken die Luft. Oder wie es der großartige Kabarettist Werner Finck mal sagte: »An dem Punkt, wo der Spaß aufhört, beginnt der Humor.«

Aber in Deutschland wird so oft die Frage gestellt: »Darf man über Adolf Hitler Witze machen?« Natürlich darf man, und man muss sogar! War es nicht eines der Charakteristika des Dritten Reiches, dass man über vieles keine Witze machen durfte? Wenn damals mehr Menschen Witze über Adolf Hitler gemacht hätten, wäre er vielleicht das kleine hässliche Arschloch geblieben, das er eigentlich war: »Heil dich selbst, du Spacko!«

Ein von Karl Valentin überliefertes Bühnenzitat zeigt, wie man auch in dunklen Zeiten ein kleines Humorlicht anmachen kann: »Gut, dass Hitler nicht Kräuter heißt, sonst müsste man ihn mit ›Heil Kräuter‹ grüßen.«

Valentin war kein verbaler Widerstandskämpfer wie Werner Finck, aber auch er leistete sich immer wieder Spitzen. Als ihm mal von offizieller Seite ein Bild von Adolf Hitler mit Widmung geschenkt wurde, fragte er: »Was soll ich bloß mit ihm tun? Aufhängen oder an die Wand stellen?«

Finck dagegen war ein mutiger Komiker, der seine Abscheu gegenüber den Nazis in Humor verpackte. Er konnte der Verhaftung nur entgehen, indem er sich 1939 zum Kriegsdienst meldete. Sein Motto »Lächeln ist die eleganteste Art, seinen Gegnern die Zähne zu zeigen« hätte ihn fast das Leben gekostet: »Ich stehe hinter jeder Regierung, bei der ich nicht sitzen muss, wenn ich nicht hinter ihr stehe.«

Regelmäßig saßen Gestapo-Beamte in seinen Bühnenauftritten und versuchten mitzuschreiben, was er auf der Bühne von sich gab. Einen solchen Mit-Schreiber sprach er mal direkt an und sagte: »Kommen Sie mit? Oder muss ich mitkommen?«

Und wir Deutschen führen die dämliche Hitlerwitze-Erlaubnis-Diskussion in Dauerschleife. Oder noch absurder: Als 2004 der Film »Der Untergang« rauskam, wurde sofort kritisch gefragt, »Darf man Hitler als Menschen zeigen?«. Als was sonst? Als Zierkarpfen macht er nicht viel her. Ich war enttäuscht, dass der Film bei den Oscars leer ausgegangen ist. Ich hatte mich so auf die Schlagzeile in amerikanischen Zeitungen gefreut: »Hitler gewinnt den Auslands-Oscar!«

Ein Amerikaner hat mich zu der Zeit tatsächlich gefragt: »Hitler ist für einen Oscar nominiert? Lebt er noch?«

»Ja, er hat sich beruflich verändert. Er entwickelt jetzt Mautsysteme für Autobahnen.«

»Wow!«

Viele Amerikaner haben wenig Ahnung von Europa. 2003 ist mir in New York noch eine Geschichte passiert, die man eigentlich nicht glauben kann, aber es hat sich wirklich so zugetragen. So entstand eine – wie ich finde – meiner besten Auslandspointen. Diese Nummer spiele ich heute noch. In einer Bar in Manhattan kam eine Amerikanerin aus Atlanta auf mich zu. Sie hatte meinen Auftritt gesehen und wusste, dass ich Deutscher bin. Und sie hatte eine dringende Frage: »Hey, German guy, why are there so many different languages in Europe?«

»Look, Tiffany ...«

»Oh, you know my name?«

»I took a guess. Tiffany, you want to know why there are so many different languages in Europe? Because we Germans lost the war!«

Sie brauchte ein bisschen, um die Information zu verarbeiten, und antwortete dann: »Oh, I'm so sorry for you guys!«

¡HOLA, MUCHACHOS!

Ich bin in den paar Monaten viel mit Kollegen rumgezogen und habe viele kleinere, oberflächliche Freundschaften geschlossen, aber die meiste Zeit verbrachte ich allein. Als Comedian trifft man jeden Abend auf neue Menschen, Veranstalter, Techniker, und Kollegen. Ich hatte über die Jahre mehr angesammelt, als ich bewältigen konnte. Als ich mal Bono bei einem

Konzert in Kapstadt besucht habe, unterhielten wir uns nach dem Konzert auf dem Dach des Hotels über dieses Thema. Er sagte, es gehöre zu den wichtigsten Fragen des Lebens, welche Menschen man in sein Leben lasse, denn die Summe all derer sei man selbst.

Ich formuliere es immer etwas anders: Was gilt es, im Leben zu erreichen? Was soll sein? Wenn du mal alt bist, dann zählt vor allem: Wer sitzt dann noch bei dir in der Küche? Wenn Ruhm und weltliche Bekanntheit nicht mehr von Bedeutung sind, zeigt sich, ob die Küche voll ist mit echten Freunden und Lebensmenschen oder Mon-chéri-Fans.

In New York lebte ich wie ein Eremit in meinem Apartment, das war mein Refugium, in das niemand eindringen sollte. Nur meine Frau besuchte mich dort zweimal. Sonst kam niemand. Außer – den Muchachos.

Hat schon mal jemand mit Tieren gesprochen? Sicher viele. Mit Hunden, Katzen oder Pferden. Ich gebe zu, bei Hamstern hört es bei mir auf, die drehen mir zu sehr am Rad. Als Kind haben mich die Serientiere fasziniert, und wie sie mit ihren Besitzern sprachlich kommuniziert haben. Da kam zum Beispiel Lassie zu Timmy und bellte dreimal: »Wuff, wuff, wuff!« Und Timmy reagierte sofort: »Ah, drei Verletzte bei der großen Eiche, danke, Lassie, dass du uns informiert hast.«

Selbst Flipper hat mit seinem Dolphin-Ecstasy-Techno-Sound stakkatoartig auf Fragen geantwortet, und anscheinend haben ihn alle außer mir verstanden. Gerufen haben sie ihn ja immer mit dieser Unterwassertröte, die sie aus der ehemaligen Autohupe der Waltons zusammengebastelt hatten. Flipper war mir immer ein bisschen zu hektisch. Delphine sind Wasser-Zappelphilipps, klassische Diagnose ADHS.

Viel lieber mochte ich das schwarze Wunderpferd Fury. In meiner Erinnerung gingen die Geschichten so: Der kleine blonde Junge informierte den klugen Paarhufer: »Fury, du reitest in genau einer Stunde zum Sheriff nach Palm County und sagst ihm, er soll bei Sonnenaufgang mit vier seiner Männer den Kidnappern am Silver Creek eine Falle stellen und sie von drei Seiten in die Zange nehmen!«

Fury nickte dann wiehernd und lief zum Sheriff, um die Botschaft zu überbringen.

Ich hatte nach meinem weihnachtlichen Steinschildkröten-Desaster nie wieder einen tierischen Ansprechpartner. Vielleicht war das der Grund dafür, dass ich damals anfing, mit Kakerlaken zu sprechen. Wie ich in vorigen Kapiteln beschrieben habe, ist man in einer New Yorker Wohnung nie ganz allein. Kleine sechsfüßige Mitbewohner sind immer anwesend. Auch in dem Apartment, das ich von dem Holländer gemietet hatte.

Niederländer waren nicht immer Wohnwagen-Junkies und Tulpen-Dealer. Im 17. Jahrhundert haben sie beim Kolonialrennen um den amerikanischen Kontinent mitgemacht. Das heutige New York war ursprünglich eine holländische Kolonie namens Nieuw Amsterdam. Gelegen war sie auf der ehemaligen Insel Manhattan, die den Indianern für 60 Gulden abgekauft worden war. Gulden waren damals so etwas wie italienische Lire oder österreichische Schilling. Monopoly-Geld. So liegt die Annahme nahe, dass die Indianer bei Kaufabschluss wohl nicht ganz nüchtern waren, sondern unter dem Einfluss cannabischer Friedenskräuter standen. Aber den Holländern sollte dieser Kauf Manhattans nicht lange Freude bereiten. Die Engländer, die die ganze Welt unter ihre Krone bringen wollten, das aber ohne zu bezahlen, drängten an die amerikanische Ostküste. Ein britisches Expeditionskorps mit vier Schiffen segelte 1664 in den Hafen von Nieuw Amsterdam ein. Die Niederländer ergaben sich kampflos. Vielleicht waren sie bekifft, weil sie immer noch die Kräuter-Vorräte der Indianer aufrauchten. Und Kiffer sind nicht für Krieg geeignet. Zu unaggressiv, zu ziellos. Schon mal eine richtig aggressive Armee auf Gras gesehen? Die stünde vor den Toren der umzingelten Stadt: »Wenn ihr nicht sofort kapituliert und uns alle eure Schätze und Vorräte aushändigt, dann ... (Kiffer haben eine sehr sehr kurze Aufmerksamkeitsspanne und ein Mikro-Kurzzeitgedächtnis) ... gehen wir wieder!«

»Okay.«

Alkohol, die gesellschaftlich akzeptierte Alltagsdroge, macht aggressiv. Sieht man auf dem Oktoberfest. Da kommen sie aus der ganzen Welt zum Saufen, und berauscht prügeln sich dann viele für Geistesruhm und Säuferehre. Meine große Vision wäre, als Parallel-Oktoberfest jährlich eine Kiffer-Wiesn zu veranstalten. Die würde völlig anders aussehen, weil dort nur Joints gereicht würden. Nach dem Motto »Die wahre Wiesn, diesmal mit echtem Gras«. Der Umsatz würde stabil bleiben. Die Leute würden nichts mehr trinken, aber dafür das Zehnfache essen. Am Hendl-Spieß könnte man Chicken-Joints drehen. Die Fahrgeschäfte könnten sich viel Geld für aufwendigen Aufbau sparen, sie würden die Besucher einfach stoned ins Kinderkarussell oder die Baby-Märchenbahn setzen, und alle würden trotzdem ausflippen: »Wuuuiii, irrer Fünfer-Looping!«

Schlägereien würden im Sande verlaufen.

»Hey, gehen wir nach draußen, machen wir's da aus!«

»Ja!«

Bis dann alle draußen wären, würde viel Zeit vergehen.

»So, jetzt sind wir draußen!«

»Und?«

»Gehen wir wieder rein?«

»Super Idee.«

Auf der Gras-Wiesn würden sich alle lieben, man würde über alles lachen – selbst schlechte Komiker könnten hier noch groß abräumen als Witzeerzähler. Die Zelte wären nachmittags schon zugeraucht, und überall wären Reggae Sounds der »Allgäuer Bong Buam« zu hören. Ach, ein Traum.

Mein New Yorker Apartment war meine persönliche Einlieger-Wiesn. Der Holländer, der sie mir vermietet hatte, war Halbholländer und Halbjamaikaner. Der Meister! Die eine Hälfte in ihm kiffte und die andere Hälfte rauchte Gras. Das war der Shaolin-Kiffer, der Tüten-MacGyver. Er musste in dieser Wohnung so viel gekifft haben, dass sich der Marihuana-Rauch schon in die Tapeten eingebrannt hatte. Immer wenn ich auf dem alten Eames-Lounge-Chair im Wohnzimmer lag, war ich nach einiger Zeit glücklich. Ich verstand erst gar nicht, warum. Über Passiv-Kiffen wird leider nie so viel gesprochen. Ich hätte es allerdings ahnen können, denn nach der Schlüsselübergabe hatte er zu mir gesagt – mit amöbengroßen Pupillen: »Ich fliege heute Abend nach Holland.«

»Welche Gesellschaft fliegt denn nachts?«

Er blickte mich überrascht an: »Was?«

»Ja, mit welcher Maschine fliegst du denn?«

»Zu Fuß!«

Er machte dabei mit dem Ellenbogen leichte Flugbewegungen. War das ein Anfall der berüchtigten »Ententanz-Grippe«? Der Typ sah jedenfalls so aus, als ob er das wirklich schaffen könnte. Also, wer im Frühjahr 2003 den Fliegenden Holländer gesehen hat: Das müsste mein Vermieter gewesen sein.

Ich übernahm jedenfalls seine Vorräte und kümmerte mich vorbildlichst darum, dass sie nicht verkamen. Dabei habe ich gemerkt, dass Marihuana allein zu rauchen kontaktfreudig macht – auch in den eigenen vier Wänden. Ich schwöre unter Kräuter-Eid, dass die Kakerlaken, die in dieser Wohnung rumliefen, größer waren als alle, gegen die ich je gekämpft hatte. Wie auf Safari im afrikanischen Busch gibt es auch in New York die »Big Five«: Cockroaches, big roaches, real big roaches, huge motherfucking roaches und der Bürgermeister. Big Apple – Big Roach.

Eines Abends stand eine Kakerlake vor mir, die war so groß, dass ich die Tätowierung an ihrem Oberarm lesen konnte. »Mutti«. Ich hatte diesmal ganz andere Kampfwaffen besorgt. Klar: als Notfallspray eine Dose »Doom Ultra«. Mit »Doom«, dem Weltuntergangs-Anti-Schaben-Klassiker, hatte ich es in den Neunzigern weich gespielt bzw. weich gespült, aber von den Waschmitteln hatte ich in der Zwischenzeit gelernt: Nimm immer die Packung, auf der noch »Ultra« steht. Das ist dann die ultimative Reinigungswaffe, »Ariel Ultra« zum Beispiel, mit Klementine, der Cleaning-Hardcore-Oma. Ich warte ja noch auf die Disneyneuverfilmung von »Arielle Ultra – die Meerschlampe«.

Aber für meine halbjährige Bleibe im East Village hatte ich mir andere Arten der Antischaben-Kriegsführung besorgt: »Raid Double Control – Advanced Defense System«. Klingt nach einem Abwehrsystem für Mittelstreckenraketen. Das RDC-ADS waren Plastikhöcker, die wie kleine Landminen aussahen. Als ich sie im Wohnzimmer verteilt hatte, sah es so aus wie an der Grenze zwischen Nord- und Südkorea. Möblierter Todesstreifen. In den Plastikminen befand sich tödlicher Schabenköder, der die Genfer Konvention nicht sonderlich ernst nahm, denn auf der Verpackung stand: »Tötet Kakerlaken und ihre Eier!«

Als ich das im Wohnzimmer las, bekam ich Angst, dass der Osterhase sich hier mit seinen Eiern reinverirren könnte. Denn ich hatte ihn zwar noch nie gesehen, aber auf der Verpackung stand: »Tötet die Schaben, die Sie sehen, und alle, die Sie nicht sehen.« Schon am ersten Abend saß ich zugeraucht da und musste weinen, denn den Osterhasen sieht man ja auch nicht – und er trägt Eier. »Buhuhuu, ich möchte nicht schuld sein, dass der Osterhase stirbt, mir wurde schon der Nikolaus zu früh genommen.«

Ich sah mich um in meinem Wohnzimmer, das nach Feng-Shui eingerichtet schien, aber der paramilitärischen Variante des chinesischen Philosophen Sun Tsu. Dessen bedeutendstes Werk »Die Kunst des Krieges« sollte in keiner guten nordkoreanischen Leihbibliothek fehlen. 13 Kapitel und 68 Thesen. Es begann mit einer Mahnung, die mir schlüssig zu sein schien. »Der Krieg und der Kampf sollten möglichst verhindert werden, da er den Staat und das Volk ruiniert.« Dann kamen die wichtigsten Tipps: Am besten sei es, die Strategie des Feindes zu vereiteln, am zweitbesten, die Bündnisse des Feindes aufzubrechen – und erst an dritter Stelle folgen kämpfen und siegen. Was bedeutete das für meinen Kampf? Welche Strategie hatten Kakerlaken? Feindliche Wohnungs- und Essensresteübernahme. Deren Bündnisse aufzubrechen würde schwierig werden, ich war allein. Es musste doch noch andere Möglichkeiten geben. Ich erinnerte mich noch an den Satz von Carl von Clausewitz aus seinem Buch »Vom Kriege«, quasi die westliche Variante: »Der Krieg ist eine bloße Fortsetzung der Politik unter Einbeziehung anderer Mittel.«

Es musste auch andere Mittel geben. Ich räumte das Wohnzimmerschlachtfeld und warf alle Minen in den Müll. Sollten die Ratten doch auch was zum Knacken haben.

Das perfekte Mittel fand ich bei Walmart. Es hieß »Roach Motel« und war eine Kiste aus festem Karton, außen so bunt bemalt wie ein Western-Hotel, mit kleinen hübschen Fenstern und einer Saloon-Tür. Das ansprechende Äußere des »Roach Motels« sollte vermutlich für die Kakerlaken ein erster optischer Anreiz sein. »Hey, coole Bar, lass uns da mal reingehen.«

Drinnen wartete dann ein tödlicher Köder. Und vorn über der kleinen Tür stand groß in gelber Schrift »The Roach Motel – They Check In, But They Never Check Out!«. Das setzte natürlich voraus, dass Kakerlaken nicht lesen können.

So saß ich da in der nächsten Nacht und wartete, was passieren würde. Es kamen vier Kakerlaken, die sich fein gemacht hatten für den Saloon-Besuch. Sie gingen rein. Yes! Aber nach ein paar Minuten kam eine wieder raus, lief auf mich zu, stellte sich auf die Hinterbeine und quatschte mich an: »Ist das alles, was du hast, du Versager? Gib mir mehr!«

Ich habe ohne nachzudenken das Ultra Doom Spray hervorgeholt und wollte der kleinen Kreatur mal die Grenzen aufzeigen. So sprühte ich zwischen uns eine Linie, wie beim Fußball der Schiedsrichter vor einem Freistoß. Und ich machte eine pathetische Kampfansage: »Diesen Fluss Styx wirst du nur als Toter überqueren.«

Ein bisschen griechische Mythologie musste schon sein. Styx, der Fluss der Toten, benannt nach der gleichnamigen amerikanischen Rockband, bildet den Übergang von der Welt der Lebenden in den Hades, das Reich der Toten. Ich wusste noch aus dem Lateinunterricht, wenn man dem Fährmann Charon über den Styx einen Obolus in Form einer Münze verweigert, wird diese arme Seele auf ewig verdammt sein, gefangen in einer Zwischenwelt. In meinem Kopf sang Chris de Burgh »Don't pay the ferryman!«. Auch ich befand mich wohl in einer Art Zwischenwelt. Wieso hatte ich eigentlich verstanden, was die Kakerlake zu mir gesagt hat? Sie bückte sich runter zu meiner aufgesprühten Freistoßgrenze und zog sich das Zeug wie eine Line Kokain rein: »Snifff ... that's good shit! Vamonos Muchachos, der Gringo hat guten Stoff.«

Die Antwort ist: Ich hatte verstanden, was die Kakerlake gesagt hatte, weil ich in einem dunklen Park Pilze gekauft hatte.

Also nicht solche für die schwäbische Jägerpfanne mit Rahmschwammerl, sondern Magic Mushrooms. Ich wollte das einmal im Leben ausprobieren, und ich fand, New York war der richtige Platz dazu. Mein Rat an alle Leser ist heute: Seid vorsichtig! Wenn im East Village ein netter Weißer mit Dreadlocks auftaucht und fragt: »Hey, Leute, wollt ihr mal zum Mond fliegen?«, dann sagt einfach: »Da war ich schon!«

Der Mondflug endete bei mir schon vor dem Start. Ich saß paranoid in meinem Wohnzimmersessel, drehte mir aus der Wohnzimmertapete einen Joint und unterhielt mich mit einer Doom-schnüffelnden Kakerlake.

Der dicke Chef fragte: »Hast du was zum Kiffen da?«

Ich reichte ihm ein Stück Tapete.

»Muchas gracias, mein Freund!«

Die Pilz-Paranoia ließ mich stutzig werden, und ich fragte: »Hey, Kakerlake, warum kannst du eigentlich deutsch sprechen?«

»Ich bin Mexikaner!«

Logisch war das nicht. Das gebe ich zu. Aber in der Situation schien das plausibel. Immerhin waren es keine Franzosen. Man stelle sich französische Kakerlaken vor, die in die Küche gehen: »Zu schmützig 'ier, fück!« Die dicke Kakerlake stellte mir dann ihre Kumpels vor. »Das sind meine Muchachos, Pedro, Pepe, Pablo, und ich bin Pancho Villa.«

Sie flüsterte mir zu: »Wir sind illegal hier, verrat uns nicht.«

An wen hätte ich die denn verraten? »Liebe Einwanderungsbehördenmitarbeiter, erinnern Sie sich noch an mich? Ich bin der deutsche Komiker, der gern Clowns frühstückt, und ich habe eine wichtige Anzeige zu machen. In meinem Wohnzimmer befinden sich vier illegale kiffende mexikanische Exil-Kakerlaken. Potroaches.«

Ich nannte sie Potroaches – eine Mischung aus »smoking

pot« und »cockroaches« – und bekam Lach-Flashs. Kifferlaken. Lachflash. Wenn ich ehrlich bin, glaube ich, dass ich bei meinem Pilztrip großes Glück hatte. Keine schlimmen Horrorszenarien, keine Panikzustände, sondern einfach gute Gespräche mit kleinen Freunden. Ein bisschen so wie der Schiffbrüchige Tom Hanks in dem Film »Cast Away – Verschollen«, der, allein auf einer einsamen Insel, immer mit einem weißen Volleyball namens Wilson sprach, dem er ein rotes Gesicht aufgemalt hatte. Ich war ein Kiffbrüchiger in meiner einsamen Wohnung, der all seine Erlebnisse, Gedanken und Gefühle nachts loswerden konnte.

Einmal fragte mich Pablo, ob ich nicht einer von ihnen werden wolle.

»Geht das denn überhaupt?«

»Ja, einen haben wir mal zu uns geholt. Hombres, wisst ihr noch, wie der hieß?«

»Franz, Kiffka oder Kafka.«

Ich bekam einen Deutschunterrichts-Flash: »Ah, *die* Verwandlung!«

Am nächsten Tag las ich den Anfang von Kafkas gleichnamiger Erzählung: »Als Gregor Samsa eines Morgens aus unruhigen Träumen erwachte, fand er sich in seinem Bett zu einem ungeheuren Ungeziefer verwandelt.«

Ich hatte dieses Buch damals in der Schule lesen müssen und nie verstanden, aber plötzlich kapierte ich. Und mir wurde noch etwas klar: Das mit den Pilzen musste ich sein lassen. Da ging mir die Kontrolle verloren. Die Muchachos sind mir geblieben, und ich habe sie in meinem »Paranoid«-Programm verewigt.

Ich möchte keine Lobeshymne auf Drogen anstimmen. Jeder muss für sich selbst entscheiden, wo er hingehen kann und wo nicht. Die Dämonisierung von Marihuana war in Amerika damals noch extremer als heute. Beim Rumzappen im Fernsehen habe ich sogar mal einen Anti-Marihuana-Spot gesehen. Anti-kiffer-Werbung im TV. In Amerika rennt jeder Dritte mit einer Waffe rum, aber Kiffen ist verboten! In dem Spot sieht man zwei Jugendliche, die allein zu Hause sind und sich dort einen Joint reinziehen, den sie zufällig gefunden haben. Einer der beiden ist so berauscht, dass er durch die Wohnung stöbert – realis-tisch, wahrscheinlich hatte er Hunger –, dann findet er in einem unverschlossenen (!!!) Schrank im Wohnzimmer ein geladenes Gewehr vom Vater seines Freundes. Er will es natürlich sofort ausprobieren. Wie Kiffer halt so sind, wenn sie ein Gewehr se-hen! Also hantiert er mit dem Gewehr und erschießt aus Ver-sehen seinen Freund. Dann ertönte eine Stimme, die vor Dro-gen warnt. Ich habe über diesen Spot viel nachgedacht und ihn mit meinen Muchachos diskutiert. Pepe stellte die Masterfrage: »Was ist gefährlicher? Alkohol, Waffen oder Marihuana?«

Was wäre gewesen, wenn keine geladene Waffe im Schrank gewesen wäre? Die beiden Jungs hätten wahrscheinlich nur den Kühlschrank geplündert. Eventuell hätte der Vater des ei-nen die beiden dann erschossen, weil sie alle seine Donuts auf-gegessen hatten.

Aber den größten Blackout hatte 2003 nicht ich, sondern Manhattan selbst. Am 14. August gingen plötzlich alle Lichter aus, der Strom blieb ein paar Tage weg. Was konnte das aus-gelöst haben? Ein terroristischer Anschlag? Zombies? Ich war fest überzeugt, dass die Zombieapokalypse begonnen hatte, habe alles abgeschlossen, die Vorhänge zugezogen, Wasser in die Badewanne laufen lassen – Trinkwasserversorgung! – und war tatsächlich etwas paranoid. Kein Licht weit und breit, und das in der City of Lights. Bis dann einer meiner Nachbarn vom unteren Fenster zu mir hochrief, es sei nur ein Stromausfall wegen Überlastung des maroden Netzes.

Die Blackout-Tage gehörten zum Beeindruckendsten, was ich je erlebt habe. Alle Welt dachte, wenn der Strom weg ist in einer Stadt wie New York, kommt es zu Panik, Chaos, Plünderungen, aber tatsächlich passierte fast nichts. Die »dunklen« Tage waren die einbruchs- und kriminalitätsärmste Zeit des ganzen Jahres. Wir saßen nachts in Kneipen bei Kerzenlicht und tranken warmes Bier, alle Leute waren friedlich und freundlich zueinander. In der Dunkelheit schien das Licht der menschlichen Zusammengehörigkeit, Hilfsbereitschaft und Solidarität.

Das halbe Jahr in New York gehört sicher zu den intensivsten Zeiten meines Lebens. Am Ende wusste ich, ich würde hier funktionieren als Comedian, aber ich spürte, ich muss wieder heim, da hatte ich noch einiges zu erledigen. Ich war erfüllt. Ich war voll mit Eindrücken. Ich hatte mehr erlebt, als ich 1992 zu träumen gewagt hatte. Und ich konnte wieder hören – der Tinnitus war weg.

An einem der letzten Tage meines Aufenthalts spielte ich in einer Open Mike Night. Die Moderatorin im »Village Lantern« war wie immer als Fußball-Schiedsrichterin verkleidet. Damit sich alle an die vorgegebenen fünf, sieben oder zehn Minuten hielten, hatte sie sich etwas vom Fußball abgeguckt. Wer die vorgegebene Zeit überzog, dem zeigte sie erst die Gelbe Karte, dann die Rote, und wenn das alles nichts half, warf sie ein weißes Tuch auf die Bühne. So weit wollte es kein Comedian kommen lassen, aber ich hatte an diesem Abend kein Gefühl für Zeit. Ich flog durch meine Nummern, Gelbe Karte – ah, einer geht noch, Rote Karte, einer geht noch rein, dann sah ich das weiße Tuch auf mich zufliegen, es landete direkt vor meinen Füßen. Und bevor es den Boden berührte, wusste ich schon, was ich zu sagen hatte. Ich rief laut aus: »Vielen Dank dafür! Zum ersten Mal in der Geschichte haben die Amerikaner den Deutschen die weiße Fahne gezeigt!«

DIE SAFARI DES TODES

1972 wurde es bei uns von einem Tag auf den anderen bunt. Der erste Farbfernseher wurde an einem Samstagvormittag angeschlossen und hatte seine Sendetaufe. Er tauchte die alte Fernsehwelt in einen Malkasten und zeigte, wie bunt der Planet Erde glänzen konnte. Die erste Sendung, die ich in Farbe gesehen habe, war »Daktari«. Das hat sich farblich richtig gelohnt – viel mehr als bei »Western von Gestern«. Der afrikanische Busch und seine Tierwelt schwappten als Farbenmeer in meine Augen und in mein Kinderherz. Als ich einige Zeit später einen alten Tarzan-Film mit Johnny Weissmüller sah, war ich verwirrt. Wieso war dieser Dschungel nur schwarz-weiß? Gab es verschiedene Busch-Länder? Vielleicht war er so was wie eine Afrika-DDR, ein Ost-Busch? »Daktari« und Heinz Sielmanns »Expeditionen ins Tierreich« ließen mich als Kind davon träumen, selbst einmal nach Afrika zu reisen.

2001 war es so weit. Die Einreise war Kontinente entfernt von der in die USA, und zwar Kontinente der Freundlichkeit. Der südafrikanische Beamte empfing uns mit einem unfassbar breiten Lächeln, gegen das jede Zahnarztgattin in jeder Fernsehwerbung abstinken würde. Da saß ein Mann am Schalter, der sich zu freuen schien, dass wir in sein Land wollten. Anders als der Stasi-Offizier aus Wyoming, der mich am New Yorker Flughafen zusammengestaucht hatte. Auf die Frage, was denn der Grund unseres Besuchs sei, sagte ich stolz: »Wir wol-

246

len auf Safari gehen!« Er gab einen lang gezogenen Laut von sich und gratulierte uns dazu mit den Augen: »Fuuuuuhuuuu! Lekker! Ihr werdet es lieben!«

Wir waren in Johannesburg gelandet, und dort mussten wir in ein kleines Flugzeug umsteigen, das uns in den Busch zu unserer Lodge bringen sollte. In ein sehr kleines Flugzeug. Es war eine der Maschinen, die man oft in den Nachrichten sieht – in Einzelteilen auf dem Boden zerstreut. Ich hatte mir immer geschworen, nie in so ein Fliewatüüt einzusteigen, ich war ja nicht lebensmüde. Aber der Wunsch, auf Safari zu gehen, war stärker als mein Überlebenstrieb. In den Passagierraum des unehelichen Kindes einer Boeing 737 und eines Modellflugzeus passten gerade mal sechs bis acht Personen, je nach Körperfülle. Wir waren zu neunt. Es war eng, und es gab beim Abflug keine Sicherheitsanweisungen. Wofür auch? »Ladies and Gentlemen, in the very likely event of an emergency, hold your breath, then it will be over faster!«

Wir hatten für diesen Flug wohl aus Versehen »Gruselbesatzung« angekreuzt. Trash as Trash can! Da waren Rich Trash Denise und Rainier, ein geschmacklos, aber teuer angezogenes französisches Paar, neben das sich nicht einmal ein Bling-Bling-Russe gesetzt hätte. Gibt es Versace-Safari-Couture? Ja. Oder die beiden hatten sich das persönlich schneidern lassen von einem blinden – oder dabei blind gewordenen – Designer. Dann gab es noch zwei amerikanische Schwergewichte, beide in Tarnhose und armfreie T-Shirts gekleidet. Leider waren sie nicht wirklich »armfrei«. Die gerippten Träger-Shirts umrahmten die gewaltigen Oberarme, die während des wackligen Fluges vor sich hin wabbelten. Entschuldigung, aber die Faszination des Schreckens ließ mich dauernd hinstarren, es sah aus wie fleischgewordene Götterspeise. Ich nannte sie Mr und Mrs Jello. An den Wellenbewegungen auf ihren Armen konnte man ablesen, in welche Richtung das Flugzeug gerade flog. Hinten saß noch ein Typ, der so zwischen dem Gepäck eingequetscht war, dass man ihn kaum erkennen konnte. Alles wäre okay gewesen, hätten uns nicht Martin und Conny mit ihrer Anwesenheit beehrt, zwei Amerikaner mit eingebauten Stimmverstärkern. Wenn jemand Flugangst hat, verstehe ich, dass er viel und laut redet, um Dampf abzulassen, aber die beiden waren von Furcht so weit entfernt wie der Berliner Flughafen von seiner Fertigstellung. Selbst Italiener sind nicht so laut, und denen ist das angeboren. Im afrikanischen Busch sind mehr Menschen durch von Italienern verursachten Tinnitus zu Schaden gekommen als von Löwen gefressen worden – das ist statistisch belegt. Meine Theorie ist, dass alle Italiener taub sind – und blind. Deswegen tragen sie immer Sonnenbrillen. Sie nutzen ihre laut ausgesprochenen Schallwellen zum Navigieren, es ist eine Art Sonar, wie bei Fledermäusen und Delfinen.

Martins Synapsen und Stimmbänder waren anscheinend direkt mit der Technik seiner Kamera verlinkt; alles, was er durch sein Objektiv sah, kommentierte er. Es wirkte, als ob er seine Filmchen während der Aufnahme vertonen wollte. Seiner Frau gab er pausenlos Regieanweisungen: »Conny-Honey, schau aus dem Fenster, mach dabei ein freudestrahlendes Gesicht, dann drehst du dich zu mir, guckst direkt in die Kamera mit erhobenem Daumen und sagst etwas!« Conny improvisierte, »Oh my God, this is so amazing«, und zwar so schrill-laut, dass es klang wie ein Voice-Battle von Heidi Klum gegen Inka Bause auf Koks, bei dem sich beide als Hauptgewinn einen RTL-Bauern aussuchen dürfen. Nachdem Conny etwa zehn Mal im selben Wortlaut improvisiert hatte, kam mir die Vermutung, dass der Ausruf vielleicht doch einstudiert war. Das Martinshorn und Amazing-Honey filmten während des gesamten vierzigminütigen Flugs in Dauerschleife. Für solche Situationen hatte Gott in seiner unendlichen Weisheit den Walkman erfunden. Rage Against The Machine mit Songs wie »Bullet in the Head« schien mir der richtige Soundtrack dazu.

Plötzlich ertönte die Durchsage des Piloten: »Ladies and Gentlemen, bitte alles anschnallen, wir landen auf dem Londolozi Airport.«

Ich schaute gespannt aus dem Fenster, aber da war nichts. »Entschuldigung, Mr Pilot, aber der Flughafen ist weg!«

»Keine Angst, schau, rechts unten, der Grasstreifen.«

Wir landen auf Gras? Auf Gras hebe ich sonst nur ab. Graspiste ist schlimmer als Kopfsteinpflaster. Von außen betrachtet sahen wir Passagiere beim Landen wohl wie Wackeldackel aus. Dann Stillstand, unsere Köpfe bebten noch etwas nach. Wie ein professioneller Steadycam-Operator filmte Martin, wie wir das Flugzeug verließen. »Wir steigen jetzt aus, wir gehen die Treppe hinunter, ich setze meinen Fuß auf afrikanischen Boden!« Conny musste sitzen bleiben, bis er draußen war. »Honey, Action!« Sie blieb kurz auf der obersten Stufe stehen und rief: »Wow, this is amazing!« »Hier kommt meine Frau!« Kameraschwenk. Es gab nur eines, was Martin Spielberg noch wichtiger zu filmen erschien: »Hier kommt mein Gepäck!«

Er filmte in 360-Grad-Schwenks die Landschaft und verpasste dabei die eigentliche filmreife Szene. Der Pilot, ein cooler Barack-Obama-Typ mit Ray-Ban-Sonnenbrille, kletterte die Trittleiter runter, stellte sich breitbeinig neben seine Maschine, griff sich mit großer Geste in den Schritt, drückte liebevoll, aber bestimmt und spuckte einen Lungenhering aus wie John Wayne in seinen besten Cowboy-Tagen: »Was für eine coole Landung, ich bin verdammt gut!«

Das möchte ich mal bei der Lufthansa sehen.

Nach einer kurzen Fahrt mit dem Jeep kamen wir in unserer Lodge an. Dort wurden wir gefragt, ob wir gleich den ersten

Game Drive mitmachen wollen. Er sollte schon in etwa einer Stunde starten. Game Drives nennt man die Safarifahrten, die man als Gruppe in einem offenen Geländewagen macht. Im ursprünglichen Sinne ist es eine »Pirschfahrt«, inzwischen jedoch ohne mörderische Jagdabsichten. Safari-Touristen wollen Fotos der »Big Five« schießen. Die Big Five sind jene Tiere, die früher von Großwildjägern als am schwierigsten und gefährlichsten zu jagen eingestuft wurden: Löwe, Leopard, Büffel, Elefant und Nashorn. Die Großen Fünf. Da gleicht das Tierreich dem Menschenreich. Wir haben auch die Big Five. Der UN-Sicherheitsrat hat fünf ständige Groß-Mitglieder, die je ein eigenes Vetorecht besitzen: die USA, Russland, Frankreich, Großbritannien und China, die ersten fünf Atommächte. Auch diese fünf sind in ihrer Gefährlichkeit nicht gerade einfach zu jagen. Es gibt zwar noch zehn nicht ständige Sicherheitsratsmitglieder, welche aber von der UN-Generalversammlung nur für zwei Jahre gewählt werden, also Gnus, Giraffen und Zebras, die nicht so viel zu sagen haben, weil ihr Veto nur auf einen Notizblock geschrieben wird, der dann in der Schreibtischschublade der Großen rumliegt. Deutschland versucht seit Jahren vergeblich, ein (an)ständiges Mitglied im Big Club zu werden, aber das wird wohl nichts. Stellen wir uns mal den gesamten Sicherheitsrat als eine Art großen Harem vor. Darin sitzen fünf Sultane, von denen jeder angeblich den Größten hat – ein sogenanntes Atomgemächt, und die sich ihre ständig wechselnden BettgenossInnen mit aussuchen können. Auch wenn Deutschland mittlerweile nach einer ökonomischen Penisverlängerung einen Größeren als England hat, kommen wir beim Casting nicht in den Recall.

Wer von den UN-Big-Five wäre wer bei den Großen Fünf Tieren Afrikas?

Löwe: Frankreich. »Le roi est moi!« Isch 'abe die schönste Mähne, lasse die Frauen jagen, und sonst kümmere isch misch nur um den Rüf des Rüdels.

Elefant: China, der schlafende Riese. Mittlerweile aufgewacht, aber noch etwas wankend. War Dumbo, der kleine fliegende Elefant, vielleicht nur ein Dissident?

Leopard: England. Das kleinste Tier unter den Fünfen. Versucht aber immer am lautesten zu brüllen. Quasi die Maus, die auch mal die Katze oder wenigstens die Käsefalle sein möchte.

Büffel: USA. Sind in ihrem Angriffsverhalten wie aggressive Büffel, und im koalitionswilligen Rudel kaum zu besiegen.

Nashorn: Russland. Groß, träge, ist stark kurzsichtig, besonders bei Menschenrechten. Besser nicht reizen!

Gudrun und ich waren so gespannt, die Big Five endlich in natura zu sehen, dass wir den Game Drive am Nachmittag mitmachten. Auf Safaris gibt es morgens mehrstündige Fahrten, bei denen man vor Sonnenaufgang losfährt, das heißt aufstehen zwischen vier und fünf Uhr, und nachmittags, um halb fünf Uhr, die dann bis in den Abend reingehen, wenn es schon dunkel wird.

Bei einer klassischen Safarifahrt sitzt man mit sechs bis zwölf Personen in einem offenen Geländewagen, am Steuer sitzt der Ranger, und vorn auf einem kleinen Hochsitz-Vorbau der Tracker. Der Ranger ist der Checker, der alles über den Busch und die Tiere weiß und erklärt, und der Tracker alias Fährtensucher guckt in die Ferne und spürt die Tiere auf. Oft blickt er eine halbe Stunde lang in alle Richtungen, dann sagt er: »Dahinten ist ein Nashorn.« Alle schauen angestrengt in diese Richtung, niemand sieht was. Der Ranger fährt zwei Kilometer weiter, dann sehen es die normal Beäugten auch. Ich hätte gern im echten Leben einen unsichtbaren Tracker bei mir, der aus großer Ferne die richtige Spur sucht.

Wir hatten auf unserer ersten Busch-Pirschfahrt großes Glück. Zum einen, dass Martin und Conny zu müde gewesen waren mitzukommen, und zum anderen, dass wir vier der Großen Fünf gesehen haben. Wenn Komiker und Engel reisen, dann lacht nicht nur der Himmel, sondern auch die Big Five. Honey hatte doch recht: Es war amazing! Wir fuhren drei Kurven raus aus dem Camp, plötzlich lief ein Leopard vor uns über den Weg. Wir Safaristen reckten unsere Kehlen in die Höhe wie Jungvögel, die nach ihrer Mutter rufen: »Ein Leopard!«

Psssst!!! Es gibt Regeln auf Safari. Wenn man in einem offenen Geländewagen durch den Busch fährt und auf einen Leoparden oder Löwen trifft, lautet die oberste Regel: Still sein! Vor allem aber keine ruckartigen Bewegungen machen oder gar im Jeep aufstehen. Der Grund ist: Ein Löwe sieht einen Jeep als ein großes Tier an. »Das tut mir nix, das schmeckt mir nicht, egal.« Wenn aber einer im Wagen aufsteht, kann der Löwe das als Aggression oder feindliche Bewegung ihm gegenüber werten und das Gefährt angreifen. Der Leopard ging friedlich neben dem Jeep her, und wir konnten ihn studieren, beobachten und Hunderte Fotos machen. Julius, unser Ranger, erklärte, dass wir gerade großes Glück hätten, weil schon seit Wochen kein Leopard mehr gesichtet worden sei. Als sich das Tier in die Büsche schlug, fuhren wir noch etwas weiter, dann stoppte der Ranger den Wagen. Der Tracker, sein Name war Difference, sagte etwas zu ihm auf Suaheli. Julius antwortete ernst. Er bat uns, keinen Laut von uns zu geben, lud das Gewehr, stieg aus, gab uns Zeichen, ruhig sitzen zu bleiben, und verschwand mit Difference im Dickicht. Dann saßen wir buschunerfahrenen City Slickers allein im Wagen und warteten. Fünf Minuten, zehn Minuten, dann fragte ein Schwabe hinter uns, was wir machen sollten, wenn die nicht wiederkämen. Danke für diesen konstruktiven Gedanken! Alle waren angespannt. Fünfzehn Minuten. Die Stimmung begann zu kippen. Plötzlich ertönte hinter uns lautes Gebrüll – wir schrien uns die Seele aus dem Leib, bis wir merkten, dass sich Julius und Difference in einem großen Bogen von hinten angeschlichen hatten und uns mit ihrem Brüllen ins Bockshorn gejagt hatten. Heilige Scheiße, waren wir alle erschrocken, die beiden konnten sich kaum mehr einkriegen, wie sie uns drangekriegt hatten. Ein Standardstreich, der gern Safarianfängern gespielt wird. Julius sagte, jetzt seien wir abgehärtet und würden nicht mehr bei jedem kleinen Geräusch zusammenzucken. Damit hatte er recht. Nach so einem großen Schreck wird es in einem ruhiger. Das war auch gut so, wie sich später noch herausstellen sollte.

Die erste Fahrt war der Wahnsinn! Auch Elefanten, Büffel und Nashörner erwiesen sich noch die Ehre, mit uns ein Foto zu machen. Zum Sundowner sind wir im Busch ausgestiegen, wir wollten mit Gin Tonic und Bier den Tag ausklingen lassen. Plötzlich wurde Difference nervös, er erklärte, dass sich Nashörner näherten. Nashörner sind wie Panzer, zwei Tonnen Lebendgewicht und Horndolche wie aus »Jurassic Park«. Und diese Kolosse sind schneller als Hundertmeterläufer. Noch eine Viertelstunde zuvor waren wir einer Gruppe Nashörner hinterhergefahren. Jetzt verfolgten sie uns, so wirkte es. Zwei tauchten vor uns aus dem Gebüsch auf, ein junges und ein altes, und kamen langsam näher, sie schnaubten, und von links konnten wir noch zwei weitere kommen sehen. Julius zischte: »Ihr bewegt euch jetzt gar nicht, völlige Stille!« Ich vermutete wieder den Dschungel-Schalk im Buschführernacken, und sagte, was wir vorher gelernt hatten: »Die können uns ja gar nicht sehen, weil sie so kurzsichtig sind. Ihr habt doch gesagt: Nur etwa 40 Meter weit!«

»Aber sie können uns hören und vor allem dank ihres ausgeprägten Geruchssinns riechen.«

»Dann besser jetzt keinen Pups lassen, oder?«

»Es könnte euer letzter sein.«

»Ich sag zu dem wohl besser auch nicht laut: Deine Mutter war ein Nilpferd!«

»Das ist kein Witz, die umkreisen uns gerade.«

Jetzt merkte ich: Es war ernst. Julius sagte leise, dass wir so ruhig wie möglich zum Wagen gehen sollten. Wir sind eingestiegen und sofort weggefahren. Das große, alte Nashorn ist uns noch ein bisschen gefolgt, aber wohl nur um zu sehen, ob wir wirklich abhauen. Ich drehte mich noch mal um. »Und deine Mutter war ein Nilpferd!«

Ein echtes kleines Abenteuer. Abends am Lagerfeuer habe ich Martin und Conny genüsslich und in allen Einzelheiten aufs Brot geschmiert, doppellagig mit Erdnussbutter *und* Nutella, wie selten Begegnungen mit Leoparden sind. Als Bonus hatten wir bei der Rückfahrt noch ein poppendes Leopardenpärchen gesehen. »Liebe machen« würde bei Leoparden nicht passen, ebenso wenig wie »Geschlechtsverkehr« oder »Paarung«, eher noch »Rammeln«. Der Bursche wirkte wie beim Speed-Fucking, etwa zwanzig Sekunden dauerte der Vorgang, dafür aber bestimmt zehn Mal hintereinander. Das würde bei uns Menschen nicht funktionieren. Der Akt selbst wäre auch nichts für uns. Das Männchen sprang von hinten auf das Weibchen und biss ihm immer wieder in den Hals. Julius erklärte uns, dass Leoparden das bei der Paarung immer so machten. Der Biss führe dazu, dass das Weibchen die Muskeln entspanne, er könne dann leichter rein. Vielleicht hätte ich das bei meinem »ersten Mal« auch so machen sollen. Julius erzählte, dass er an diesem Tag zum ersten Mal Leoparden beim Sex gesehen habe – und er war ja einige Jahre im Buschgeschäft mit dabei. Klar, dass ich das meinen amerikanischen Nichtfreunden unter die Nase rieb. »Schade dass ihr das nicht sehen konntet.«

Martin wollte den Ranger sofort überzeugen, am nächsten Tag dieselbe Route noch mal zu fahren, aber wir haben natürlich auf ein neues Gebiet gepocht, um noch andere Tiere zu sehen, zum Beispiel Löwen.

Beim Braai, dem südafrikanischen Barbecue, aß ich zum ersten Mal im Leben Impala, eine Antilopenart. Fettfrei, nicht schlecht. Julius sagte kauend: »Impala nennt man das ›McDonald's im Busch‹, weil an jeder Ecke eines steht, und sie für Raubtiere daher immer verfügbar sind; aber sie machen es ihnen nicht leicht, weil sie schnell laufen können.«

»Eigentlich ist das dann ja Fast Food!«

»Impalas gehören zu den meistüberfahrenen Tieren hier im Busch, vor allem nachts, wenn eine Herde schnell noch vor dem Jeep die Straße überqueren will.«

»Kenn' ich, der Letzte macht das Licht aus!«

Wir hatten großen Spaß mit unserem Ranger-Tracker-Team. Eine meiner Erfahrungen auf Reisen ist, dass man mit Humor immer zusammenkommt. Wir gingen früh ins Bett, weil am nächsten Morgen um 4:30 Uhr der Wecker klingeln würde. Noch ein Glas Rotwein, dann entschwand ich ins Schlummerland. Ich hatte wüste Träume von Nashörnern, die zusammen mit Leoparden an einem Drive-in-Restaurant Touristen auflauerten und sie ausraubten: »Kamera her oder wir fressen euch!« Der Leopard brüllte: »Ich liebe Hamburger« – Gott sei Dank hatte er den bayrischen Leberkäse noch nicht für sich entdeckt.

Vor Sonnenaufgang waren wir alle bereit. Martin und Conny

waren generalstabsmäßig vorbereitet. Perfektes Safari-Outfit, und auf die Camouflage-Caps, Hemden, Hosen und Kamera-Umhängegurte waren ihre Namen eingestickt. Martin war ehemaliger Sergeant, wie wir später erfuhren. Das erklärte so einiges.

Es ging los und er begann zu filmen.

»Das ist unser Jeep!«

»Conny steigt in den Jeep!«

»Wir fahren jetzt los!«

»Das ist ein sehr holpriger Feldweg!«

»Ein abgestorbener Baum!«

»Ein Impala!«

Eine Impala-Familie stand am Wegesrand und blickte mich komisch an. Wussten sie, dass ich am Vortag beim Grillen einen ihrer Cousins gegessen hatte?

»Ein großer Dornenbusch!«

Martin ließ mir keine Zeit für Trauerarbeit.

»Ein Zebra läuft vorn am Jeep vorbei über den Weg!«

Mein Kommentar ging unter: »Ein echter Zebrastreifen.«

»Wir fahren weiter auf der Suche nach Löwen. Werden wir welche finden, oder werden sie nur irgendwo abseits stehen?«

Alles, aber auch alles wurde von Martin kommentiert. Wo war eigentlich Marcel Reif, wenn man ihn wirklich brauchte? Martin hat seine Rolle als Laber-Geißel der Jeep-Menschheits-Besatzung mit Hingabe und Leidenschaft erfüllt. Er sprach auch über die Kamera direkt mit den Tieren vor dem Objektiv. Beim ersten Nashorn wurde er zum Dickhäuter-Flüsterer: »Ja, bleib stehen, Rhino, jetzt dreh dich um, komm schau mich an, zeig mir dein Horn, hier ist meine Kamera.«

Das Nashorn blieb mit dem Rücken zu uns stehen, als wollte es sagen: »Film meinen Hintern!«

Martin filmte alles, und Conny musste mit einer großen Profikamera Fotos machen, die sie so ungelenk in der Hand hielt wie ein Ureinwohner eines vergessenen Volkes am Amazonas ein Smartphone. Egal wie viele Bilder sie machte, Martin bohrte immer nach, »Con, hast du das drauf?«. Wenn er es ernst meinte, verfiel er in seinen militärischen Tonfall und nannte seine Frau nicht mehr »Honey«, sondern nur noch »Con«. Das klang nach Befehl. Ich hatte kurz zuvor Film »Con Air« mit Nicolas Cage gesehen, in dem ein Haufen Sträflinge einen Flugzeug-Gefangenentransport (*englisch* Con Air) kapert und zu entkommen versucht, aber Nicolas Cage bringt sie am Schluss alle um. Deshalb musste ich lächeln, wenn er sie so nannte, denn das englische Wort »Con« ist auch die umgangssprachliche Bezeichnung für Convict, also Sträfling. Und Con Honey hatte lebenslänglich im Martin-Hochsicherheitsknast. Er überprüfte alle paar Minuten auf dem Display, ob die Fotos seiner Expertise genügten, und gab ihr Tipps, wie sie es besser machen konnte. Gleichzeitig filmte er gnadenlos weiter. Das war der erste Mann, der Multitasking lebte. Honey Con rief zwar im 30-Sekunden-Takt »This is amazing«, aber ich fand, die Bilder hätte eine Sechsjährige besser machen können. Sie wirkte völlig überfordert.

Wann immer wir Zebras, Giraffen oder andere Tiere sahen, rief Martin dem Ranger zu: »Näher! Fahr näher ran! Noch näher!« Julius erklärte immer wieder geduldig, dass er das nicht dürfe. Aber unseren Sergeant interessierte das nicht: »Nur noch ein bisschen näher.«

Dann machten wir an einer schönen Stelle eine Pause. Julius schlug vor, einen kurzen Spaziergang zu machen. Super, zu Fuß durch den Busch! Martin redete unentwegt weiter. Als der Ranger beim Losgehen sein Gewehr lud, war ich mir fast sicher, dass er das nicht wegen der wilden Tiere tat.

Wir fuhren weiter und stießen auf Löwen! Endlich. Ein ganzes Rudel döste friedlich in der Sonne, und wir fuhren bis auf etwa drei Meter heran. Martin wollte noch weiter ran, damit er von seiner Position besser filmen könnte. »Komm, noch etwas weiter, da ist es für mich besser zu filmen!« Da platzte meiner Frau der Kragen: »Would you please shut the fuck up? Das hier ist kein Zoo, sondern die Wildnis! Und wir wollen hier alle gern gute Fotos machen und die Tiere beobachten. Können wir hier bitte einmal die Natur genießen, ohne dein Dauergelaber zu hören? Und noch was: Wenn mein Mann mich so behandeln würde wie du deine Frau, dann würde ich ihn den Löwen vorwerfen.« Ich war so stolz auf Gudrun, und ich bildete mir ein, dass ich in Connys Augen ein leichtes Blitzen gesehen hatte. Er war geschockt und konnte gar nichts erwidern außer einem leisen »sorry«. Solche Befehle hatte er wohl seit seinen Militärtagen nicht mehr gehört. Aber das war anscheinend die Sprache, die er verstand. Endlich Ruhe. Wir saßen im Wagen und konnten die Löwen von ganz nah betrachten. Die Gewaltigkeit eines solchen Augenblicks ist schwer in Worte zu fassen. Der König der Tiere war nur ein paar Meter von mir entfernt, mich durchflutete die Ursprünglichkeit dieses Moments. Wenn das Löwenrudel uns angegriffen hätte, wäre es vorbei gewesen, wir hätten in unserem offenen Wagen keine Chance gehabt. Ich hatte das Gefühl, ich konnte das Wesen der Natur begreifen, die Wildnis, Leben und Tod nah beieinander. Ich war in Daktari-Land, ein sehr, sehr glücklicher Michl. Jäh wurden meine Gedanken unterbrochen – von einem diesmal überfreundlich flüsternden Martin: »Honey, steh bitte etwas auf, lehne dich etwas aus dem Wagen und winke in meine Kamera, dann schwenke ich rüber zu den Löwen.« Julius wurde zum ersten Mal richtig sauer: »Sit the fuck down! Oder ich fahre euch ins Camp zurück!« Jetzt war wirklich alles gesagt. Martin gab während der Fahrt keinen Mucks mehr von sich.

Abends beim Grillen gab sich Martin ein wenig geläutert und entschuldigte sich bei uns, er habe nicht geahnt, dass er uns so nerven würde. Der Winnetou in mir sagte »Friede, Bruder«, und wir schlossen Waffenstillstand. Als wir uns dann in unserer Gruppe über weitere noch unerfüllte Reisewünsche unterhielten, sagte Gudrun, wir würden planen, bald nach Burma zu fahren.

Martin fragte interessiert: »Wo liegt denn Burma?«

»In Südostasien.«

»Aah, es kann sein, dass ich das schon mal während des Vietnamkriegs bombardiert habe.«

Aber nichts kann die Freude an einer Safari trüben. Die Game Drives durch den afrikanischen Busch gehören für mich zum Beeindruckendsten, was ich je erleben durfte. Diese stundenlangen Fahrten lassen einen die Natur und die Welt spüren. Man wird eins, oder besser gesagt: Man erinnert sich daran, dass es ja eigentlich so sein sollte mit Mensch und Natur.

Zwei Tage später sind wir in ein anderes Gebiet geflogen und hatten dort eine außergewöhnliche Zeit mit der großartigsten Jeepbesetzung aller Zeiten. Ein junges englisches Paar, Charlotte und Jack, sie eine bildhübsche Modedesignerin, er ein muskelbepackter bürstenhaarschnittiger Elitesoldat bei der britischen Spezialeinheit SAS. Sie trug stylische Safari-Outfits, er sah aus wie Rambo, der sich morgens selbst die Klamotten rauslegt. Sie war sehr gesprächig und extrem amüsant, er sagte pro Fahrt nur ein paar Sätze; fürs Sprechen war er von ihr offenbar nicht engagiert worden. Sie waren wie Tarzan und Jane. Auf unserer ersten Fahrt trafen wir auf eine Horde Affen, deren Männchen blaue Hoden hatten. Die Farbe war leuchtend wie der Himmel, in einem Musical hätte Elton John dazu seinen Hit »Baby's got blue balls« singen können. Julius erklärte, das sei eine spezielle Affenart, wenn die Männchen geschlechtsreif würden, würden die Hoden blau. Ein Rädchen in meinem Kopf setzte sich in Gang. Klick. Gudrun stieß mich in die Rippen. »Michl, halt jetzt bitte den Mund!«

»Wieso, ich habe doch noch gar nichts gesagt.«

»Halt ihn einfach!«

Da wir seit über elf Jahren zusammen waren, konnte sie spüren, wenn bei mir ein blöder Kommentar rauswollte. Aber ich hätte nie toppen können, was Elite-Jack von sich gab. Er guckte auf die Affen und sagte: »Sieht aus wie eine UN-Blauhelmtruppe, die mit den Helmen ihre Eier schützen wollen!«

Außerdem war noch ein tolles Ami-Paar dabei. Lynette war Investmentbankerin und Stuart war Krawattendesigner für Parteitage der Republikaner und Demokraten. Ich wusste nicht, dass es so etwas als Beruf überhaupt gibt. Stolz erzählte er uns, dass sein erster selbst entworfener Schlips bei Ronald Reagans Wahlkampf zum Einsatz gekommen sei. Er war einer der expressivsten und lustigsten Typen, den ich je kennenlernen durfte. Unser beider Humor traf sich in der Mitte zum Lagerfeuerwerk. Seine erste Tat vor der ersten Fahrt: Er malte ein Schild, das er hinten an den Jeep hängte: »Touristen an Bord«. Die Tierwelt sollte wissen, dass die Glorreichen Acht unterwegs waren. Zur Abrundung hatten wir noch ein älteres irisches Paar dabei, Patrick und Emily, ein ehemaliger Polizist, der mit seiner Frau auf der Isle of Man lebte. Die beiden hatten alles gesehen in ihrem Leben und strahlten eine Zufriedenheit aus, wie ich sie in diesem Alter auch erreichen möchte.

Drei Tage lang waren wir eine verschworene Truppe Gleichgesinnter auf der Safari unseres Lebens, und wir hatten so dermaßen Spaß, dass wir uns selbst nach so einem kurzen Zusammentreffen beim Abschied schon vermissten. Manchmal werden die richtigen Menschen zum richtigen Zeitpunkt am richtigen Ort zusammengeführt. Wir sahen die Big Five und haben einen Elefantenangriff überstanden. Ein Bulle, der seine Herde verteidigen wollte, nahm uns ins Visier und ging auf unseren Jeep los. Das war wirklich knapp, und wir sind nur dank der guten Fahrkünste unseres Rangers entkommen. Wir nannten ihn an den nächsten beiden Tagen Michael Schumacher; er war stolz, weil er ein großer Formel-1-Fan war. Ich habe bei der Attacke gelernt: Wenn ein Elefant die Ohren aufstellt und bedrohliche Bewegungen macht, will er nur Angst machen, wenn er aber die Ohren anlegt und auf dich losgeht, dann: »Get the fuck out of the jungle!« Originalzitat von Michael-Ranger-Schumacher.

An unserem letzten Abend haben wir alle schon mal Abschied gefeiert, obwohl wir am nächsten Morgen noch einen Game Drive vor uns hatten. Es wurde eine dieser magischen Nächte, die man nachher nicht erklären kann und auch nicht wiederholen sollte. Wir haben uns mit Gin Tonic, Amarula und Johnny Walker in den afrikanischen Sternenhimmel geschossen. Apropos: Elitesoldat Jack und Michael Schumacher wollten an einem Punkt überprüfen, wer besser schießen konnte. Und sie haben aus einer Mücke einen Elefanten gemacht. Jack fragte nämlich: »Siehst du den Moskito dahinten an der Wand?«

»Ja!«

»Den krieg ich!«

PENG!

Seither sage ich nicht mehr: »Mit Kanonen auf Spatzen schießen« – »Mit Elefantenbüchsen auf Stechmücken ballern« ist ein viel besseres Bild. Ich werde auch nicht vergessen, was Jack in Richtung Moskito sagte, als er auf ihn zielte, frei nach Sean Connery in »The Untouchables – Die Unbestechlichen«: »Typisch Blutsauger, kommt mit dem Stachel zu einer Schießerei!«

Niemandem ist etwas passiert, nur ein Gecko hat seinen Schwanz eingebüßt. Aber es gibt kompromittierende Fotos von uns: in Zebrafelle gehüllt, mit afrikanischen Masken auf dem Kopf. Um fünf Uhr morgens sind wir dann von der Bar direkt zum Wagen gegangen. Es wurde eine sehr langsame Fahrt, ich bin mir nicht mal sicher, ob wir noch etwas Besonderes gesehen haben. Einmal musste ich sogar Difference einen Tipp geben: »Schau, dahinten steht ein Nashorn!« Er blickte angestrengt in die Richtung, in die ich zeigte: »Ich sehe nichts!«

Den Spitznamen »Tracker-Mike« trug ich für die nächsten drei Stunden zu Recht. Der Tracker musste mit »Stevie Wonder« leben. Als wir vor einer Horde von Blauhelm-Eier-Affen stehen blieben, sagte Stuart: »Schaut, sie wissen schon, warum sie wieder ihren Hodenschutz angelegt haben.« Ich machte mein Spock-»Live Long And Prosper«-Zeichen und sagte: »Wir kommen in Frieden!«

Als wir sehr zufrieden zur Lodge zurückkamen, hing an der Rezeption ein großes Schild: »Don't drink, shoot and drive!« Das war wohl eine kleine Anspielung. Gott sei Dank konnten wir den Lodge-Manager überzeugen, dass es kein Nachspiel für Michael Schumacher und Stevie Wonder geben sollte.

Diese Safari hat mein Herz nie mehr verlassen.

AUF DER SUCHE NACH DEM WEISSEN HAI

Irgendwann im Leben muss man sich seinen Ängsten stellen. Oder wie die Engländer sagen »Face your Fears«. Angeblich gibt es einem einen extremen Selbstwertschub, wenn man Dinge, vor denen man sich fürchtet, offensiv verarbeitet. Ich gebe zu, dass ich nicht derjenige bin, der unerschrocken in die Welt hinausfährt und alles einfach so auf sich zukommen lässt, oder, wie wir in Bayern sagen, »sich einfach nichts scheißt«. Ich bin eher ein vorsichtiger Gefahrenvermeider, der mit dem YPS-Gimmick Um-die-Ecke-guck-Apparat schon mal die Lage checkt.

Aber an diesem Tag war es so weit. Today was Adventure Day! Für Nichtenglischsprecher: Es war nicht der erste Advent, sondern Abenteuertag. White Shark Cage Diving! Ja, *der* Weiße Hai, die Mutter aller Angstmacher, die Big Eins bis Five des Ozeans. Das hört sich nicht nur gefährlich an, sondern ist es auch. Es gibt nichts im Wasser, was mich mehr schreckt als Haie. Aber mit meiner Todesangst vor Haien war ich in Taucherkreisen allein. Die meisten Flaschentaucher – das klingt ein wenig nach Unterwasser-Leergutsammlern, oder? – sind von den zahnigen Räubern der Meere fasziniert und freuen sich über jede Begegnung.

Vor ein paar Jahren war ich am Great Barrier Riff vor Australien. Ich saß mit meiner Gruppe noch auf dem Boot, als plötzlich der Tauchlehrer einer anderen auftauchte und rief,

263

dass er Haie gesehen habe. Ich erwartete, dass der Rest der Gruppe wie Raketen aus dem Wasser schießen und schneller als ein Furz in der Badewanne das Nass verlassen würde. Aber nein, der »Hai«-Rufer tauchte gleich wieder unter, und auf dem Boot herrschte große Aufregung, alle legten hektisch ihre Taucherausrüstungen an und riefen durcheinander: »Super, ein Hai, den will ich sehen, hoffentlich wartet der auf uns!« Um nicht als Loser dazustehen, rief ich schnell: »Ich bleibe hier und passe auf das Boot auf, für den Fall, dass jemand entern will, ich habe gehört, in der Gegend sollen Piraten ihr Unwesen treiben!« Keine anerkennende Reaktion, ich saß da wie Johnny, der Depp der Karibik. Keiner nahm mehr Notiz von mir, und alle sprangen ins Wasser. Nach zwanzig Minuten kamen sie freudig und voller Adrenalin zurück an Bord. Den Rest des Tages musste ich mir anhören, wie toll es sei, einen Hai in freier Wasserbahn zu erleben, ihm in die Augen zu schauen, den Nervenkitzel zu erleben. Ich kam mir vor wie einer, der gar nicht mitreden kann, wie ein Kastrat, der auf einen Junggesellenabschied von Pornodarstellern geht und mit ihnen über ihre Arbeit philosophieren will. Niemand lobte mich auch nur ein bisschen dafür, dass ich todesmutig ganz allein Wache und das Boot piratenfrei gehalten hatte. Mein Tauchlehrer sagte, ich sollte etwas gegen diese Haiängste tun, um nicht irgendwann unter Wasser in eine Paniksituation zu geraten, das könnte sehr gefährlich werden. Ich wusste sofort, was er meinte. Beim Schnorcheln auf den Malediven war mal ein riesiger – okay, ich geb's zu, nicht ganz riesenriesiger, ein halbgroßer, ja, gut, es war ein klitzekleiner Babyhai – aufgetaucht, der vor mir seine Bahnen zog. In meiner Wahrnehmung war er direkt auf mich zugekommen, hatte mich mit kalten Augen angeguckt, und ich war geflüchtet, schnell wie ein Speedboot gen Strand gesaust. Ich hatte mir improvisationstechnisch aus meinem

Schnorchel und einem Furz einen Außenbordmotor gebastelt – wrrommm!!! MacGyver wäre stolz auf mich gewesen. So bin ich damals nur knapp dem Haitod entkommen. Oder der Hai dem Menschentod. Denn wenn er versucht hätte, mich zu fressen, wär er wohl an mir erstickt, so klein wie er war. Aber ich bin da ganz einer Meinung mit den meisten Frauen: Es kommt nicht auf die Größe an!

Es heißt immer, »Haie tun Menschen normalerweise nichts«. Aber was ist,

a) wenn einer vor mir auftaucht, woran erkenne ich das »normalerweise«?

b) wenn der Hai vor mir gerade vielleicht stinkesauer ist, weil ihn seine geliebte Haiin in der Woche zuvor mit einem Orca betrogen hat, und er einen Schwächeren zum Abreagieren braucht?

c) wenn es ein Schweizer Hai ist, der für Robben zu langsam ist und der, um nicht zu verhungern, auf alles gehen muss, was er noch erwischen kann?

Mein Tauchlehrer erklärte damals noch, dass wir Menschen den Haien gar nicht schmecken. Aber woher weiß der Hai das? Dazu müsste er ja eigentlich schon mal einen von uns probiert haben. Und wenn ich einen Junk-Food-Anfall habe, dann fresse ich auch Zeug in mich rein, das mir nicht schmeckt. Wer weiß, vielleicht sind wir Menschen für Haie die Döner der Meere, und so eine deutsche Bratwurst ist der Renner unter den Raubfischen, gar nicht zu sprechen von echten Hamburgern.

Aber ich wusste, alle theoretischen Ausführungen zu dieser Thematik würden mir niemals bei meinem Problem helfen. Und als ich auf einer Reise durch Südafrika in Kapstadt eine Broschüre für White Shark Cage Diving in die Hände bekam, sah ich es als Fingerzeig, mich meinen Abgründen zu stellen. Zu der Zeit hatte ich eine existentialistische Phase, in der ich dachte, wenn ich jetzt dabei draufgehe, dann soll es so sein. Es wäre auch ein würdiger Abgang mit guter Zeitungsschlagzeile: »Bayrischer Komiker vom Weißen Hai gefressen.« Cooler als vielleicht in zwanzig Jahren: »Bayrischer Komiker auf einer Möbelhauseröffnung bei einem Witzversuch bekifft von der Bühne gefallen und dann friedlich eingeschlafen.« Mit der Unterzeile: »Lustig war er schon lang nimmer!« Und als wir dann ein paar Tage später in einem Hotel in der Mossel Bay waren, habe ich bei einer Agentur das White-Shark-Cage-Diving gebucht. Die Bucht nennt man The Great White Capital, quasi die Weißer-Hai-Hauptstadt, weil es in dem Gebiet weltweit die meisten weißen Haie pro Hektoliter Salzwasser gibt. Da gibt es fast eine Weißer-Hai-Garantie.

Ich kann mich noch gut daran erinnern, dass ich den Vertrag mit zittriger Hand unterschrieben habe. Die Betreiber sichern sich natürlich ab, und man muss bestätigen, dass man, egal was passiert, Tod, Verlust von Körperteilen, selbst schuld ist. Das war wie nachts um drei im Puff einen Kreditvertrag mit einem Zuhälter abzuschließen. Jedenfalls war es die krakeligste Unterschrift, die ich je in meinem Leben geleistet habe. Ich blickte meine Frau an mit einem bestimmten, aber unsicheren Blick, und aus meinem Mund kam: »Alea iacta est.« Die Würfel sind gefallen, wie der Römer zu sagen pflegte. Ich weiß auch nicht, warum in dem Moment der Lateiner in mir durchbrach. Aber auf die nächste Synapsen-Konnektivität folgte mein zweites lateinisches Sprichwort, das ich aus Asterix-Heften kannte und der Situation wohl angemessener war: »Ave Caesar, morituri te salutant!« Es hätte in meinem Fall eher heißen müssen: »Ave Caesar albus, morituri te salutant« – »Ave, Weißer Hai, die Todgeweihten grüßen dich!«

Käfigtauchen funktioniert folgendermaßen: Man geht mit Taucheranzug und -brille in einen Käfig, der seitlich am Boot ins Wasser gelassen wird. Dann werden die Weißen Haie mit Ködern angelockt, und man kann mit ihnen auf Tuchfühlung gehen. Was mir wichtig war: Wir haben bei einem ökologisch zertifizierten Hai-Institut angeheuert. Öko bedeutet in dem Zusammenhang, dass die Haie nur mit Biofleisch angelockt werden – eigentlich ein Widerspruch, weil wir Teilnehmer ja Menschen in Käfighaltung waren. Aber in diesem Zusammenhang fand ich es okay, dass keine frei schwimmenden Menschen verwendet werden, das hatte ganz eigene persönlich-ökologische Gründe. Der Käfig soll Sicherheit bieten vor dem Räuber der Meere. Erstaunlicherweise habe ich damals überhaupt nicht nach Details gefragt, welcher Käfig, welche Sicherheitsvorkehrungen, obwohl ich ja eigentlich ein Vorher-Abchecker bin. Vielleicht wollte ich auch nichts hören, was den Gang der Dinge aufhalten könnte.

Ich war bereit!

Am Abend vor dem Hai-Abenteuer gingen wir im Hotel noch mal richtig gut essen, mit Fünfgangmenü und einer Flasche Schampus. Das ist ein gutes Prinzip, Jesus hatte schon recht. Wenn schon Abgang, dann vorher noch eine letzte Gourmetparty schmeißen. Man braucht einen kulinarischen Auftakt zum Finale. Was wäre denn die ganze Passionsgeschichte samt Kreuzigung ohne »Das Letzte Abendmahl«?

Meine Frau und ich speisten fürstlich, und wir hatten dabei eine Erscheinung. Keine religiöse Offenbarung, keiner von uns beiden hat den anderen verraten, bevor der Ober dreimal kam. Zu zweit funktioniert das Jesus-Judas-Petrus-Prinzip nicht, »und einer von euch am Tisch wird mich verraten, ehe der Hahn dreimal kräht«. Bei nur einem Paar wäre der Kreis der handelnden Personen zu klein. Da würde es immer nur heißen: »Du wirst mich verraten!« Unsere Abendmahl-Erscheinung war viel profaner: Die Tür des Hotelrestaurants ging auf und ein mittelaltes Paar trat ein. Als ich die beiden erblickte, bin ich so dermaßen erschrocken, dass mir der Mund offen stehen blieb. Mein erster Gedanke war: Angela Merkel verfolgt mich bis nach Südafrika, um sich für alle Witze zu rächen, die ich je über sie gemacht habe. Die Frau in der Tür sah nicht nur aus wie die Raute der Macht aus der Uckermark, sie hatte die Frisur, die Figur und sie bewegte sich auch so – die Personifizierung der Politik der kleinen Schritte. Und sie hatte Verstärkung dabei. Der Mann an ihrer Seite sah aus wie der böse Stasi-Kulturminister Bruno Hempf in dem Film »Das Leben der Anderen«, der im Film die Schauspielerin Martina Gedeck zum Sex zwingt. Ich dachte, oh mein Gott, die leibhaftige Kanzlerin und der Stasi-Bruno wollen mich holen. Sie setzten sich direkt an den Tisch neben uns, und ich konnte nicht aufhören, rüberzuschauen. Aber die beiden starrten mich auch an. Es gab nur zwei Möglichkeiten, entweder meine Verfolgungstheorie erhärtete sich, oder die beiden hatten mich als Comedian erkannt. Als ich den ersten Schock überwunden hatte und die Komik der Situation langsam erkennbar wurde, sagte ich leise zu meiner Frau: »Wenn die beiden jetzt noch sächseln, sterbe ich vor Lachen.« Als er dann laut rief »Hallöö, Herr Ober«, habe ich spontan ein Stückchen Hummer rausgeprustet. Ab dem Punkt fiel es uns schwer, nicht dauernd loszukichern. Aber Ossis und besonders Sachsen merken, ob man sich über sie lustig macht. Sie haben in den Nachwendejahren ein sehr feines Gespür dafür entwickelt, oder nennen wir es: einen Survival-Trieb. Zugegeben: Ich konnte keine glaubhafte Ausrede erfinden, warum ich ein Stück Hummer in das Champagner-Glas meiner Frau gespuckt hatte. »Ich kreiere jetzt einen neuen Cocktail, den ›Hummer-Hugo‹!«

Erich und Margot – hätte ja sein können – prosteten uns zu, und er rief laut: »Pröst, der Herr Kömiker, immer im Einsatz!«

Das war einer der wenigen Momente in meinem Leben, in denen mir der Satz durch den Kopf schoss: »Augen auf bei der Berufswahl.« Wir haben noch nie so schnell ein Fünfgangmenü runtergeschlungen. Als wir gehen wollten, fragte Erich-Bruno: »Wie wär's mit einem gesamtdeutschen Absacker an der Bar?«

Zweifel an der Wiedervereinigung kamen in mir auf, und ich antwortete: »Wir haben schon genug, danke.«

»Wir haben nichts gegen Wessis, he, he, he!«

Hatte er einen Witz über uns gemacht?

Ich sprach zu mir selbst: »Michl, reagier nicht drauf, das ist sicher ein Zwangslustiger, und du kriegst den dann nicht mehr los.« Gähnend sagte ich: »Danke, aber wir müssen morgen früh raus.«

Was? Das habe ich wirklich gesagt? Ja! Gott ist mein Zeuge, ich hätte mehrere Antworten auf den Lippen gehabt, aber ich habe sie alle runtergeschluckt ... gut, bis auf den kleinen Nebensatz: »Schatz, wir sollten heute Nacht unsere Klamotten auf Wanzen untersuchen.«

Bruno hatte das Gehör einer Fledermaus und schüttete sich aus vor Lachen. Normalerweise ist es gut für einen Comedian, wenn das Publikum über seine Witze lacht, aber in dem Fall war ich mir nicht so sicher. Er gab zurück: »Die sind längst im Bett!«

War es eine Metapher? Meinte er, dass Wanzen um diese Zeit schon schlafen, oder sprach er von versteckten Abhörwanzen in unserem Hotelbett? Ich sprach wieder zu mir selbst: »Michl, bleib ruhig, geh weiter, das ist nur ein Unfall auf der Autobahn, nicht gucken, weiterfahren.«

Vor dem Einschlafen habe ich dann noch gebetet – aber nicht wegen des Ost-West-Konflikts. Es war ein »Vaterunser« für beziehungsweise gegen den Weißen Hai. Meine Frau fragte verwundert: »Michl, du hast seit Urzeiten nicht mehr gebetet.«

»Ja, schon, aber schaden kann's ja nicht.«

»Wenn ich Gott wäre, würde ich Leuten wie dir schon aus Prinzip nicht zuhören. ›Dieser Heuchler kommt immer nur an, wenn er was braucht‹ – das ist so wie als Jugendlicher die Eltern um Kohle anzupumpen und sie aber vorher noch gefragt zu haben, wie es ihnen geht.«

»Danke, Gudrun. Mir geht's jetzt schon viel besser.«

Leise habe ich noch ein »Gegrüßet seist du, Maria« drangehängt. Mütter geben einem ja auch immer noch etwas Geld, wenn Väter den Geldhahn bereits verplombt haben.

Nachts hatte ich dann wüsteste Albträume vom Weißen Hai. Von einem habe ich am nächsten Morgen meiner Frau erzählt. »Es nahm ein schlimmes Ende mit uns beiden. Der Weiße Sushi-Terrorist hat das ganz perfide gemacht, indem er das Seil durchgebissen hat, das den Käfig an der Seite des Bootes an der Wasseroberfläche hielt. So sank er in die Tiefe, und um nicht zu ertrinken, mussten wir raus und nach oben tauchen, und so hat er uns geschnappt.«

»Schönes Bild, Michl, so hat der Weiße Hai quasi das erste Dive-in erfunden.«

»Ja, aber wir waren kein Happy Meal.«

Aber kein Albtraum konnte mich mehr von der Aktion abhalten, die Entscheidung war gefallen, und ich beende immer Dinge, die ich angefangen habe. Ich hatte ein schlechtes Gewissen, weil ich meine Frau zum Mitmachen überredet hatte. Obwohl sie nicht mal einen Tauchschein hat und auch noch klaustrophobisch veranlagt ist, ließ sie mich nicht allein und kam mit – das nenne ich mal Erfüllung des Eheversprechens. Sie ließ aber noch offen, ob sie mit in den Käfig unter Wasser gehen würde. Aber wir waren motiviert und haben uns gegenseitig Mut gemacht. Morgens gab's dann erst noch ein ausgiebiges Frühstück – wenn schon sterben, dann wenigstens mit vollem

Magen. Obwohl mir auch der Gedanke durch den Kopf schoss, dass ich für den Weißen Hai vollgegessen kulinarisch ja noch attraktiver war, quasi ein gefülltes Menschen-Hendl. Neben einem Frühstück als Grundlage war uns empfohlen worden, zwei Stunden vor dem Ablegen – oder Ableben? – etwas gegen Seekrankheit zu nehmen.

Ich habe einen extrem sensiblen Magen, ich kann nicht mal Kinder-Kettenkarussell fahren, ohne dass es mir dabei speiübel wird. Im vergangenen Jahr auf dem Oktoberfest habe ich einen großen Fehler gemacht. Wir waren mit unserer Tochter unterwegs, erst Essen im Bierzelt, dann sind wir durch die bunte Wiesn-Welt gebummelt. Meine Tochter liebt es, allerlei Fahrgeschäfte auszuprobieren, ich muss leider aufgrund meines leicht zu irritierenden Magens draußen bleiben. Das heißt, meine Frau begleitet sie, wenn sich etwas bewegt, und ich bin der Papa, der am Schießstand einen Stoffbären oder eine kleine Kuschelkatze schießt. Das ist ein kleiner Ausgleich dafür, dass ich in die enttäuschten Augen meiner Tochter blicken muss, wenn sie mit Mama *und* Papa schiffschaukeln möchte, aber ich mal wieder passe. Welcher Vater möchte nicht, dass sein Kind glücklich und ein bisschen stolz auf ihn ist? Dass das Schießen eine männliche Übersprungshandlung ist, das ist mir bewusst. Aber: Ich bin ein richtig guter Schütze. Der Komiker trifft nicht nur das Zwerchfell. Darf ich an der Stelle einfügen, dass ich an dem betreffenden Tag auf dem Oktoberfest meinen persönlichen Rekord geholt habe? 40 Schuss – 39 Treffer, und ich bin mir sicher, dass bei dem einen Fehlschuss keine Kugel aus dem Lauf kam, nur der Plopp, ich konnte es nur nicht beweisen. Aber als der Schießstandwärter in meine enttäuschten Kinderaugen blickte, brach in ihm der Papa durch, und er gab mir den Volltrefferpreis. Es war ein schöner Moment, als ich dann meiner Tochter die rosafarbene Plüschkatze aus

China überreichen konnte. Ich fühlte mich gut. Zu gut. Ein paar Minuten später standen wir vor der Bavaria-Achterbahn. Meine Tochter wollte schon immer mal Achterbahn fahren, aber bislang war sie zu jung gewesen. In diesem Jahr war sie am Eingang für groß genug befunden worden, um mit erwachsener Begleitung die Bavaria-Bahn zu besteigen. Und natürlich versuchen es Kinder immer wieder.

»Bitte, Papa, fährst du mit Mama und mir die Achterbahn?«

»Du weißt doch, dass mir bei so was schlecht wird.«

»Das ist nicht die ganz große mit den Monsterloopings.«

»Ich weiß nicht ...«

»Aber mit dir macht das mehr Spaß.«

Denk nach, denk nach!

Meine Tochter ließ nicht locker: »Die sieht ganz babyleicht aus.«

»Das täuscht.«

»Biiittteee!!!!«

Okay, das war ein Argument. Oh, Mann, Michl, warum kannst du nicht dazu stehen, dass du nur Weicheier hast und nicht geschaffen bist für Maschinen, die die Eingeweide rhythmisch hin und her schieben. »Ja, da muss der Papa schon mit dabei sein.« Was für eine grunddepperte Idee! Denn vorher hatte ich einen Schweinebraten mit zwei Knödeln gegessen, plus als Nachspeise eine 200-Gramm-Packung gebrannte Mandeln, und eine Maß Bier getrunken. Eine Maß ist zwar nicht viel, aber eine Achterbahn ist ein tödlicher Katalysator. Ich habe schon in der ersten Kurve gemerkt: »Das wird nichts, Michl«. Alle hatten riesigen Spaß und jubelten, allen voran meine Tochter. Ich blendete Raum und Zeit aus und wiederholte mein Schleudermantra: »Konzentrier dich, konzentrier dich, du bist nur in einem kleinen Autoscooter, konzentrier dich, alles ist gut, konzentrier dich!« Als wir dann nach etwa 30 Minuten – es kann auch ein bisschen weniger gewesen sein – zum Stillstand kamen, bin ich angeschlagen ausgestiegen. Ich bewegte mich wie ein schwer alkoholisierter Untoter, war kreidebleich und habe vor dem Ausgang großflächig Luft eingesogen und mit strammem Durchatmen versucht, keine Sauerei zu machen. Und der Gedankenblitz: Jetzt bloß nicht erkannt werden. Plötzlich tauchten vor mir drei Typen mit Bayern-Hogwarts-Hüten auf: »Hey, der Mittermeier! Machen wir ein Foto zusammen?« Sie zogen ihr Handy, und mein Blick hat sie wohl ein bisschen erschreckt. Ich sah aus wie frisch aus der Serie »The Walking Dead« entsprungen. Meine Frau hat sich sofort vor mich gestellt: »Ich glaube, der kann jetzt nicht für ein Foto posieren, dem geht's nicht so gut.«

»Ja, wir sind auch betrunken.«

»Nein, der hat nur ein schlechtes Schwein gegessen, das nun vielleicht gern wieder draußen in Freiheit sein möchte.«

Die Jungs schauten geschockt, vielleicht haben sie auch in ihrem Suff geglaubt, dass meine Frau das Wort »Schwein« als Metapher benutzt hat.

»Spinnst du, der Mittermeier ist hart drauf, der hat die Sau einfach aufgegessen, die ihm was Schlechtes wollte. Lasst's uns abhauen.«

Ich danke ihr dafür. Mit meiner Tochter im Schlepptau sind wir dann nach Hause gezogen. Der Abend war für mich gelaufen, ich warf mich aufs Bett und durfte ohne eine weitere Fahrkarte zu lösen noch ein paarmal mit der Bavaria-Bahn fahren. Auch die nächsten zwei Tage konnte ich tatsächlich nur mit Reisetabletten durch den Tag kommen. Mein Gleichgewichtssinn war gestört, und selbst U-Bahn fahren wirkte sich übel aus. Aber ich habe überlebt und etwas gelernt: Ich fahre mit nichts mehr im Kreis, was schneller ist als die Märchenbahn in Wolfratshausen, und zwar die für die ganz Kleinen, die zwischen Rotkäppchen und Schneewittchen pendelt, und die sogar Schnecken die Vorfahrt lässt.

Keine idealen Grundvoraussetzungen für die anstehende Seefahrt und den Titelkampf »Weich-Ei gegen Weiß-Hai«. Wie von der Agentur empfohlen, habe ich mir an der Hotelrezeption Stugeron-Anti-Seekrank-Tabletten geholt. Ich nahm sofort zwei dieser Hammer-Medikamente und las dann erst den Beipackzettel. Das war die richtige Reihenfolge, denn der verwirrte mich etwas, ich wusste nicht, wovor ich mehr Angst haben sollte, vor dem Medikament oder vor dem Weißen Chef. Da stand zum Beispiel drauf: »Kann zur Sedierung bzw. Ruhigstellung führen, von einfacher Schläfrigkeit bis zum Tiefschlaf.« Das wäre abgefahren, der Weiße Hai erscheint vor dir, reißt sein Maul auf, und du gähnst nur oder schläfst spontan ein. Was denkt der sich dann? »Der muss eine harte Sau sein, wenn der bei meinem Anblick schläfrig wird, da hau ich mal lieber ab«? Weitere Nebenwirkungen waren »Übelkeit und Erbrechen«. Wie passend. Beunruhigender fand ich: »Möglich sind auch Koma oder Herz- und Atemstillstand. Der Tod kann innerhalb von 18 Stunden eintreten.« Okay. Das klang wie mein Lieblings-Katastrophen-Bombenentschärfungs-Film »18 Stunden bis zur Ewigkeit«. Den roten oder den blauen Draht durchschneiden? Zwei weiße Tabletten hatte ich mir ja schon eingeworfen. Bisher ging es mir noch gut. Ich stellte mir vor, wie es wäre, wenn ich das Medikament vertragen sollte, aber dann vom Weißen Hai gefressen werde, und der dann einschläft, ins Koma fällt oder sich totkotzt und -scheißt. Pharmazeutische Ironie am Ende der Nahrungskette. Ich fühlte mich bestens präpariert.

Abenteuerlustig gingen meine Frau und ich los, wir bewegten uns in melodramatischer Zeitlupe durch die Hotellobby wie in der Schlussszene des amerikanischen Blockbusters

»Armageddon«, als die Helden aus dem All zurückkehrten. Der Hoteldirektor ging auf meine Frau zu und sagte zu ihr: »Sie sind die Frau des mutigsten Mannes der Welt.« Damit war im Film Bruce Willis gemeint, der achtzehn Minuten zuvor in einer Selbstmordaktion die Menschheit vor dem Kometen-Tod gerettet hatte. Knack. Als ich aus meinem Tagtraum erwachte, saßen wir schon in dem Kleinbus, der uns ans Meer bringen sollte. Ich sagte euphorisch zum Fahrer: »Wir können los – da draußen will sich ein Weißer Hai mit uns treffen!«

»Mr Mittermeier, wir warten noch auf zwei weitere Gäste. Ah, da sind sie schon ...«

Ich drehte mich um, und ... nein, das konnte nicht sein. Der Stasi-Sepp und die Merkel-Geli kamen grinsend auf uns zu: »Güten Mörgen, der Herr Kömiker!«

Auch wenn mich meine Frau sanft am Arm zog, meine Komikerehre gebot es, darauf einzusteigen. So flötete ich zurück: »Wie ist es eigentlich so mit der Kanzlerin im Bett?«

Ich dachte, das sollte es gewesen sein. Aber ich hatte ihn gänzlich unterschätzt. Bruno war so hartnäckig wie ein Animateur eines Zweisternehotels in Tunesien. »Ööh, der Herr Kömiker möchte einen Witzewettbewerb – kein Pröblem!«

Neeeeeiiiiin!!! Ich hatte die Büchse der Pandora geöffnet. Meine Frau raunte: »Danke, Michl.« Jetzt hatten wir die beiden an der Backe. Red Bruno und seine Frau waren hocherfreut, zusammen mit uns auf Tour zu gehen, er im perfekten Adventure Outfit, kariertes Hemd, kurze Hose, schwere Trekkingsandalen und weiße Kampfsocken, und sie trug exakt das Gleiche. Aber sie waren ja den Einheitslook von früher noch gewohnt. Sie sahen so überhaupt nicht danach aus, als ob sie auch nur fünf Minuten im Wasser überleben könnten, aber vielleicht sollten die weißen Socken dem Weißen Hai Frieden signalisieren.

»Herr Mittermeier, können Sie beide denn schwimmen?«

»Ja, klar!«

»Besser ist, wenn einer nicht schwimmen kann, dann macht's mehr Spaß, hö, hö, hö.«

Wirklich nur ein Spaß, oder wollte er seine Frau loswerden? Immerhin war sie optisch gesehen unsere Kanzlerin. Es blieb mir keine Zeit zum Nachdenken, die SED-Zentrale hielt das Gespräch am Laufen: »Ich bin übrigens der Erich, aber nicht mit dem Honecker verwandt, hö, hö, hö ...«

Nicht mal ich hätte in kühnsten Träumen zu glauben gewagt, dass er tatsächlich Erich heißen könnte. Unser Shuttle fuhr los, und ich musste neidlos anerkennen, dass die beiden Profis waren, ein eingespieltes Team. Er überfiel einen mit Spaßfragen wie zum Beispiel »Was macht ein Ossi, wenn er in der Wüste eine Schlange sieht?«, sie machte den Hinterausgang dicht, »nü, sag's, Erich«, und dann, zack, gab's die Pointe: »Er stellt sich hinten an, hö, hö, hö«. Einen Moment lang war ich mir sicher, dass ich gerade für »Verstehen Sie Spaß?« gefilmt werde. Kurz darauf stieg ein Holländer mit seiner Freundin ein, die laut telefonierte. Erich setzte gnadenlos ein: »Wahrscheinlich eine wichtige Käsebestellung!«

Dann stoppte der Bus endlich, der Fahrer rief: »Wer Haitauchen gebucht hat, bitte hier aussteigen!« Meine Frau und ich kletterten raus, Erich und Angela wollten gerade hinterher, da hielt sie der Fahrer zurück: »Nein, hier geht's nur um Haie, Sie haben die Meeressafari und Whale Watching gebucht.« Bevor die Tür sich hinter mir schloss, sah ich noch Erichs enttäuschten Blick. Er tat mir direkt ein bisschen leid – nein, das ist jetzt gelogen. Der Bus entfernte sich, Gudrun und ich brachen lachend zusammen. Die Tatsache, dass die beiden noch zum Whale Watching wollten, ließ unserer Heiterkeit keine Grenzen mehr. Jeder in Südafrika weiß, dass die Möglichkeit, im Januar vor dieser Küste einen Wal zu sehen, in etwa so groß ist wie die in der DDR, einen Bananensplit zu bekommen. Meine Frau und ich konnten gar nicht mehr aufhören, uns zu amüsieren, so sind wir rein in das Hai-Tauch-Kommandozentrum, und ich rief gleich mal zur Begrüßung laut: »Hi!« Gudrun und ich mussten kichern, wir waren jedoch die Einzigen, die dieses schlechte Wortspiel verstanden, weil alle anderen nur Englisch sprachen. Und da kann man sich drehen und wenden, wie man will, aber »Hi – Hai« und »Shark« hören sich einfach nicht ähnlich an. Ich wusste jedenfalls, dass ich dieses schräge Ost-West-Zusammentreffen aufarbeiten musste. Was ich hiermit tue.

Zur Hai-Tour waren noch drei weitere junge Paare unterwegs, eins aus New York, eins aus Schweden und eins aus Frankreich. Die anderen todesmutigen Hai-Streichler sahen meine Frau und mich wegen unseres Dauergrinsens schräg an. Wahrscheinlich haben alle gedacht, dass wir gekifft hatten, weil wir so rumgackerten. Als ich erklärend sagte: »No, we are not high!«, brach Gudrun wieder zusammen. Wir blödelten wie Kinder: »Das Meer ist meine neue Haimat! Heute Abend werden wir todmüde ins Haiabettchen fallen.«

Irgendwann beruhigten wir uns wieder. Ich las auf einem Infoblatt, dass der Chef und Kapitän der Unternehmung Brian McFarlane hieß. Was für ein cooler Name, ich fühlte mich gleich gut aufgehoben. Ich musste sofort an John McClane in »Stirb langsam« denken. Für mich klang der Name nach Erfahrung, Sicherheit und Heldentum. Das habe ich an meinem Namen immer vermisst – Michael Mittermeier: Da denkt man nicht an »Stirb langsam«, mehr an Wasentegernbacher Bauerntheater. Trotzdem bin ich oft gefragt worden, ob Michael Mittermeier eigentlich ein Künstlername sei. Ja, klar, mein Geburtsname war mir zu weich: Mike Steele.

Auf dem Flyer stand unter einem Foto von Brian: »Ich zeige euch den Weißen Hai und bringe euch wieder zurück.«

Die Tür öffnete sich, und er kam rein. Und selten haben Name und Optik so zusammengepasst. Er sah aus wie eine lebende Hai-Legende, groß, muskulös, erfahren, sonnengegerbtes Gesicht. Einer, der mit einem Schweizer Messer bewaffnet zehn Meter lange Weiße Haie verjagt: »Haut ab, oder ich klappe die Schere auf und schneide euch die Flossen ab!« Er sagte freundlich: »Guten Morgen, ich bin Brian, euer Kapitän. Macht euch keine Sorgen, euch passiert nichts, und wenn doch: Wir opfern die männlichen Passagiere zuerst.« Da haben die Frauen ein Jahrhundert lang für Gleichberechtigung gekämpft und dann das! War das nun ein Witz oder eine echte Bestimmung? Wie die oberste Regel in der Serie »Baywatch«: Da wurden immer nur schöne Menschen gerettet. Am Baywatch-Strand wurden nie hässliche Tonnen aus dem Wasser gezogen, nur heiße Bikini-Weiber. So war das Hasselhoff'sche Gesetz: Nur Schönheit überlebt. Ertrank gerade eine optisch unvorteilhafte Dame und rief: »Hilfe, Hilfe, Hilfe«, standen die Baywatch-Jungs regungslos auf ihrem Turm: »Hörst du da was?«

»Nein, das sind nur die Möwen, hif, hif, hif.«

Stand aber eine schlanke String-Tanga-Blondine im knietiefen Wasser und rief »Hui, ist das kühl«, sprangen die Retter auf, »Holt die Küstenwacht, ein Notfall!«. Und dann lief einer hin und hat eine Mund-zu-Mund-Beatmung hingelegt, die Rocco Siffredi neidisch machen würde.

Wir alle lachten über Brians Witz, obwohl ich mir sicher war, dass es keiner war. Dann guckte er uns an: »Wir werden gleich eins der größten Raubtiere der Welt sehen. Los geht's!«

Ich kam mir vor wie einer der paar letzten Soldaten, die mit General Custer am Little Big Horn gegen eine Übermacht von Indianern in die Schlacht zogen: »Männer, Sitting Bull hat nur ein paar Tausend Krieger. Attacke!« Nur stellten wir uns quasi einer weißen Übermacht!

Uns allen war mulmig zumute, als wir zu dem kleinen Hafen gingen, in dem unser Boot lag, die »Predator II«. Sofort sprang mein Komikerhirn an, aus meinem Mund schoss: »Hey, die ›Predator II‹ – ich möchte nicht wissen, was mit der ›Predator I‹ passiert ist?«

Meine Frau sagte: »Halt's Maul, Mittermeier!«

Alle blickten mich an und schauderten, weil der Gedanke einiges für sich hatte. Aber keiner von uns hat Brian nach der »I« gefragt. Als wir ablegten, bin ich mit meiner Frau aufs zweite Deck gegangen. Dass es oben mit der Schaukelei schlimmer war als unten, hatte mir keiner vorher gesagt. Niemand sprach. Alle Paare blieben für sich. Vielleicht wollte sich auch niemand mit niemandem anfreunden, damit man bei einem etwaigen Todesfall nicht um jemanden trauern musste. Wir stoppten vor Dyer Island und schaukelten in den Wellen. Das wäre der Moment gewesen, an dem ich spätestens aufs erste Deck hätte hinuntergehen sollen. Aber mir ging es ganz gut, die Tabletten schienen zu wirken.

Der Captain, Brian McFarlane – falls ich den Namen noch nicht erwähnt habe –, rief: »Jetzt locken wir die Haie an.« Auf Englisch hört sich das nach Seemannserotik an, ich stellte mir eine Fischerin vor, die im Bikini an einer Stange rumtanzte: »Come on, Sharky, willst du noch mehr sehen?«

Stattdessen wurde ein großer Thunfischkopf ins Wasser geworfen. Haie können ja Blut im Wasser noch in millionenfacher Verdünnung riechen. Brian informierte uns, es dauere zwischen fünf Minuten und fünf Stunden, bis man Haie sichte. Ich blickte mich um und fragte: »Warum nehmen wir denn nicht den dahinten?« Am Boot entlang schwamm der König der Meere, und wie wir wissen, ist Pünktlichkeit die Höflichkeit der Könige. Mr Jaws persönlich gab sich die Ehre, in mir fing das Adrenalin an zu pumpen, erst nach ein paar Minuten konnte ich Fotos machen. Ich habe auch nicht bemerkt, dass mein Magen sehr gern das Oberdeck mit mir verlassen wollte, das Denken und Fühlen waren wie ausgeschaltet. Brian lockte den Hai weiter an mit einer aus Holz gesägten Robbenattrappe. Das war die ökologisch wertvolle Variante, sie wirkte wie von Waldorfschülern hergestellt. Immer wenn der Hai den Köder fast erreicht hatte, zog Brian ihn ruckartig weg, um das Raubtier »springen« zu lassen. Der Hai war schnell und anscheinend zirkuserprobt. Er sah den Köder, schnappte danach, der Kapitän zog den Köder weg, der Hai sprang hinterher, dann schwamm er wieder eine Runde um das Boot, erblickte die Holzrobbe, und das gleiche Spiel ging von Neuem los. Etwa ein Dutzend Mal. »Haie haben ein extremes Kurzzeitgedächtnis und erinnern sich nach einer Bootsumrundung schon nicht mehr daran, dass das nur eine Attrappe ist«, erklärte uns Brian. Ich hatte am Tag zuvor im Internet gelesen, dass Haie nicht blöd sind, das Verhältnis von Gehirn zur Körpergröße entspreche etwa dem einer Ratte, und deren Intelligenz sei hinreichend bekannt. Andererseits: Wenn Ratten wirklich so intelligent sind, warum arbeiten sie bei der Forschung im Käfig und nicht außerhalb?

Unser Weißer Hai wurde immer wilder, vielleicht vergaß er seine dauernden Misserfolge doch nicht so ganz.

Die erste Gruppe sollte sich für den Käfig fertig machen. Da sah ich zum ersten Mal, wie er beschaffen war. Ich war davon ausgegangen, dass er aus baumstammdicken Stahl-Gitterstreben mit einem kleinen Schlitz zum Durchschauen bestand. Wie ich darauf kam, weiß ich nicht, aber mit der Realität hatte das nicht viel zu tun. Die Gitterstreben waren fingerdick, es war Maschendrahtzaun in Kubus-Form. Und die Stäbchen waren ziemlich weit auseinander, fand ich. Brian sagte, dass wir alle aufpassen sollten, dass Arme und Beine außerhalb des Käfigs nichts zu suchen hätten. Ich betrachtete diesen Käfig genauer: Da stimmte etwas nicht! Er war völlig verbeult, und einzelne Streben waren angerostet. Neben mir saß die New Yorkerin, auch sehr angestrengt dreinblickend. Vorher hatte sie noch dauernd oberlässig rumgetönt: »Ich will dem weißen Hai in die Augen sehen!« Jetzt drehte sie sich zu mir und sagte: »Hey, der Käfig sieht aber ziemlich zerbeult aus.«

»Das sehe ich selbst!«

Was ich gar nicht brauchen konnte, war eine Amateurkomikerin, denn mittlerweile umkreisten drei Weiße Haie das Boot. Aber auch zusammen haben sie nicht pfiffiger auf die Robbenattrappe reagiert. Von wegen Schwarmintelligenz. Ich hätte schon erwartet, dass ein Hai nach zwanzig Fehlversuchen den anderen steckt: »Freunde, ich glaube, wir werden hier an der Nase herumgeführt«.

Mit der Holzrobbe am Seil lockte Brian die Haie Richtung Käfig, der durchgeschüttelt wurde vom Aufprall der riesigen Viecher.

Dann ging es los: Die ersten vier Passagiere kletterten mit Taucheranzug und -brille in den Käfig. Keine Atemgeräte. Brian erklärte, die Luftblasen könnten die Haie aggressiv machen. Ich fand das Aggressionspotenzial der drei Burschen auch so ausreichend. Nach einer Weile kam auch für uns der Lockruf der Weißen Wildnis: »Zweite Gruppe, gleich geht's los!«

Aber vorher musste ich unbedingt noch aufs Klo, Pipi machen. Entschuldigung, aber bei Aufregung bin ich nah am Wasser gebaut. Vor der Abfahrt des Bootes hatte der Skipper noch gesagt: »Wenn jemandem übel ist, bitte nicht auf die Bootstoilette nach unten gehen. Das ist der schlimmste Ort für Seekranke, weil es da am wildesten schaukelt.« Als der Skipper merkte, dass ich dorthin gehen wollte, rief er: »Mach's nicht, warte ab und lass es laufen, wenn du unter Wasser bist.«

Auf keinen Fall! Ich konnte doch nicht zu den Weißen Haien ins Wasser gehen und gleich mal eine gelbe Geruchsspur abgeben! Ich hörte den Weißen Hai schon sagen: »Schnupper, schnupper, aah, ein bayrischer Komiker, da schwimm ich doch mal hin!« Die sind zwar blöd, aber sie haben gute Nasen. Vielleicht würde ich in zehn Jahren mal vor Kapstadt schwimmen gehen – und mich dadurch zu erkennen geben. »Hey, der bayrische Piesler ist wieder da!«

Das waren die Irrweg-Gedanken meiner Angst. Ich hatte die Hose voll, und die Blase auch. Also bin ich dann doch runter aufs Bootsklo. Seitdem weiß ich: Man kann innerhalb von 60 Sekunden seekrank werden. Als ich wieder nach oben kam, war mir so was von schlecht. Supertabletten! Der Skipper sagte, ich solle ein paar Minuten zum Bug, da würde es wieder besser. Kaum hatte ich mich vorn hingesetzt, kam die toughe New Yorkerin und nahm neben mir Platz. Wenn sie jetzt einen blöden Spruch machte, würde es für den Weißen Hai American Breakfast geben. Sie lächelte mich kurz an, beugte sich über die Reling und erbrach sich, dann drehte sie sich zu mir: »Entschuldigung!«

»Passt schon!«

Ich habe durchgehalten, und als der Kapitän rief, da sei ein viereinhalb Meter langer weißer Hai vor uns, war ich bereit, durch die Hölle zu gehen. Das Adrenalin drückte alles weg, wie in Trance ging ich zum Käfig, kletterte mit meiner Frau rein und setzte die Taucherbrille auf. Ich war kreidebleich, aber doch motiviert. Der Skipper fragte mich: »Angst?«

»Ja. Den Weißen Hai anzukotzen.«

Das würde sicherlich anders ausgehen als auf dem Oktoberfest hinter der Bavaria-Achterbahn (so, jetzt ist's raus). Brian rief: »So, Leute, ihr habt Glück, viel Spaß mit dem großen Hai!«, und ließ uns ins Wasser. Ich schrie, wie um mich aufzuputschen: »Yeaaaah, ich tu's wirklich, hellooo, Mister White!«

Langsam ging es ins Wasser, und beim Untertauchen sollte man sich mit beiden Händen an der unteren Stange festhalten. Zum Beschweren hatten wir alle noch einen Gürtel mit kleinen Bleigewichten um die Hüfte. Immer wenn der Weiße Hai heranschwamm, sollten wir so lange unter Wasser bleiben, wie wir Luft anhalten konnten.

»Und jetzt: runter!!«

Ich dachte an nichts mehr, nur noch: jetzt runter, runter, runter. Ich tauchte unter, und dann sah ich ihn direkt vor mir – es war der vollkommene Wahnsinn, dieses mächtige Tier schwamm knapp an mir vorbei. Wieder hoch. Beim zweiten Mal »Und jetzt: runter!« konnte ich ihn sogar durch die weiten Maschen des Käfigs berühren – aber tatsächlich musste man höllisch aufpassen, nicht unkontrolliert ein Bein raushängen zu lassen. Ich werde diese Momente nie wieder in meinem Leben vergessen, das hatte so etwas Urtümliches und Gewaltiges! Ich kleiner Mensch auf Augenhöhe mit dem »Apex Aqua-Predator«, mit einem Raubtier an der Spitze der Nahrungskette. Bei jedem Auftauchen haben meine Frau und ich lauthals geschrien: »Yeeeaaaaahh!!! Bist du deppert! Amazing!!!«

Wir waren wie kleine Adrenalinexplosionen im Wasser, Angst gab es nicht mehr, es gab nur noch ein Urgefühl der Freude und des Sieges. Eine halbe Stunde ging es immer wieder runter und rauf – »Hai kommt, jetzt: runter«, runter und rauf –, es war so faszinierend, es traf mich in Kopf und Bauch.

Dieses Erlebnis hat etwas mit mir gemacht. Ich weiß zwar nicht, ob ich noch mal unter Wasser einem großen Hai begegnen möchte, aber es hat mir was gebracht für den Alltag. Ich hatte immer großen Respekt vor halbgroßen Hunden. Ein paar Wochen später zu Hause, als mich ein Schäferhund im Park anbellte, habe ich mich tatsächlich ganz ruhig vor ihn gestellt und ihm in die Augen geblickt, und dann habe ich ernst gesagt: »Was willst du von mir? Ich habe den Großen Weißen gesehen, hau ab zu deinem Schäfer, du Hund!«

HAPPY END!

Das war nicht jedem auf unserem Trip vergönnt. Beim Zurücktuckern haben wir an einer kleinen Felseninsel mit einer großen Robbenkolonie eine Pause gemacht. Da lagen Tausende Robben dicht gedrängt aneinander. Das sah aus wie auf Mallorca am Strand. Hier ein Tipp für alle Leser: Wer an einer Robbenkolonie vorbeikommt, sollte sich sofort die Nase zuhalten. Das war der bestialischste Gestank meines Lebens. Selbst ein totes Tier, das drei Tage in der Sonne liegt, kriegt diese Geruchsintensität nicht hin. Unsere New Yorkerin und das schwedische Paar haben sofort ihren inneren Köder dem Meer übergeben. Ich nicht! »Gaansbai, 8.30 Uhr, wieder mal wilde See – Drei-Wetter-Stugeron – der Magen hält!«

Aber es war noch eine kleine Frage abzuklären. Nach dem Trip habe ich Captain Brian McFarlane – einmal musste der Name noch genannt werden – zu der Stabilität des verbeulten drahtmaschigen Käfigs befragt: »Dieser viereinhalb Meter lange Weiße Hai vorhin, wenn der in den Käfig hätte reinwollen, könnte der das schaffen?«

»Zweimal beißen!«

»Wie, zweimal beißen?«

»Mehr als zwei Bisse würde der Käfig wohl nicht aushalten.«

»Finden Sie nicht, dass man diese Zwei-Bisse-Information in den Prospekt reinschreiben sollte?«

»Theoretisch ja, aber dann hätten wir keine Kunden mehr.«

Da hatte er recht. Man könnte so was nicht positiv umschreiben: »Wir haben zwar einen Käfig, aber zweimal beißen, dann ist auch wurscht! Aber sonst super Stimmung!«

Es war jedenfalls eines der wahnsinnigsten Erlebnisse, die ich je hatte. Aber einmal reicht. Ich empfehle es niemandem.

Am Tag danach habe ich eine Freundin in Deutschland angerufen, sie ist eine passionierte Taucherin, und ihr erzählt, dass wir mit Weißen Haien tauchen waren.

»Das wart ihr nicht!«

»Doch!«

»Wisst ihr, dass dabei schon einige umgekommen sind?«

»Nein, aber ich kann's mir jetzt vorstellen.«

Im Hotel haben wir übrigens Erich und Angela wieder getroffen. Sie beschwerten sich gerade an der Rezeption, dass sie keinen Wal gesehen hatten. Da sind alle Deutschen gleich, egal ob Ost und West und Schwab, wenn bezahlt ist, dann hat man auch alles zu kriegen für sein Geld. Ich war so gut gelaunt, dass ich sie aufheitern wollte.

»Wir laden euch auf ein Bananensplit im Hotel-Café ein.«

Es gab zwar keins, aber der Versuch, eins zu bestellen, hellte Erichs Stimmung trotzdem auf. Sein Humor kam zurück. »Das ist ja wie bei uns früher in der DDR.«

Nach einem Schokoeis gingen wir unserer Wege, und wir haben sie nie wieder gesehen. Ich frage mich manchmal: Gab es die beiden nur in unserer Einbildung? Oder waren sie real? So ende ich mit dem Schlusssatz einer meiner Lieblings-Comicheft-Serien: »Seltsam? Aber so steht es geschrieben!«

GESELLENPRÜFUNG AM KAP DER GUTEN HOFFNUNG

Dass Südafrika der nächste Anfängerschritt auf meinem englischsprachigen Comedy-Weg werden sollte, war wieder einmal Kismet. 2004 und 2005 war ich noch zweimal nach New York zurückgekehrt, um in kleinen Clubs zu spielen, als Training, aber dann habe ich aus Zeitgründen keine weiteren englischsprachigen Auftritte mehr gemacht. Zwei deutsche Comedy-Programme (»Paranoid« und »Safari«), diverse Fernseh-Specials wie »Mittermeiers Saturday Night Live«, die Geburt unseres Kindes und ein Buch zu diesem Thema bedeuteten Vollbeschäftigung in der Heimat.

Aber in mir gärte weiterhin die Frage, ob ich als Comedian die Bretter, die die internationale Welt bedeuten, erobern könnte. Ich wartete auf einen nächsten Anfang.

Vor ein paar Jahren wohnten wir in Pullach, einem Vorort von München, der den Bundesnachrichtendienst beherbergte. Er beschäftigte sich mit Auslandsaufklärung – also das, was ich machen wollte, aber mit weniger Pointen. In unserer näheren Nachbarschaft befand sich das Haus des südafrikanischen Konsulats. Und als im Jahr 2009 eine neue Generalkonsulin nach Pullach kam, lud sie alle Nachbarn im Viertel zu ihrer Einführung ein. Sie wollte die Menschen kennenlernen, die um sie herum lebten. Es wurde eine rauschende Party. Einige deutsche Mitarbeiter stellten mich dem südafrikanischen Botschafter als bekannten deutschen Komiker vor. Der war ein sehr großer Mann mit einem wunderbaren Lachen. »You are a comedian? You have to come to South Africa, we love comedy! We love to laugh! And we have a great comedy festival in Capetown.«

Es machte klick, irgendwas rastete ein. Warum eigentlich nicht? Seit Langem liebte ich Südafrika, ich war mittlerweile dreimal mit meiner Frau dort gewesen. Wer nach Südafrika reist, kehrt verändert zurück. Dieses Gefühl hatten wir immer, wenn wir wieder nach Hause kamen. Abenteuer mit wilden Tieren hatte ich in Südafrika genügend erlebt, aber eines war offen geblieben: die Begegnung mit dem gefährlichsten aller Raubtiere, dem Menschen. Genauer gesagt, dem Zuschauer, der unberechenbar, nett, schlau, dämlich, rücksichtslos, offen, aggressiv, freundlich, kritisch oder begeistert sein kann. Ein wilder Elefant ist in seinem Verhalten einfacher einzuschätzen als ein Zuschauer. Bei Letzterem weiß man nämlich nicht, wenn er die Ohren anlegt, will er gleich loslachen oder losgehen. Am wenigsten vorhersehbar ist er im Ausland. Nichts ist schwieriger, als vor einem fremdsprachigen Publikum in einem fremden Land zu spielen. Gibt es einen ganz anderen Humor? Kann ich dort die Menschen zum Lachen bringen?

Aber ich hatte ja schon Österreich und die Schweiz geschafft, also sollte Südafrika doch auch machbar sein. Also bewarb ich mich brav mit meinen Live-Video-Clips aus New York beim internationalen Cape Town Comedy Festival. In New Yorker Clubs hatten meine englischsprachigen Nummern funktioniert, aber nun war die Testphase vorbei, und ich wollte in die »offizielle« internationale Comedy-Welt. Mein Ziel war immer gewesen, Menschen mit meinem Humor zu erreichen – egal wo auf der Welt. Wenn New York die ersten Schwimmbewegungen waren, stellte Südafrika die Humor-Seepferdchenprüfung dar. Ich bin blauäugig an das Cape Town Comedy Festival herangegangen, ich wusste nur, dass es das Festival schon seit vielen Jahren gab, aber ich hatte nicht darüber nachgedacht, wer dort alles auftrat. Was war eigentlich das Niveau dort? Mein einziger Gedanke war: Wenn die mich nehmen, dann trete ich auf. Passt scho!

Sie hatten mich für eine Woche im Baxter Theatre gebucht, ich sollte jeden Abend fünfzehnminütige Sets spielen, plus einen Auftritt als Support für einen bekannten südafrikanischen Comedian. Eine Solo-Show zu machen, um in Kapstadt die deutsche Community anzusprechen, hatte ich abgelehnt. Einerseits weil ich auf Englisch noch nicht so weit war, ich hatte noch kein ganzes Soloprogramm, und anderseits, weil ich nicht vor einem mit nur Deutschen gefüllten Theater spielen wollte – das hätte ich auch in Bayern machen können. Eine Woche vor meinem ersten Auftritt bin ich nach Kapstadt geflogen, um mich dort etwas einzugrooven, mir die ersten Shows anzuschauen und um zu sehen, welche Art von Humor funktionierte.

Am ersten Abend besuchte ich die Comedy-Gala im Baxter und war baff. Das Line-up war so hochkarätig, dass ich zwar persönlich begeistert war, aber eben auch nervös, weil ich nun das Niveau kannte; da würde ich also mithalten müssen. Was hatte ich erwartet? Ein paar Nachwuchskomiker? Hier begab ich mich aufs große internationale Parkett. Der Moderator, der großartige Angelo Tsarouchas, präsentierte ein erlauchtes Line-up: Der amerikanische Comedian mit ägyptischen Wurzeln Ahmed Ahmed, bekannt geworden durch seine »Axis of Evil«-Touren im Mittleren Osten; Dean Edwards, ehemaliges Mitglied von »Saturday Night Live«; Loyiso Gola, einer der besten jungen südafrikanischen Stand-up-Comedians; die Comedienne Kira Soltanovich, bekannt aus Sendungen wie »The Tonight Show« mit Jay Leno. In der Woche darauf sollte ein im Herzen junger bayrischer nicht muttersprachlicher Nachwuchskomiker dazukommen. Da lag noch Arbeit vor mir, aber ich nahm mir vor, mich nicht verrückt zu machen; hier zu sein, war schon verrückt genug. »Hakuna Matata« – »Keine Probleme« – mach dein Herz auf und spür, was geht.

Über Umwege hatte ich vor der Reise Kontakt mit einer Deutschen aufgenommen, die Verbindungen zu der Produktionsfirma hatte, mit der wir eine Dokumentation drehen wollten – und die mit dem südafrikanischen Comedian Kurt Schoonraad verheiratet war. So hatte ich ein Treffen mit ihm vereinbaren können, um mir von ihm Tipps geben zu lassen, quasi als Komiker-Nachbarschaftshilfe, ohne ihn vorher je gesehen zu haben. Ubuntu, wie der Südafrikaner sagen würde. Das Wort bedeutet auf Zulu und Xhosa Menschlichkeit, Nächstenliebe und Gemeinsinn und bezeichnet eine afrikanische Lebensphilosophie, die im Alltag praktiziert wird, der Glaube an ein universelles Band des Teilens, das alles Menschliche verbindet. Gutes Prinzip! Wir trafen uns und wussten beide sofort, dass das eine Freundschaft fürs Leben würde. Wir waren Brüder im Geiste, auf einer Linie, wie Kurt meinte: »Our comedy minds are on the same page.«

Kurt, einer der bekanntesten Comedians Südafrikas, hat mir seine Welt erklärt, wir haben stundenlang gequatscht, uns ausgetauscht und gelacht. Ich habe mir viele Notizen gemacht: was in Südafrika gerade los war, lustige Ereignisse, absurde Alltagssituationen, und deutsch-südafrikanische Klischees. Es war mir schnell klar, dass ich in Kapstadt nicht einfach nur alle meine englischsprachigen Nummern aufführen könnte, die in New York funktioniert hatten. Ich wollte die Zuschauer mit dem abholen, was sie kennen, lieben und hassen, und das alles mit dem verbinden, was mich als Comedian ausmacht. Wie Kurt es ausdrückte: »Es geht darum, Bezugspunkte zu finden,

Dinge, die Deutsche und Südafrikaner gleichermaßen lustig finden.«

Wieder mal ein neuer Anfang. Die Aufgabe war, lokale Referenzen zu finden und sie mit universellen Themen zu verbinden. Selbst bei Nummern, die in Deutschland Highlights waren, wusste ich nicht, ob sie in der Übersetzung noch lustig sein würden. Das ging nur mit Ausprobieren.

In den nächsten Tagen drehten wir für meine Reportage »Mittermeier in Kapstadt«. Wir versuchten knapp ein Jahr vor der Fußballweltmeisterschaft, die Stimmung einzufangen und Südafrika in seinen verschiedensten Facetten zu zeigen. Ein Land der Extreme. Die Apartheid lag gerade mal zwanzig Jahre zurück. Meine Besuche in den Townships zeigten die größten Herausforderungen, die die Nation noch zu bewältigen hat. Mit meiner Familie und meinem Team schaute ich mir das Vulamasango-Projekt am Rande des Samora Machel Townships an, das der Deutsche Florian Krämer seit Jahren dort aufbaut und betreut. »Vulamasango« bedeutet in der Xhosa-Sprache »Offene Tore«. Es fing an mit der Tagesbetreuung von Kindern aus schlimmsten Verhältnissen, und mittlerweile ist daraus ein Waisenhaus entstanden, wo traumatisierten Kindern ein neues, besseres Leben ermöglicht wird. Einen Hort, wo auch weitere Kinder aus der Umgebung Hilfe und Betreuung finden, gibt es auch. Seitdem ich das Projekt kenne, engagiere ich mich dafür. Es lohnt sich. Viele der Kleinen, die ich bei meinem ersten Besuch kennengelernt habe, studieren heute, sind erfolgreich in Jobs, haben selbst Kinder, und einige von ihnen managen sogar die Anlage. Die offizielle Eröffnung des Waisenhauses war für mich einer der berührendsten Momente meines Lebens, all die glücklichen Kinder und Jugendlichen zu sehen und mit ihnen zu feiern. Ich stand vor einem Haus, das den Namen »Michael« trägt – egal was ich sonst noch im Leben machen werde: Das bleibt. Es ist toll zu sehen, dass man die Zukunft verändern kann, wenn auch zuerst nur im Kleinen. Aber alles braucht seinen Anfang! Gib Kindern und Jugendlichen Lebensziele, eine Chance, sie zu erreichen, denn nur wenn Kinder Träume haben, werden sie versuchen, die Dinge zu verändern. Und ein gutes Vorbild schafft das nächste.

All diese Begegnungen haben meine Sicht auf die Welt beeinflusst. Und es hat mich fasziniert, wie Humor überall, wo wir hinkamen, ob im Township oder im Fußballstadion, die Herzen der Menschen öffnete. Lachen ist eine universale Form der Kommunikation, und das wollte ich auf dem Comedy-Festival beweisen.

Vor meiner ersten Gala-Show habe ich meine Viertelstunde in der Zula Bar ausprobiert, einem Rockschuppen, der montagabends Comedy-Nights veranstaltete. Es funktionierte gut, wenngleich ich mich noch etwas vorsichtig auf meine sicheren Nummern aus meiner New Yorker Zeit verließ. Sei nicht feig, Michl, im Baxter Theatre musst du die Leute anders unterhalten. 600 Zuschauer, die alle ein großartiges Line-up erwarteten, sollten mich kennenlernen, wenn ich auf der Bühne war und flog. Und es klappte. Das fast ausschließlich südafrikanische Publikum war überrascht; ich habe die Zuschauer überrollt, nicht wie ein Panzer, sondern wie ein Balletttänzer in Springerstiefeln. Der erste Lacher war, dass ich ein deutscher Comedian war. Das alte Klischee, es gibt kein Entkommen. Ein paar Tage zuvor hatte der Fahrer, der uns durch die Townships führte, einen Lachanfall bekommen, als ich ihm erzählte, ich sei von Beruf Comedian: »Nein, nein, nein, nein, ihr Deutschen baut gute Autos, ihr seid tolle Konstrukteure, aber Humor? Nein, nein, nein, vergiss es, lass es bleiben!«

Danke für das Grundvertrauen. Das weckte das Bühnentier

namens Rampensau in mir. In meiner ersten Nummer habe ich den südafrikanischen Büffel bei den Hörnern gepackt: »Es ist schön, hier in Südafrika zu sein. In Deutschland haben mich alle gewarnt, es ist so gefährlich bei euch, überall Verbrechen, auch hier in Kapstadt, da wirst du ausgeraubt oder niedergestochen. Hey, das sind gute Voraussetzungen für die Fußballweltmeisterschaft nächstes Jahr. Aber vielleicht ist das die große Chance für die Bafana Bafana. Ihr müsst nicht auf dem Platz gewinnen, ihr müsst nur alle abstechen, die besser Fußball spielen als ihr.« Auf Englisch klang die Pointe noch etwas knackiger: »You just have to kill the motherfuckers who play better football than you.« Dann gab ich einen südafrikanischen Spieler, der am Strafraum einen gegnerischen Spieler mit einem Messer in die Seite stach, der dann humpelnd den Platz verließ. Das Publikum ging bei der ganzen Nummer jubelnd an die Decke, die Leute haben sich schlapp gelacht. Von null auf hundert. Das war genau ihr Humor, frech und ehrlich. »Ich liebe euer Team, wie grazil, geschmeidig und elegant die Fußball spielen!« Dabei mimte ich die Spieler, die sich wie Musicaltänzer-Ballkünstler leichtfüßig mit Tricks die Bälle zuschossen. Plötzlich schrie ich die Leute an: »Aber: Schön hilft nichts, dafür gibt es keine Tore! Macht es wie wir Deutschen, wie ein Nashorn nach vorn, stampf, stampf, stampf – Tor!«

Es ging unglaublich ab, ich war so glücklich. Man merkt in den ersten Sekunden auf der Bühne, ob man das Publikum geknackt hat. So anders Südafrika auch ist, vieles verbindet uns: Zum Beispiel gelten wir nicht als lustig. Wenn von Deutschland und Südafrika die Rede ist, sagt niemand: »Oh, that's the funny place!« Die südafrikanische Stand-up-Comedy war 2009 noch im Entstehen. Der Comedian Loyiso Gola erzählte mir, dass sich die Szene erst seit dem Beginn des Jahrtausends entwickle, und viele Leute hätten das Konzept noch gar nicht richtig verstanden. Das kannte ich doch von irgendwoher! Loyiso bekam oft schräge Reaktionen von Leuten, wenn er ihnen sagte, es sei sein Beruf, auf der Bühne lustige Geschichten zu erzählen. Viele fragten nach, was er auf der Bühne sonst noch mache.

»Nichts, ich rede nur.«

»Und dafür kriegst du Geld?«

»Ja.«

»Du willst mich auf den Arm nehmen?«

»Nein!«

Es war ein Glück für mich, zu dieser Aufbruchszeit in Kapstadt mit dabei zu sein, das südafrikanische Publikum war offen für Neues, die Leute wollten einfach Comedy und Humor. Schwarze, Weiße und Farbige saßen nebeneinander im selben Theater und lachten – was für ein Fortschritt. Miteinander und übereinander zu lachen bedeutet auch, sich verstehen zu lernen. Und in meinem Fall vor allem, wenn ich mit den Klischees spielte, die wir voneinander hatten. Deutsche sind immer pünktlich und sehr korrekt, Südafrikaner gehen viel lockerer mit Zeit um, sie haben eine entspannte Haltung gegenüber Regeln und Vorschriften. Sinnbildlich dafür war mein Ampel-Beispiel: »Hier ist alles anders als in Deutschland. Wenn bei uns eine Ampel Rot zeigt, bleibt man stehen, wer weiterfährt, stirbt. Hier in Südafrika ist eine rote Ampel kein Stopp-Signal, sondern nur ein Vorschlag.«

Die Südafrikaner nennen Ampeln übrigens »Robots«. Das wusste ich vorher nicht. Als ich am Flughafen den Mietwagen abholte, gab mir der Mitarbeiter noch einen Tipp: »If you are alone, never stand still at the Robots.« Ich nickte und versprach: »Ich werde nie bei Robotern stehen bleiben!« Erst später verstand ich, dass er mir empfohlen hatte, nie an einsamen Ampeln bei Rot zu halten – zu gefährlich.

Als Deutscher ist es schwierig, das südafrikanische Now-Now-Zeit-Konzept zu verstehen. Als notorischer bayrischer Zuspätkommer fühlte ich mich aber pudelwohl. Wenn ein Deutscher am Telefon sagt: »Ich komme jetzt«, plopp, dann ist der da. Wenn ein Südafrikaner sagt: »I come now«, dann wartet man erst einmal. Wenn er nach etwa zwei Stunden immer noch nicht da ist und man nichts weiter gehört hat, ruft man wieder an.

»Wo bleibst du?«

»I come now now!«

Das bedeutet so viel wie: vielleicht, demnächst, bald, das ist weiterhin Verhandlungssache.

Meine deutsche Selbstironie und die Witze über die lokalen Eigenheiten kamen bei den einheimischen Zuschauern extrem gut an. Vuvuzelas wurden bei mir zu natürlichen Feinden ausländischer Touristen oder eine Waffe – »the buzzing horns of hell« –, mit der man Zeugen Jehovas in die Flucht schlagen kann. Mein Highlight waren meine Improvisationen über die sogenannten Car Guards. Das sind meist Farbige, in neongelben Westen, die – während man einparkt – plötzlich wie aus dem Nichts neben dem Wagen auftauchen und mit einem zahnlosen Lächeln Einpark-Dirigent spielen. Wenn man zum Auto zurückkommt, verhandeln sie hartnäckig, um für ihre Hilfe ein paar Rand zu bekommen. Ich mimte die Guards, indem ich meinen Zeigefinger über meine obere Zahnreihe legte: »Ich habe das Gefühl, egal wo ich hier hinfahre, ich werde verfolgt von geheimnisvollen Typen in neongelben Westen, es ist wie eine Neon-Gang. Jedes Mal wenn ich einparke, höre ich plötzlich: ›Helloooo, good, good, good‹. Habt ihr je versucht, in euer Auto zu schleichen, ohne dass ihr von ihnen gesehen werdet?« Die Zuschauer lachten Tränen, sie kannten das Szenario zu Genüge. Dann bin ich als »flüchtender Tourist« am Boden über die Bühne gerobbt, aber es gab natürlich kein Entkommen, weil schon die kleinste Bewegung ausreichte, um von den Car Guards bemerkt zu werden; sie spürten jede Vibration, wenn sie die Handflächen auf den Boden legten. Dass die Car Guards oft zahnlos sind, hat nicht nur etwas mit Armut zu tun, es ist bei Coloureds in Südafrika ein Schönheitsideal. Kurt hat mir erklärt, dass sich viele die oberen Vorderzähne freiwillig entfernen ließen. Für eine bessere Optik. Okay – wohl auch für mehr Durchzug im Mund. Kurt, selbst ein Farbiger aus dem Township Mitchells Plain, konnte den Reiz daran nie nachvollziehen. Jedenfalls hatte ich auf der Bühne den Spaß meines Lebens, die Zuschauer auch, und worauf ich sehr stolz war: Die internationalen Kollegen fanden es ebenfalls toll. Von solchen Profis ein großes Lob zu bekommen, ist etwas Besonderes.

Alles hätte so schön sein können, wenn vom Veranstalter des Festivals nicht noch eine kleine Hürde eingebaut worden wäre. Eigentlich sollte ich nach der Woche mit den Viertelstundenauftritten noch einen etwa zwanzigminütigen Support für einen bekannten südafrikanischen Kollegen spielen. Im Programmheft stand dazu nichts Konkretes, und es hieß immer nur: »Kein Problem, das läuft alles.« Ich habe nicht weiter nachgebohrt, weil ich dachte, dass ein bekannter Headliner den Laden wohl auch kurzfristig vollkriegt, und ich wäre dann dabei. Nach meinem ersten Gala-Auftritt hatte meine Agentin dann aber gefragt, vor wem ich denn nun auftreten sollte, wo und wann genau. Dann erst rückten die Veranstalter mit der Wahrheit raus: Dass sie mich nicht für einen Support eingeplant hatten, sondern für einen Soloabend im großen Baxter Theatre. Ich sollte also der Headliner sein, nicht ein anderer. Hatten wir uns am Telefon in den Verhandlungen so missverstanden, oder war es eine Art Now-Now-Comedy-Angelegenheit? Für mich war es ein Schock. »Freunde, ich habe noch kein englischsprachiges Soloprogramm.« Ja, sagten sie, aber das sei jetzt schon offiziell angekündigt. Sie hatten einfach den Titel meines aktuellen deutschen Programms »Safari« umgeändert in »Michael Mittermeier Goes On Safari«. Es dauerte noch einen Tag, bis sie uns erzählten, dass bisher nur etwa vierzig Tickets verkauft worden seien. Für ein Theater mit sechshundert Plätzen. Das bedeutete zwei Dinge für mich: Zum einen musste ich noch kräftig PR machen und für Mundpropaganda sorgen, es würde sonst ein bisschen einsam im Theater werden. Also kündigte der Moderator jeden Abend nach meinem Set den Soloabend an, und ich ging in eine Morgenshow im Radio, deren Moderatorin erkennbar auf meinen deutschen Akzent abfuhr. Zum anderen musste ich ab sofort jeden Abend neue Nummern improvisieren und ausprobieren, um bei dem Solo mindestens auf sechzig Minuten zu kommen. Ich fühlte mich wie in dem klassischen Himmelfahrtskommando-Film »Das dreckige Dutzend«. Meine Handlung: Ich war ein Zwölftel-Dutzend zum Tode Verurteilter, der sich nur retten konnte, indem er eine unmögliche Mission hinter den freundlichen Linien erfüllte.

Man kann bei einem Soloprogramm nicht einfach irgendwelche Nummern hintereinanderklatschen, man braucht einen Aufbau, sodass alles miteinander groovt und ineinander greift, am besten baut man noch Running Gags mit ein. Ein paar Wochen oder Monate kann man da sonst schon daran arbeiten. Ich hatte sechs Tage. Es war fast wie bei der Zwischenprüfung im Studium. Da half nur mein Instinkt weiter, trainiert auf vielen Jahren Tour. Ich ging ans Werk, bereitete meine neuen Südafrikanummern auf, und zu alten Geschichten stellte ich lokale Bezüge her. Zum Beispiel habe ich meine Kakerlakennummer aus New York in einer Wohnung angesiedelt, die ich angeblich in Woodstock gemietet hatte, damals ein heruntergekommener, aber cooler Stadtteil Kapstadts. Das konnten sich alle vorstellen, dass ich dort mit gigantischen Kakerlaken zu kämpfen hatte. Meine Safari-Erlebnisse kamen mir natürlich sehr zugute, da hatte ich ja einiges zu erzählen. Ich konnte zwar in den paar Tagen aus Zeitgründen nicht ganze Nummern übersetzen oder aufschreiben, oft habe ich einfach Notizen gemacht und dann improvisiert. Im Aufbau habe ich versucht, jeweils eine sichere Nummer hinter eine improvisierte zu platzieren, damit die Spannungskurve nie für länger abfallen würde. In der Woche habe ich mich bemüht, weitere Auftritte in Clubs und bei Comedy-Abenden zu bekommen, um mehr Material auszuprobieren. Das Schöne war, dass die heimische Comedy-Szene sehr vernetzt war. Alle waren miteinander befreundet und haben sich gegenseitig unterstützt. Ubuntu! Kurt stellte mir einem Comedian vor, der Open Mike Nights veranstaltete, der wiederum hat mich weiterempfohlen. So erfuhr ich eine riesige Hilfsbereitschaft, und ich fühlte mich fast wie Anfang der Neunziger in der Quatsch-Familie in Hamburg. Ich war am Kap der Guten Hoffnung.

Warum war ich eigentlich nach Südafrika gereist und nicht etwa nach Großbritannien als nächstliegendes englischsprachiges Land? Wegen einer dunklen Vorgeschichte. 1997 haben wir mit dem Quatsch-Comedy-Club im Londoner Comedy-Store ein Gastspiel gegeben. Thomas Hermanns hatte einen guten Draht zu dem Besitzer, der englische Stand-Upper in den Quatsch Club nach Hamburg vermittelte. Wir wollten für die deutsche Community in London spielen, auf Deutsch. Aber auch die englischen Zeitungen wiesen auf den Abend hin und sogar die BBC wollte uns vorstellen! Die Reporter kamen nachmittags, um unsere Probe zu filmen, sie waren sehr nett und außergewöhnlich höflich. Wir gaben Interviews, und ich übersetzte einige Witze ins Englische und performte sie in die Kamera. Gebannt saßen wir später vor dem Fernseher. Wir deutschen Komiker waren im englischen Fernsehen! Yes! Und dann haben sie uns geschlachtet wie ein kleines deutsches Hausschweinchen. Die BBC stellte uns als unlustige Hansbratwurste und verhinderte Comedy-Nazi-Truppe dar. Besonders schlimm hat es mich getroffen. Sie spielten meine Enterprise-Scotty-Nummer ein – und schnitten die Schlusspointe weg. Der Gag führte ins Nichts. Schwenk auf den Nachrichtensprecher, der in die Kamera grinste: »Aha, das muss dann der berühmte deutsche Humor sein!« War ich sauer!

Am nächsten Tag waren Thomas und ich zu Gast in einer Radiosendung. Wir hatten uns vorher abgesichert, dass der Zweite Weltkrieg und die Nazis kein Thema sein sollten. Denn wir wollten einfach lustig sein. Funny Germans. Den bösen Nazi haben sie im Schrank gelassen, aber sonst haben sie alle anderen Klischees aufgefahren. Zu unserer Ankündigung wurde zackige Marschmusik gespielt und wurden uns Fragen gestellt, die so lauteten: »Du wollen Bratwurst, mein Liebchen? Oder Sauer – Kraut?« Oh, mein Gott, wo waren wir da reingeraten? Das war kein Interview, sondern eine Schmiereninszenierung. Die hörten uns gar nicht zu! Ich kann mich noch daran erinnern, dass ich aus Rache ab einem gewissen Punkt ausschließlich Sätze mit »fuck« sagte, weil das im englischen Radio verboten war. »Ah fuck! Is it not allowed to say fuck here?«

»No!«

»Holy fuck!«

Großes Räuspern. »Hmhmm!«

»Who the fuck should know that fuck is forbidden on British radio?«

»Well ...«

»On fucking German radio you can say fuck as often as you want to say fuck.«

»Mister Mittermeier, that is not appropriate!«

Die hatten uns auch nicht angemessen behandelt.

»On German radio you even can fuck in front of the microphone and make fuck noises. ›Fuck me! Fuck me! Fuck me!‹«

Als ich das sagte, waren wir schon lange nicht mehr auf Sendung, aber der Koberer vom Safari-Club auf der Reeperbahn wäre stolz auf mich gewesen! Ich war in meiner Komikerehre gekränkt, dass wir in England so abfällig behandelt wurden, und schwor Rache. Wenn ich es sprachlich mit ihnen aufnehmen konnte, würde ich zurückkommen! In solchen Dingen bin ich wie ein afrikanischer Elefant, ich vergesse nichts.

Ein paar Monate vor meiner Reise nach Südafrika 2009 waren Thomas Hermanns und ich zur 30-Jahr-Feier des Comedy-Stores nach London eingeladen. Es wurde ein unfassbar schöner Abend mit Auftritten von englischen Comedy-Größen wie Jack Dee, Jimmy Carr und Terry Alderton. Wenn man glaubt, man hat alles in der Comedy gesehen, kommt Terry Alderton und lässt einen staunend und totgelacht zurück. Auf der After-Show-Party guckten wir wie kleine Kinder auf einem Erwachsenen-Ball, wir konnten kaum glauben, dass wir mit Gästen wie Lee Evans und Eddy Izzard feierten. Eine rauschende Nacht. Don Ward, der Besitzer des Comedy-Stores, stachelte mich an, in seinem Club endlich auf Englisch aufzutreten. Ich hatte schon ein paar Bier getrunken und witzelte rum, wie es sein konnte, dass so viele hübsche Frauen anwesend waren – und so viele hässliche Männer. »Der Hässliche Deutsche« war seit dem Zweiten Weltkrieg ein gängiger Ausdruck, aber über die englischen Männer sprach keiner. Dabei gab doch schon ihr künftiger Chef, Prinz Charlie-Dumbo, eine Richtung vor.

Auf dieser Party in London schienen sie alle versammelt zu sein, Paul Potts, Quasimodo und Co. Es gab so viele! Wir waren umzingelt. Ein großer bulliger Engländer rempelte mich aus Versehen an, sodass ich mein Bier verschüttete. Aber entgegen der gängigen britischen Höflichkeit entschuldigte er sich nicht. »Hellooo?«

Er drehte sich um und schaute mich an.

Der Typ sah aus wie der weggegebene Sohn von Hexenmeister Catweazle. Ich konnte meinen Blick nicht abwenden und rief aus: »Salmei, Dalmei, Adomei!«

»Was guckst du so blöd?«

»Ich schau dich an!«

»Warum?«

Der Alkohol, den ich getrunken hatte, war möglicherweise an meiner Antwort nicht ganz unschuldig.

»Weil du wie alle englischen Männer ein bisschen hässlich bist!«

»Was?«

»Sorry, aber schau dich mal um, mit der Besetzung hier drin kannst du eine Riesen-Geisterbahn auf dem Jahrmarkt bestücken.«

»Was bist du denn für einer?«

»Ich bin Deutscher!«

»Ihr Deutschen seid alles Nazis!«

»Ja, aber ich bin nicht hässlich!«

Da wurde er richtig sauer und machte mich an: »Du Bloody Kraut! Ihr Deutschen habt sechs Millionen Juden umgebracht!«

»Ja das stimmt, doch wir konnten damit aufhören, Juden zu töten, aber du kannst nicht damit aufhören, hässlich zu sein.«

Ich hatte meinen Winston Churchill gelernt, der Gag war schwer zu kontern. Yes! Auf den Freistoß an der Strafraumgrenze habe ich dann nicht mehr gewartet und bin sehr schnell in der Menge verschwunden. Am nächsten Tag saß ich im Taxi und habe mir das Gespräch notiert. Das konnte die Eröffnungsnummer werden, wenn ich mal in England auftreten würde.

Es kam anders, diese kleine Premiere fand schon ein paar Monate später in Südafrika statt. Nach einer meiner Comedy-Gala-Vorstellungen im Baxter Theatre fuhr ich nach Hout Bay, um dort in einem Club namens Pakalolo noch einen Probeauftritt zu absolvieren. »Pakalolo« ist übrigens das hawaiianische Wort für Marihuana. Ich liebe konsequente Namen! Um halb zwölf wurde ich vom Moderator als Headliner angekündigt – offenbar eine südafrikanische Zwangshandlung –, ein Teil des Publikums bestand aus deutschen Touristen, die überrascht waren und losjubelten. Als Stimmungs-Gegenpol fungierte ein Tisch mit zehn betrunkenen Engländern. Die waren nicht der Meinung, dass ein deutscher Comedian der Höhepunkt des Abends sein sollte. Ich beschloss, sie zu ignorieren. Aber egal was ich machte, einer rief immer etwas dazwischen. Nach ein paar Minuten platzte mir der Kragen: »Würdet ihr bitte etwas leiser sein, ich bin schließlich euer Headliner für diesen Abend, oder wie wir in Deutschland sagen: ›Führer‹!«

Das hat die Situation nicht entspannt. Aber ich konnte und wollte nicht anders. Es war so weit. Was hatte ich damals bei der Black Night in New York gelernt? Stand your ground! Halt deine Stellung! Nur nach vorn, kein Zurück! Ich fragte meine englische Anti-Fan-Basis: »Habt ihr hier auf Safari schon die Großen Fünf gesehen!«

Lautes Zustimmungsgegröle, und ein besonders großer und besonders betrunkener Angelsachse rief: »Nein, aber ihr Deutschen seid auch nicht groß in Sachen Humor.«

»Wisst ihr eigentlich, dass es auch die offiziellen Hässlichen

301

Fünf unter den Tieren gibt: Hyäne, Aasgeier, Marabu, Warzenschwein und das englische Gnu.«

»Was?«

Ich improvisierte die Nummer über den englischen Catweazle auf der Party in London. The British Team was not amused. Das hat so viel Spaß gemacht, diese Witze zu machen. Nach der Churchill-Schlusspointe stand der größte und lauteste der Engländer auf und schrie mich an: »Du Scheißnazi, ich hau dir aufs Maul!«

Michl, sag jetzt bitte nichts Falsches.

»Aber selbst danach werde ich nicht so unvorteilhaft aussehen wie du!«

Zu spät.

Er war kurz davor, mich zu töten. Aber vorher wollte er noch einen Witz machen. Er rief mir den britischen Anti-Deutschen-Fußball-Kampfruf zu: »Two world wars – one world cup! Zwei Weltkriege gewonnen und eine Weltmeisterschaft!«

Voll mit Adrenalin aufgepumpt schleuderte ich ihm meinen Return entgegen wie John McEnroe in seiner besten Zeit: »Lieber zwei Weltkriege verlieren als so jämmerlich Elfmeter schießen wie ihr Engländer!«

Er brauchte zwei Sekunden, um diese Information zu verarbeiten, dann wollte er auf mich losgehen, aber seine Kumpels haben ihn zurückgehalten: »Oi, halt deinen Mund und setz dich hin, der Deutsche war besser, er gewinnt!«

Glück? Strategie? Ich hatte mir den größten ausgesucht, ihn im »Witzkrieg« niedergemacht und mir somit den Respekt der anderen erspielt. Ich hatte England besiegt, Entschuldigung, einen Engländer besiegt. War ich bereit für die Insel? Jedenfalls hat es mich beflügelt für die Aufgabe, die in Kapstadt noch vor mir lag. Was konnte mir jetzt noch passieren?

Am Tag meines Soloprogramms war ich so aufgeregt, dass

ich kaum zurechnungsfähig war. Vor der Show konnte ich nichts zu mir nehmen; normalerweise esse ich immer vor einem Auftritt, ich brauche die Energiezufuhr. Meine kleine Promotour hatte sich ausgewirkt, es saßen etwa 400 Zuschauer im Theater, bunt gemischt. Was für ein schönes Setting. Von meinem deutschen Licht- und Bühnendesigner Lars habe ich mir noch mein deutsches »Safari«-Logo schicken lassen, damit es ein bisschen nach Bühnenbild aussah. Als dann meine Titelmusik eingespielt wurde, war ich bereit. Obwohl – bereit war ich eigentlich nicht, aber ich bin raus ins Ungewisse. Bewaffnet mit Spickzettel, Adrenalin und gutem Spirit bin ich auf die Bühne gegangen. Es wurde ein wunderbarer Abend, ich habe fast 90 Minuten gespielt und konnte alle Programmfäden, die ich mir ausgedacht hatte, zusammenspinnen. Klar, es hat zwischendrin auch mal gerumpelt und geholpert, es war stellenweise sehr roh, aber das macht nichts, wenn die Richtung stimmt. Irgendwie bin ich durch die Nummern gesurft, und die Menschen im Saal konnten mich spüren. Das Publikum hat mich mit Applaus und Lachern getragen, und ich hob ab. Ich bin noch tagelang geschwebt und fühlte ich mich doch geerdet. Wieder hatte ich mich verändert, diesmal dank Afrika. Man muss nur aufmachen und es zulassen. Was für ein Abenteuer!

HAPPY END!

Nein. Kein Ende in Sicht.

EPILOG

Heute ist der 3. April 2016. Mein 50. Geburtstag. Ich warte seit Stunden darauf, dass sich etwas verändert. Alle sagen, mit fünfzig wird alles anders. Noch spüre ich nichts. Wie lange wartet man denn darauf? Gestern habe ich mit einigen meiner besten Freunde in die zweite Hälfte meiner Hundert ausgiebig reingefeiert, ich bin immer noch ganz beseelt. Vielleicht braucht es ja einen Tag, bis mit mir noch was passiert? Oder eben auch nicht? Ich glaube, das Einzige, was sich ändert, ist die mir zugewiesene ideale Cardio-Belastung auf der Crosstrainer-Anzeige im Fitnessstudio. Seit heute liegt der Pulsschlag, den ich nicht überschreiten sollte, bei 136. Bis gestern waren es noch 144. Ich habe ausgerechnet, dass ich nun schon bei 170 tot umfallen werde.

Was soll man alles gemacht haben im Leben? Tu einfach, was du tun musst! Ich habe viel getan und doch noch so viel vor. Ein kleiner Sprung in die Zukunft, die schon wieder Vergangenheit ist: Einer meiner größten Träume als Comedian, den ich hier in diesem Buch geschildert habe, begann ganz klein in New York. Ich wollte irgendwann dorthin zurückkehren und mein Soloprogramm spielen, so wie ich es auch daheim spielen würde. Meine Welt in eine andere übersetzen. Es treibt mich nicht weg aus Deutschland. Ich möchte nur mit all meinen englischsprachigen Auslandstouren Neues entdecken, lernen und ein vielleicht noch besserer, kompletterer deutsch-bayrischer

Komiker werden. Die englische Sprache ist dabei für mich wie für einen Maler eine ganz neue Farbe, mit der er vorher noch nie malen konnte. Wow, das sieht ja anders aus!

Ein halbes Jahr vor meinem 50. Geburtstag, am 22. Oktober 2015, bin ich in New York die Bleecker Street zum Culture Project Theatre entlanggegangen. An dem Abend sollte die USA-Premiere meines Soloprogramms »Das Blackout« stattfinden. Als ich in meine Garderobe kam, fand ich auf dem Tischchen eine Flasche irischen Single Malt Whisky, ein Geschenk meines Freunds Bono, mit einem kleinen Zettel, auf dem geschrieben stand: »For ze king of ze hill!« – und so habe ich mich in dem Moment auch gefühlt.

»Fang nie an aufzuhören und hör nie auf anzufangen!«
Cicero

DANK

Meinen Eltern Rosmarie und Josef, die mich angefangen haben.

Meinem Bruder Alfred, der mit mir zusammen die ersten Bühnenschritte gegangen ist.

Allen Menschen, Personen, Erscheinungen, Begegnungen, Tieren, die entweder frei- oder unfreiwillig Teil meines Buches geworden sind. Ihr wart alle wichtig, bei meinen Versuchen, diese Welt zu entdecken.

Allen bewusst- und unbewussten Pointen-Lieferanten. Ohne Euch geht's nicht.

Meinen Fernsehhelden, die mich früh haben träumen lassen ...

Allen Veranstaltern, die früh an mir festgehalten haben. Jede noch so kleine Bühne war für mich eine Erfahrung. Und danke, Sol de Sully, dass Du diesen Weg mit mir begonnen hast.

Allen Kollegen – Comedians, Kabarettisten, Komikern, Schauspielern, Musikern –, die meine Wege gekreuzt haben und mich inspiriert haben.

Meinen tollen Freunden, die mich als chaotischen Weltenhüpfer mit diffuser Zeitchoreografie akzeptieren und bei mir bleiben.

Bono & U2. You did so much more ...

Martin Breitfeld, mein wackerer Lektor, der mich ermutigte, einen anderen Weg zu gehen – tiefer und schöner.

Astrid Eckstein, die alles zusammenhält und den Weg mitbereitet. Management und Freundschaft – geht doch beides.

Menschen, die mich vor und in der Schreibphase unterstützen und am Drumherum beteiligt sind: Steffi Gansloser (schön, dass Ihr jetzt drei seid), Steffi Rinsche, Kerstin Lindhuber (für alles, was Ihr tut, um es mir leichter zu machen!), Olaf Heine (ein wirklich »wildes« Fotoshooting), Heiko Neumann (erobern wir die Pressewelt), Niclas Sohlbach (noch einen bisserl anderen Farbton?) und Manfred Huber & mediapool, mein Lieblings-Verleger Helge Malchow (ich vertraue Deinem Feedback) & dem Kiwi-Team, Sven Kemmler (wie viele Ankündigungs- und Pressetexte haben wir eigentlich gemacht?´), Lars Deutrich (»Es werde schönes Licht!«), Thomas Hermanns (wir sind wirklich aufgestanden – Stand Up), meine Testleser Gudrun Mittermeier, Astrid Eckstein, Michaela Mielke und Georg Hoanzl und, und, und ...

Allen, die ich hier vergessen habe. Entschuldigung, war keine Absicht.

Gudrun, große Liebe des Lebens und geliebte Seelenverwandte (»we're just two lost souls swimming in a world bowl«). Danke, dass Du mit dabei warst und diesen langen Weg mitgegangen bist, dass Du mich mit Deiner Liebe immer wieder aus dem Tunnel holst und diese Welt spüren lässt. Du hast beim Schreiben alles frei gehalten, nur so konnte ich mich ganz entfalten! Danke, dass ich Dir beim Fliegen mit Deiner Musik zuschauen darf, Du inspirierst mich. Und danke, dass Du mich zum Lachen bringst! Ich liebe Dich!

Lilly, Du wunderbare geliebte Tochter. Es ist schön, Deine Liebe zu spüren. »Von Mama habe ich sehr viel und von Dir habe ich die Scherze.« Das ist gut. Du bist ein lustiges, empathisches kleines Wesen. Ich hoffe, dass wir Dir einen schönen Anfang auf dieser Welt bereitet haben ... ich liebe Dich!

ANHANG

Dies ist das Originalskript des ersten Auftritts in New York. Es zeichnet meine ersten Schritte auf dem englischsprachigen Comedy-Mond nach. Wie war ich drauf? Was habe ich gedacht? Was habe ich alles verarbeitet? Und – wie schlecht war mein Englisch!

Kleine Zeitreise ins Jahr 2003: George W. Bush war seit 2000 Präsident der USA, aber nur ins Amt gekommen dank einer mehr als umstrittenen Nachzählung in Florida, der Irakkrieg hatte gerade begonnen, Arnold Schwarzenegger war beliebter Gouverneur von Kalifornien und manche forderten »Arnie for President«. In New York veränderten die Antirauchergesetze den Alltag.

Das Folgende ist das Originalskript – inklusive aller Fehler. Die »Raumschiff Enterprise«-Nummer am Schluss des Skripts hatte ich für den Auftritt nicht komplett übersetzt, nur wichtige Sätze und Worte.

B3 OPEN MIKE 1

Hi, my name is Michael – and yes, I'm German ... Does anybody have a problem with that? I see some people are scared like »What? The Germans are back?!« No, it's just me ... and some friends waiting upstairs – you know, we Germans always come in Krauts – Crowds – a classic pun! Some of you may think: »Hu? A German Comedian? Is that allowed?«

My non-fellow Americans, this is my first gig in English ever. I come from Munich, please excuse my bad Bavarian accent. Sounds a bit like Austrian – but you have to get used to this bad accent, when in a few years time Arnold Schwarzenegger will be president of the United States ... Many of you think now: »That's not possible. Arnold is not born in America, and in according to the constitution he couldn't get president.« Normally yes, but only a few years ago, you all thought, that it wouldn't be possible that a one-dimensional, retarded ex-alcoholic is getting president of the United States – and now you have George W. Bush!

Nothing against Bush, we Germans like strong leaders – especially when they were not democratically elected. The war in Iraq? Old school German style of politics: If a country bothers me, just blow it away.

America – the land of the free. New York – the City of Dreams. The freest place in the world, you can go where you want, you can smoke where you want, you can drink where you want – ups ... did you know, even in Iraq, it is allowed to smoke indoors ... And in Russia you can drink vodka on the streets out of huge buckets with no paper-bag-wrapping ... Is this the freedom, George W. Bush wants to give to the world, thank you very much!!!

My personal vision of all these smoking restrictions here in New York: In a few years time it will be limited even more. You will be allowed only to smoke in parks in the dog areas, har har har ...

I love America! And I have to thank America! For the last 60 years the whole world has hated us Germans. »The eternal Nazi will come back!« ... But after the USA attacked Iraq – the world hates you more than us Germans! Thanks you for putting us out of the hate game, we can prepare again! Sorry ...

And my advice to your Secretary of Defense, Mr. Rumsfeld,

and Dick »the dick« Cheney: If you seriously want to destroy weapons of mass destruction, then why not bomb the ›American Idol‹ TV Show?

As a kid I loved American TV. Your TV heroes raised me. My parents didn't want to deal with me much, so they placed me in front of the magic screen. My first drug experience – TV pot.

Weekly I join the »Television Anonymous« meetings. »My name is Michael, and I am a TV Junkie.« I remember the TV days – weed for the brain – to smoke a Flipper bong ...

FLIPPER: »Iiiiiiiiii!«

A deep puff of good old TV stuff. Classic Lassie dope. Lassie was a genius, he could precisely talk to humans: »Wuff wuff wuff!«

»Aha, three injured miners by the old oak tree, yes we're gonna save them!«

...

But my TV favorite of all time: 1972 »Star Trek« premiered on German Television. Think – here in America it started its mission in 1969. So it took the Enterprise three years of flying with warp 9 to Europe. »Exploring strange new worlds, to boldly go where motherfucker has gone before ...«

(singt kurz Titelmelodie an wie eine Opernsängerin / schaut dabei dem hin- und herfliegenden Raumschiff nach) »Aaah aaaaaah ...!«

An Bord der Enterprise waren nur Helden. An erster Stelle Captain James T. Kirk, dieser Mann, der 79 Folgen lang heroisch den Bauch eingezogen hat / drawn the belly in ...

KIRK: (geht rum mit Kirk-Hohlkreuz-Haltung) ...

I always admired his panther-like agility e. g. in defending himself against some telepathic brainwaves of some evil planet ruler, that forced him to do something against his will – but he resisted always like that ...

KIRK: (wehrt sich pathetisch / bewegt sich dabei wie Joe Cocker) ...

In later years Joe Cocker copied those movements ...

Und die Enterprise fliegt weiter, neuen Gefahren entgegen. Die schlimmsten Gefahren im Universum Ionic storms. Hey, Ionenstürme! ... Da wird immer das Schiff so shaken through (spielt wackeln und Festhalteversuche der Crew) ... Und die konnten das ja damals noch nicht nur kamera-trick-schüttel-technisch so filmen (wackelt mit Kamera rum), so on the bridge they all had to hop, hump and shake as well, alle hüpften so rum ...

Irgendwann the ship stopped – WOMM – all is melted, shattered and destroyed ... Und nur ein Mann kann nun die Enterprise noch reparieren: Scotty the chief engineer! Captain Kirk goes to the engine room: »Scotty, damage report?«

»Captain (macht typische Scotty-Kopf-/Mundbewegung ...), the lithium crystals are broken ... it takes at least four weeks to repair!«

»I give you four hours!«

»Aye Captain, I'll have it done in two!«

And I'm done here, thank you, good night!

Michael Mittermeier. Achtung Baby! Taschenbuch.
Verfügbar auch als E-Book

Jahrelang hat Michael Mittermeier auf der Bühne Späße über junge Eltern gemacht. Dann ist er selbst Vater geworden. Wie seine Tochter sein Leben verändert und worüber er jetzt lacht, erzählt er in diesem Buch.

»Mittermeier schreibt in dem Stil, mit dem er live zum besten deutschsprachigen Comedian avancierte: intelligent, gewitzt und immer wieder überraschend. Er lässt die Leser teilhaben an seinem fabelhaftesten Abenteuer.« *Die Welt*

Leseproben und mehr unter www.kiwi-verlag.de

MICHAEL MITTERMEIER
LUCKY PUNCH

DIE
TODES-WUCHTL
SCHLAGT ZURÜCK

TOUR-DATEN 2018

16.04.18	Memmingen
17.04.18	Heidenheim
18.04.18	Landsberg am Lech
23./24.04.18	A-Ybbs
07.05.18	Weiden
08.05.18	Freising
14.05.18	Coburg
15.05.18	Bad Neustadt
16.05.18	Erfurt
17.05.18	Gera
22./23.05.18	München
12.06.18	Lappersdorf
13.06.18	Germering
25.-28.06.18	Berlin
12.07.18	Passau
02.09.18	Bochum
03.09.18	Altenkirchen
04.09.18	Hanau
25./26.09.18	Stuttgart
27.09.18	Frankfurt
28.09.18	Wetzlar
03./04.10.18	München
10.10.18	CH-Amriswil
11.10.18	CH-Basel
12.10.18	CH-Zürich
17.-19.10.18	A-Wien
23.10.18	A-Salzburg
24.10.18	A-Linz
25.10.18	A-Graz
20.11.18	Wuppertal
21.11.18	Mönchengladbach

22.11.18	Düren
23.11.18	Hamm
03.12.18	Erlangen
04.12.18	Aalen
05.12.18	Augsburg
12.12.18	Bielefeld
13.12.18	Hannover
14.12.18	Bremen

TOUR-DATEN 2019

18.01.19	Aachen
23.01.19	Kempten
24.01.19	Neu-Ulm
25.01.19	Landshut
29.01.19	Pforzheim
30.01.19	Saarbrücken
31.01.19	Heilbronn
01.01.19	Mannheim
07.02.19	Donaueschingen
08.02.19	CH-Bern
09.02.19	CH-Sursee
08.05.19	Hamburg
14.05.19	Neuss
15./16.05.19	Köln

Infos zum VVK und **WEITERE TOURDATEN** auf www.mittermeier.de

Moritz Netenjakob. Milchschaumschläger. Ein Café-Roman.
Klappenbroschur. Verfügbar auch als E-Book

Daniel hat die Nase voll von seinem Job. Mutig wirft er alles hin und erfüllt sich gemeinsam mit seiner Frau Aylin einen alten Traum: das eigene Café! Jetzt hat er nur noch ein einziges Problem – die Realität.

»Zum Glück war Moritz Netenjakob als Barista so erfolglos, wir wären sonst nicht in den Genuss dieses saukomischen Romans gekommen.« *Christoph Maria Herbst*

Kiepenheuer & Witsch

www.kiwi-verlag.de

Helge Schneider. Orang Utan Klaus. Helges Geschichten.
Taschenbuch. Verfügbar auch als E-Book

»... war es aber an der Zeit, jemanden mal so richtig ..., da verfinsterte sich der Himmel. Ich ging in das Geschäft hinein: ›Guten Tag, drei Viertel Pfund Gehacktes halb und halb. Ich will mir eine schöne Bolognese kochen.‹ Mit scheppernden Kreischen erzürnte sich das Blech auf dem schwarzen Asphalt, Buntstifte glänzten im Federmäppchen. Alltag.«

Diese Zeilen kommen leider erst im nächsten Buch vor, aber mit anderem Text. Bei diesem Buch hier handelt es sich um von mir Gesprochenes. Ist aber sehr, sehr gut. Und von mir autorisiert.

Leseproben und mehr unter www.kiwi-verlag.de

Jan Böhmermann. Alles, alles über Deutschland.
Halbwissen kompakt. Taschenbuch

Statistiken beweisen: Immer mehr Deutsche haben immer weniger Ahnung von ihrem Heimatland und werden deshalb in die Hände radikaler Splitterparteien (z. B. SPD) getrieben. Doch jetzt kommt Hilfe: Dieses hochmoderne und umfassend aktualisierte Lehrbuch ersetzt sechs bis vierzehn Jahre Förderschule und erklärt die »Bundesrepublik Deutschland GmbH« ganz ohne anstrengende Fachbegriffe oder verwirrende Schachtelsätze, dafür aber mit einer Extraportion Witz und Augenzwinkern.

Leseproben und mehr unter www.kiwi-verlag.de

Jürgen Becker/Dietmar Jacobs/Martin Stankowski.
Zu dir oder zu mir? Das Mysterium der Fortpflanzung.
Taschenbuch. Verfügbar auch als E-Book

99,9 % der Lebewesen tun es – sie haben Sex. Zum Glück. Oder zur Fortpflanzung. Sex ist Thema Nummer eins: in der Tier- und Pflanzenwelt, bei Menschen und Göttern, in Kunst, Literatur, Politik und Religion. Deshalb legen wir uns alle so mächtig ins Zeug. Duellieren uns mit Artgenossen, werden zum Stier und machen uns zum Affen, ziehen uns schick an, nur um uns schnell wieder auszuziehen. So lustig ist die Geschichte der Fortpflanzung noch nie erzählt worden.

Leseproben und mehr unter www.kiwi-verlag.de